S-OIL
에쓰오일

인적성검사

S-OIL(에쓰오일)

인적성검사

초판 인쇄	2022년 9월 21일
초판 발행	2022년 9월 23일

편 저 자	취업적성연구소
발 행 처	㈜서원각
등록번호	1999-1A-107호
주　　소	경기도 고양시 일산서구 덕산로 88-45(가좌동)
대표번호	031-923-2051
팩　　스	031-923-3815
교재문의	카카오톡 플러스 친구[서원각]
영상문의	070-4233-2505
홈페이지	www.goseowon.com
책임편집	정유진
디 자 인	김한울

우리나라 기업들은 1960년대 이후 현재까지 비약적인 발전을 이루었다. 이렇게 급속한 성장을 이룰 수 있었던 배경에는 우리나라 국민들의 근면성 및 도전정신이 있었다. 그러나 빠르게 변화하는 세계 경제의 환경에 적응하기 위해서는 근면성과 도전정신 이외에 또 다른 성장 요인이 필요하다.

한국기업들은 지속가능한 성장을 하기 위해 혁신적인 제품 및 서비스 개발, 선도 기술을 위한 R&D, 새로운 비즈니스 모델 개발, 효율적인 기업의 합병·인수, 신 사업 진출 및 새로운 시장 개발 등 다양한 대안을 구축해 볼 수 있다. 하지만 이러한 대안들 역시 훌륭한 인적자원을 바탕으로 할 때에 가능하다. 최근 기업체들은 자신의 기업에 적합한 인재를 선발하기 위해 학벌 위주였던 기존의 채용에서 탈피하여 기업 고유의 인·적성검사 제도를 도입하고 있다.

S-OIL에서도 업무에 필요한 역량 및 책임감과 적응력 등을 구비한 인재를 선발하기 위하여 고유의 인·적성검사를 치르고 있다. 이에 본사는 S-OIL 인·적성검사의 출제경향을 철저히 분석하여 응시자들이 보다 쉽게 시험유형을 파악하고 효율적으로 대비할 수 있도록 구성한 S-OIL 채용 대비를 위한 필독서를 출간하였다.

신념을 가지고 도전하는 사람은 반드시 그 꿈을 이룰 수 있습니다. 처음에 품은 신념과 열정이 취업 성공의 그 날까지 빛바래지 않도록 서원각이 수험생 여러분을 응원합니다.

STRUCTURE

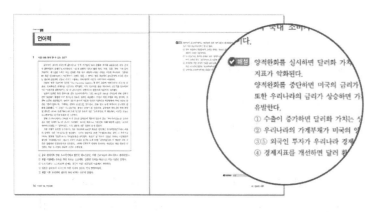

적성검사

시험 영역별 다양한 유형의 예상 문제를 명쾌하고 자세한 해설과 함께 다수 수록하여 효과적인 학습이 가능하고 실전에 대한 감각을 익힐 수 있습니다.

인성검사

검사에 대한 소개로 인성검사가 무엇인가에 대한 이해를 할 수 있습니다. 실제 시험 전 모의 검사를 통해 질문의 유형 파악이 가능하고, 어떤 식으로 답하면 좋을지 연습해 볼 수 있습니다.

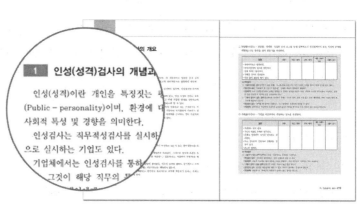

면접

취업의 마지막 관문인 면접에 대비 할 수 있도록 면접에 대한 기본적인 사항과 실제 기출된 질문을 수록하여 취업의 마무리까지 확실히 준비할 수 있습니다.

CONTENTS

PART

01

기업소개
및 채용안내

S-OIL 소개

1 S-OIL 소개

최고의 경쟁력과 창의성을 갖춘 친환경 에너지·화학 기업

1976년 설립된 S-OIL은 수익성 위주의 경영전략과 국제화 시대에 맞는 기동성 있고 진취적인 경영 체질을 배양함으로써 경쟁력 있는 정유회사로 성장했습니다.

울산광역시 온산공단에 하루 66만 9천 배럴의 원유정제시설과 석유화학제품, 윤활기유를 생산하는 시설을 갖추고 있으며, 세계적 수준의 중질유 분해탈황시설(BCC), 단일공장 세계 최대규모의 PX 생산시설인 자일렌센터를 바탕으로 최고 품질의 석유제품을 생산·공급해 소비자 보호와 환경보호에 앞서가는 기업으로서 위상을 다지고 있습니다.

S-OIL은 경쟁 업체들보다 10년 이상 앞선 1990년대 중반부터 대규모 고도화 시설인 중질유 분해탈황시설(BCC)을 성공적으로 가동했습니다. 이 중질유 분해탈황시설(BCC) 시설을 통해 경쟁력과 수익성을 획기적으로 높였고, 국내외 시장을 연계하는 생산 및 마케팅 전략을 추구, 효율성을 극대화하고 있습니다.

아울러 내수산업으로 인식되던 국내 석유산업의 기존관념에서 과감히 탈피하여 초기부터 해외시장 개척에 주력한 결과, 매년 생산물량의 60% 이상을 수출함으로써 국내 석유산업을 고부가가치 수출산업으로 탈바꿈하는데 주도적인 역할을 수행하고 있습니다.

앞선 투자로 확보한 경쟁력을 유지해 나가는 한편 수익성을 증대시키기 위해 S-OIL은 석유화학제품 생산시설인 제2 아로마틱 콤플렉스를 포함한 온산공장 확장 프로젝트를 추진, 2011년 4월부터 상업가동을 시작했습니다.

3년의 기획과 설계, 건설 기간을 거쳐 성공적으로 프로젝트를 완료하고 고순도 제품을 국내외에 공급함에 따라 S-OIL은 석유화학부문에서도 최고의 경쟁력을 갖춘 초우량 일류기업으로 도약할 기반을 갖추었습니다.

S-OIL은 설립 당시부터 고급 윤활기유 사업에 과감히 투자하여 고급 윤활기유의 국산화에 성공한 이래 국내 윤활기유 시장을 선도해 왔으며 오늘날 국제 경쟁력을 갖춘 윤활기유 메이커로 자리잡았습니다. 또한 2008년 TOTAL Raffinage Marketing S.A.사와 합작으로 설립한 윤활유 전문기업 에쓰-오일토탈윤활유는 국내 윤활유 시장의 선도기업으로서의 위치를 확고히 다지고 있습니다.

2015년, 지난 20년간 최대주주로서 S-OIL의 성장을 견인해온 세계 최대 석유 기업인 사우디아람코가 명실상부한 S-OIL의 단독 최대주주가 되었습니다. 이를 통해 S-OIL은 모든 이해관계자에게 보다 높은 신뢰감을 주게 되었습니다. 또한 사우디아람코의 글로벌 리소스에 보다 높은 접근성을 갖게 된 것은 S-OIL의 성장에 새로운 기회가 될 것입니다.

S-OIL은 석유화학 다운스트림 사업 진출을 통한 지속성장 동력 확보를 위해 복합석유화학시설(RUC/ODC) 프로젝트를 추진하였습니다. 2018년 성공적으로 완료되어 상업가동을 개시한 복합석유화학시설(RUC/ODC)은 '최고의 경쟁력과 창의성을 갖춘 친환경 에너지·화학 기업'이라는 S-OIL의 비전을 더욱 공고히 하게 될 것입니다.

2 사업영역

(1) OIL REFINING BUSINESS(정유)

① 개요

S-OIL은 전체 정유 생산 시설의 최적화와 제품의 고부가 가치화를 통해 정유 사업의 미래를 이끌고 있습니다.

에쓰-오일은 1980년 9만 B/D의 제1기 원유정제시설을 상업 가동한 이후 2차례의 증설을 거쳐 하루 정제능력 66만 9천 B/D의 대형 정유회사로 성장하였습니다. 또한 이에 상응하는 경질유 탈황시설과 휘발유 제조시설을 갖추고 있습니다.

에쓰-오일은 국내외 시장에서의 경질유 제품 수요증가와 환경규제강화 등 시장여건 변화에 적극 대응하여 모든 생산 제품을 경질화, 저유황화 할 수 있는 대규모 고도화 시설인 중질유분해탈황 시설(BCC)을 타 정유사들보다 앞선 1990년대 중반부터 가동하고 있습니다. 값싼 고유황 벙커C에서 값비싼 경질유를 뽑아내는 BCC는 단순제조업으로만 인식되고 있던 과거의 국내 정유산업을 고부가가치 수출산업으로 탈바꿈시킴으로써 정유산업의 역사를 바꾸어 놓은 시설로 평가되고 있습니다. 이 시설은 상대적으로 적은 비용을 투입하고도 처리용량을 획기적으로 증대시킨 새로운 개념의 첨단 공정시설 이며, 1단계 시설인 중질유 수소첨가분해시설(Hydrocracking Complex)과 2단계 시설인 잔사유 접촉분해시설(Residue FCC Complex)로 구성되어 있습니다.

또한, 고부가가치 첨단 고도화 시설인 수소첨가 탈황(RHDS) 공정 2기를 가동해 왔으며, 2018년 11월부터는 신규 잔사유 탈황공정(No. 3 RHDS) 1기 및 잔사유 분해공정(HS-FCC) 1기를 가동함으로써 에쓰-오일은 전체 생산시설의 최적화 및 제품의 고부가가치화를 달성하게 되었고, 선도적인 정유 회사로서의 위치를 확고히 하고 있습니다.

㉠ **해외시장 수출** : 과거 정유산업은 내수를 충족시키기 위해 시설을 갖추는 것이 일반적이었으나 에쓰-오일은 가동 초기부터 해외시장 개척에 주력하여 왔으며, 세계적 수준의 고도화 시설인 중질유분해탈황시설(BCC)을 바탕으로 아시아 · 태평양지역의 경질유 공급 허브로서의 역할을 수행하고 있습니다. 에쓰-오일은 2001년 1월 국내 최초로 환경친화적 고부가가치제품인 황함량 50ppm이하의 초저유황경유(Ultra Low Sulfur Diesel : ULSD)를 홍콩에 수출하기 시작하였으며, 2001년 5월부터는 일본에도 수출을 시작했습니다. 특히 2005년 1월부터는 황함량 10ppm이하의 초저유황휘발유(Ultra Low Sulfur Gasoline : ULSG)를 환경규제가 심한 일본에 수출하기 시작하였으며, 황함량 10ppm이하의 초저유황경유도 아시아지역은 물론 미국 · 유럽 · 오세아니아 등 전세계로 수출하는 등 고품질의 친환경 석유제품 생산과 수출을 통해 해외시장에서의 고부가가치 창출에 주력하고 있습니다.

㉡ **정유제품의 종류**

• 휘발유

– 안정된 품질유지 : 세계 최대 석유회사인 사우디 아람코社로부터 안정적으로 공급받는 균질한 원유를 주 원료로 사용 하여 첨단 설비를 통해 생산하는 에쓰-오일 휘발유는 품질편차가 적어 언제나 일정 수준의 품질을 유지합니다.

– 뛰어난 출력 및 가속성으로 인한 연비향상 : 휘발유의 핵심품질인 옥탄가가 높아 차량이 일정한 시간 내에 빨리 달리게 하는 출력 및 순간적으로 속력을 높이는 가속성이 뛰어남과 동시에 간접적인 연비향상 효과가 있습니다.

– 엔진 청정성 유지 : 고성능 청정분산제의 최적배합으로 엔진의 연소환경을 대폭 개선시켜, 엔진 흡기밸브의 미연소 탄소침적을 최소화하여 엔진내부의 청결 유지에 도움을 주며 이를 통해 엔진의 요구옥탄가를 낮춰 줍니다.

– 탁월한 환경성능 : 환경부에서 실시하는 수도권 환경품질등급 평가에서 2009년부터 8회 연속 및 2017년 하반기에 국내 정유사 중 유일하게 최고등급인 "★★★★★"를 획득한 에쓰-오일 휘발유는 녹킹(Knocking) 방지 성능이 우수하여 차량의 소음이 적고 최적의 연소환경을 유지, 완전연소에 가깝게 유도하여 유해 배출가스의 발생량을 대폭 감소시켜 줍니다.

• 고급휘발유

– 옥탄가 100 이상의 고성능 : 세계 최대 석유회사인 사우디 아람코社로부터 안정적으로 공급되는 균질한 원유를 주 원료로 생산하여, 핵심품질인 옥탄가가 고급휘발유 법적규격인 94를 훨씬 상회하는 100 이상으로 꾸준히 유지되는 에쓰-오일 고급휘발유는 차량이 일정한 시간 내에 빨리 달리게 하는 출력 및 순간적으로 속력을 높이는 가속성에서 탁월한 성능을 발휘합니다.

– 우수한 청정성능 : 최첨단 성능향상 청정제를 첨가하여 연소 과정에서 발생하는 탄소찌꺼기(그을음)를 줄이고 엔진의 기화기, 인젝터, 매니폴드, 밸브 등에 쌓여있는 침적물을 제거해 엔진내부를 깨끗하게 해 줍니다.

- 연비향상 효과 : 100 이상의 높은 옥탄가 외에 마찰저감 기능을 갖춘 청정제 투입을 통해 금속표면에 일정한 보호피막(Film)을 형성하여 금속간 마찰에 의한 에너지손실을 최소화함으로써 연료소모를 최소화합니다.
- 벤젠·황 함량 법적규격 50% 수준 저감 : 대표적 발암물질인 벤젠 및 배출가스 저감장치 기능저하 주범인 황 함량을 대폭 낮추어 인체에 미치는 영향을 최소화 함과 동시에 간접적 대기오염을 줄여 환경을 보호합니다.

• 경유
- 안정적 고세탄가 유지 : 세계 최대 석유회사인 사우디 아람코社로부터 세탄가가 높은 파라핀 성분이 풍부한 원유를 주 원료로 생산하는 에쓰-오일 경유는 항상 높은 세탄가를 일정하게 유지합니다. 실제로 수도권대기환경청이 경유 환경품질등급 평가항목에 세탄가를 포함하기 시작한 '09년 이래 수도권대기환경청의 평가결과 에쓰-오일 경유의 세탄가가 국내 정유사 중 최고 수준임이 확인되고 있습니다.
- 탁월한 차량성능 : 우수한 세탄가가 연소효율을 높여 디젤 엔진의 출력 손실을 최소화 하고 있으며, 따라서 운전자가 가속페달을 과도하게 밟는 경향이 줄어 간접적 연비향상 효과가 있습니다.
- 뛰어난 환경성능 : 높은 연소효율은 미연소탄화수소·일산화탄소·질소산화물 등의 발생을 억제하며 연소실 내의 온도 또한 낮추므로 고온 환경하에서 공기중의 질소와 산소가 결합하여 생성되는 질소산화물의 배출량도 현저히 감소합니다.
- 쾌적한 운전환경 : 경유차의 특성상 필연적으로 발생하는 녹킹(Knocking) 현상을 줄여 소음 발생을 최소화함과 동시에 쾌적한 운전환경을 제공합니다.

• 등유
- 안정된 청정성 유지 : 세계 최대 석유회사인 사우디 아람코社로부터 안정적으로 공급되는 균질한 원유를 주 원료로 고도의 정제과정을 통해 생산하는 에쓰-오일 청정등유는 인체에 해로운 방향족 성분이 극히 낮아 맑고 투명한 청정등유로 일정 수준의 품질을 유지합니다.
- 국내 석유제품 중 최초로 환경마크를 획득한 청정연료 : 국내 석유제품 최초로 환경마크 인증(1994.7.25)을 받을 만큼 황 함량이 매우 낮고 미연소탄화수소·일산화탄소·질소산화물을 비롯한 유해가스의 발생량이 극히 적어 실내 사용에 적합한 친환경 실내용 등유 입니다.
- 탁월한 연소성 및 발열량 : 발연성을 나타내는 연점이 높고 균일하여 연소시 그을음이나 검뎅이 발생을 억제하고, 연소성이 우수한 파라핀 성분을 많이 함유하여 발열량이 높아 연료소모를 줄일 수 있는 경제적인 난방연료입니다.
- 안전성 : 인화점이 국내 법적기준을 크게 상회하여 화기에 의한 취급상 위험성이 낮고 안전합니다.

• 항공유

– 에쓰-오일은 국제 제품 규격에 맞춘 최고의 항공유를 공급합니다.

– 항공유(Jet A-1)는 등유와 같은 유분으로 항공기 터빈엔진을 통과하는 공기를 가열하여 팽창시키는 역할을 주요 기능으로 하고 있습니다. 항공유의 품질은 기온과 고도의 변화가 심한 항공유의 사용환경을 고려하여 안정성, 신뢰성을 확보하기 위해 세밀히 규격화되어 있습니다. 에쓰-오일은 BP, Chevron, ENI, ExxonMobil, Kuwait Petroleum, Shell Statoil, Total과 같은 주요 석유업체들이 합의한 제품규격(AFQRJOS : Aviation Fuel Quality Requirements for Jointly Operated Systems)에 맞추어 항공유를 생산하고 있습니다. 에쓰-오일은 이처럼 뛰어난 특성을 지닌 항공유를 생산하여 KAL, ASIANA와 같은 내국적 항공사는 물론 국내 취항 외국적 항공사와 한국공군에 공급하고 있으며, 국내 정유사 중 항공유 수출 물량 1위를 차지하고 있습니다.

• LPG

– 에쓰-오일의 LPG는 대기환경보전법을 준수하는 친환경적 제품입니다.

– LPG란 Liquefied Petroleum Gas, 즉 액화석유가스의 약칭으로 기체상태의 가스에 압력을 가하거나 냉각시켜 액체화 시킨 것으로 탄소와 수소로 구성된 탄화수소 화합물입니다. LPG는 유전에서 원유를 채취할 때 함께 나오기도 하고, 원유 정제과정에서 가장 낮은 온도에서 증류되면서 발생되는 가스입니다. 에쓰-오일에서 생산되는 LPG는 원유 정제과정의 LPG 분리공정을 거쳐 만들어지고 있습니다. 에쓰-오일의 LPG 중 프로판은 가정용, 도시가스연료용, 산업용, 석유화학 연료용 등으로 이용되고 있으며 부탄은 택시 등의 운수용, 산업용, 석유화학 원료용 등에 사용되고 있습니다. 에쓰-오일의 LPG는 대기환경보전법 자동차 연료규격의 LPG 환경 품질기준인 황 함량 100ppm 이하를 충족시키고 있으며, 2009년 1월 1일 부터 적용된 황 함량 40ppm 이하 기준도 충족시키는 친환경적인 제품입니다.

• 중질유

– 에쓰-오일의 중질유는 높은 발열량의 친환경 제품입니다.

– 중질유는 점도에 따라 경질중유(B-A유), 중유(LRFO), 중질중유(B-C유)로 분류되며, 황분에 따라 0.3%, 0.5%, 1.0%, 2.0%, 3.0%, 4.0% 제품이 있습니다. 중질유는 산업의 원동력 및 열원으로서 발전소, 선박연료, 산업체 의 용해 및 가열로, 기타 난방용 등으로 쓰이고 있습니다. 에쓰-오일 중질유는 사우디아라비아의 원유를 정제하여 생산하는 안정된 품질의 중질유로서 비중과 점도가 낮고 침전물, 중금속, 수분 함량이 적으며 발열량이 높은 특징이 있습니다. 특히, 질소함량이 적어 질소산화물(NOx) 배출량이 법적 기준인 250ppm 이하보다 현저히 낮은 120~180ppm 수준의 친환경 제품입니다.

- 아스팔트
  - 에쓰-오일은 균일한 제품성상의 아스팔트 제품을 제공합니다.
  - 에쓰-오일에서 생산되는 아스팔트 제품인 AP-3, AP-5는 아스팔트 콘크리트(아스콘) 제작시 바인더(접착제) 역할을 훌륭히 수행하고 있으며, 방수시트 제조 업체에도 공급되고 있습니다. 사우디아람코에서 들여오는 원유를 정제하여 생산되는 에쓰-오일의 아스 팔트 제품은 제품성상이 균일하여 고객들로부터 호평을 받고 있습니다.

② 시설안내

  ㉠ **원유정제시설**(Crude Distillation Unit) : 원유를 투입하여 LPG, 나프타, 등·경유, B-C유 등 석유 제품을 생산하는 시설로 상압 증류 공정이라고도 합니다. 1980년 5월, 9만 B/D 규모의 원유정제시설 최초로 상업 가동을 개시한 이후 세 차례의 증설을 거쳐 총 66만 9천 B/D 규모의 원유정제시설을 확보함으로써 경쟁력을 지닌 대형 정유사의 기반을 확고히 다지게 되었습니다.

  ㉡ **중질유분해탈황시설**(B-C Cracking Center) : 상압 증류 공정에서 경질유를 뽑아내고 남은 중질유를 다시 한 번 원료로 투입해서 부가가치가 높은 등유·경유·휘발유 같은 경질유 제품을 생산하는 시설입니다. 원유를 퍼 올리는 것 이상의 효과를 창출하기 때문에 흔히 '지상 유전'이라 부릅니다. S-OIL BCC는 수소 첨가 분해 공정(Hydrocracking Unit)과 촉매를 이용한 접촉 분해 공정(RFCC)을 모두 갖추고 있으며, 이 외에도 황을 비롯한 각종 불순물과 환경 오염의 원인을 제거하여 환경 친화적 제품을 생산하는 하이발(HYVAHL)과 마일드 하이드로크래커(MHC) 등을 갖추고 있습니다.

  ㉢ **등·경유 수첨 탈황시설**(Hydro Desulfurization Unit) : 촉매를 이용, 수소를 첨가하여 황 성분(Sulfur)을 제거하는 공정으로서 등유와 경유가 이 공정을 거치면 친환경 등유, 경유가 생산됩니다.

(2) LUBE OIL BUSINESS(윤활)

① 윤활기유

　㉠ 개요 : S-OIL은 국내 시장을 선도하는 국제 경쟁력을 갖춘 윤활기유 메이커로 자리잡았습니다. S-OIL은 1976년 설립 당시 첨단 기술에 의한 자본 집약적 사업인 고급 윤활기유 사업에 과감히 투자, 그동안 전량 수입하던 고급 윤활기유의 국산화에 성공한 이래 현재에 이르기까지 줄곧 국내외 윤활기유 시장을 선도해 왔습니다. aramcoDURA기유와 aramcoPRIMA 기유를 생산하는 제1 윤활기유 공장, 초고점도지수(very high VI) 윤활기유인 aramcoULTRA 기유를 생산하는 제2 윤활기유 공장은 하루 44,700배럴의 생산 능력을 갖추고 있습니다. S-OIL은 국내에서 유일하게 Group Ⅰ/Ⅱ/Ⅲ 윤활기유를 동시에 생산하여 일본, 중국 등 아시아는 물론 미주와 유럽 등 주요 해외 시장에 공급하면서 국제적인 경쟁력을 갖춘 윤활기유 메이커로 자리잡았습니다. S-OIL은 2019년에 Saudi Aramco 및 Saudi Aramco 산하 윤활기유 자회사인 Motiva (미국), Luberef (사우디아라비아)와 함께 Aramco Base Oils Alliance를 공식 출범하였습니다. Base Oils Alliance는 Saudi Aramco와의 브랜드 라이선스 계약을 체결하여 Saudi Aramco의 윤활기유 브랜드 aramcoDURA (Group Ⅰ), aramcoPRIMA (Group Ⅱ), aramcoULTRA (Group Ⅲ)를 사용하고 있습니다. 또한 윤활 사업에서 중요한 요소 중 하나인 연구·개발 (R&D)도 Alliance 차원에서 서로 협력하며 진행하고 있어 판매 규모뿐만 아니라 기술 측면에서도 업계를 선도할 것으로 기대하고 있습니다.

　㉡ 제품

- aramcoDURA 기유 : aramcoDURA 기유는 aramcoDURA 60, aramcoDURA 600 및 aramcoDURA 150BS 3가지 제품으로 생산되며, 절연유, 잉크유, 선박유, 공업용 기어유의 용도로 사용됩니다.

- aramcoPRIMA 기유 : aramcoPRIMA 기유는 Solvent Dewaxing 제품인 aramcoPRIMA 100S, aramcoPRIMA 150S 및 aramcoPRIMA 500S 3가지 제품들과 Catalytic Dewaxing 제품인 aramcoPRIMA 60, aramcoPRIMA 150 및 aramcoPRIMA 500 3가지 제품들을 합하여 총 6가지 제품이 생산되며, 변속기유, 엔진오일, 선박유, 절연유, 변속기유, White Oil, Process Oil의 용도로 사용됩니다. 특히 Catalytic Dewaxing된 3가지 제품들은 낮은 아로마틱 함량과 높은 나프텐 함량, 그리고 높은 점도지수를 가지고 있어 고급 윤활유 제품 제조용으로 사용됩니다.

- aramcoULTRA 기유 : aramcoULTRA 기유는 aramcoULTRA 2, aramcoULTRA 3, aramcoULTRA 4, aramcoULTRA 6, aramcoULTRA 8 5가지 점도 등급으로 생산되며, 절연유, White Oil, 변속기유, 엔진오일, 기어유, 차축유의 용도로 사용됩니다. aramcoULTRA 기유는 불순물과 불포화 아로마틱 함량을 획기적으로 감소시킨 초고순도 윤활기유 제품으로, 점도지수가 매우 높고, 우수한 저온 유동성과 열/산화 안정성을 가지고 있습니다. aramcoULTRA 기유는 시장에서 합성유로 인정되는 고품질 제품으로서 PAO를 대체하여 고급 윤활유 제품 제조에 사용되고 있습니다.

- Ultra-S 기유 : Ultra-S는 S-OIL 자체 브랜드이며, Ultra-S 기유와 aramcoULTRA 기유는 동일한 품질의 제품입니다. Ultra-S 기유는 북미 시장에 공급되고 있습니다.

② 윤활유

㉠ 개요 : 지속적인 변화와 발전을 거듭하며 다양한 시장 수요에 발맞춰 나아가고 있습니다. 에쓰-오일은 1989년 윤활유 사업 진출 이후, 지속적인 변화와 발전을 거듭하며 윤활유 시장의 선도 기업으로서의 위치를 확고히 하여 왔습니다. 에쓰-오일은 시장의 수요에 따라 윤활유 포트폴리오를 다양화 하였습니다. 1989년 DRAGON, 2005년 SSU, 2014년 S-OIL 7을 출시하며, 윤활유 시장의 제품 고급화를 선도하였으며, 2019년에는 S-OIL 7으로 기존의 브랜드를 통합, 최고급 브랜드로서의 위상을 폭넓은 제품군에 걸쳐 강화하는 전략을 추진하고 있습니다. 또한, 최고급 자체 생산 윤활기유 개발 노하우가 집약된 유압유, 컴프레서유, 기어유 등 다양한 산업 현장의 요구조건을 충족하는 산업유 라인업도 지속 확장하고 있습니다. 에쓰-오일 윤활유 제품의 해외시장 판매는 에쓰-오일이 직접 담당하고 있고, 국내시장 판매는 에쓰-오일과 TotalEnergies Marketing Services사가 2008년에 합작해 설립한 에쓰-오일토탈에너지스윤활유를 통하여 수행하고 있습니다.

㉡ 제품

- S-OIL 7 : S-OIL의 최고급 윤활유 브랜드로 PAO와 S-OIL에서 직접 생산하는 고급기유인 aramcoULTRA / aramcoPRIMA / aramcoDURA 기유를 Base로 하여, 최신 엔진에 요구되는 '5가지 주요특성(연비향상성, 환경친화성, 운전원활성, 엔진내구성, 내부청정성)'을 극대화시킨 제품입니다. 이를 통해 자동차의 주행기능 개선을 의미하는 'Forward(전진)'와 소비자의 운전경험 만족을 상징하는 'Ascend(상승)'의 2가지 고객가치를 결합하여 최고급 윤활유의 '7가지' 요소를 형상화한 브랜드입니다. 2014년 전합성유 브랜드로서 최초 출시, 2019년 패밀리 브랜드 S-OIL dragon 과 S-OIL 7 Eco를 흡수 통합, 폭넓은 제품군에 걸쳐 고품질의 윤활 성능을 제공하는 브랜드로서 통합 리뉴얼 되었으며, 또한 현재까지 약 70여 개국 이상의 수출 실적을 기록, 한국산 윤활유 'K-LUBE'를 대표하는 브랜드로서 자리매김 해 오고 있습니다.

- S-OIL Industrial Oil : S-OIL은 유압유 / 기어유 / 터빈유 / 프로세스오일 / 컴프레서오일 / 절연유 / 그리스 등 다양한 산업유 제품군을 보유하고 있습니다. 당사의 산업유는 내마모성과 열안정성, 산화방지성 등이 매우 우수하며, 자체 생산 윤활기유 사용으로 불순물이 적고 품질 수준이 균일합니다.

(3) PETROCHEMICAL BUSINESS(석유화학)

① 개요

S-OIL은 사업다각화를 통해 정유와 윤활부문에 이어 석유화학부문에서도 최고의 경쟁력을 갖추게 되었습니다.

지속가능성장을 위해 에쓰-오일은 생산제품의 부가가치 증대를 위해 꾸준히 노력하여 왔으며, 그 결과 1991년 4월 나프타 개질시설(Naphtha Reforming Plant) 및 BTX생산시설을 상업 가동함으로써 석유화학부문으로 사업다각화를 위한 기반을 마련했습니다.

또한 1997년 12월 기존 공장부지 내에 단일공정으로는 세계 최대 규모인 연산 70만 톤(현재 74만 톤)의 파라자일렌을 생산하는 자일렌센터(Xylene Center)의 건설을 완료하고 석유화학부문에도 본격적인 진출을 시작했습니다. 특히 이 공장은 단위 당 투자비 부담을 크게 낮추었을 뿐만 아니라 BTX 공정에서 나오는 저가의 방향족 석유화학제품(Heavy Aromatics)을 파라자일렌 생산원료로 사용할 수 있어 원료비 측면에서도 높은 경쟁력을 갖추고 있습니다. 이와 함께 1997년 4월에는 고도화설비인 접촉분해시설(RFCC)에서 연산 20만 톤의 프로필렌(Propylene)을 생산하기 시작하여 석유화학부문의 사업 영역을 확장시켰으며 석유화학 하류부문에서 경쟁우위를 확보할 수 있는 기반을 마련했습니다.

에쓰-오일은 2011년 4월에 합성섬유의 기초원료인 파라자일렌을 생산하는 제2 자일렌센터와 원유 정제과정에서 생산되는 나프타를 개질하여 석유화학제품의 기초원료인 BTX를 생산하는 아로마이징 시설 등으로 구성된 제2 아로마틱 콤플렉스(Aromatic Complex)를 완공했습니다. 이 시설 가동으로 에쓰-오일은 생산능력이 종전보다 2배 이상 늘어나 연산 185만 톤 규모의 파라자일렌 생산시설과 연산 60만 톤 규모의 벤젠 생산시설을 갖추게 되어 정유와 윤활부문에 이어 석유화학부문에서도 최고의 경쟁력을 갖추게 되었습니다.

에쓰-오일은 사상 최대 규모의 투자인 RUC/ODC 프로젝트를 단행하여 2018년 성공적으로 완료하였고, 에쓰-오일의 석유화학 사업영역을 올레핀 다운스트림까지 확대하였습니다. 또한, 에쓰-오일은 활발한 투자 활동을 지속하여 고부가가치 제품 생산을 통해 '아시아·태평양 지역에서 가장 경쟁력 있고 존경받는 에너지·화학 기업'이라는 비전 달성에 가까이 다가가게 될 것입니다.

② 시설안내

ⓐ BTX 시설(BTX Plant) : BTX 시설은 나프타를 원료로 투입하여 벤젠(Benzene), 톨루엔(Toluene), 자일렌(Xylene) 등 방향족 석유화학 제품을 생산하는 시설입니다. 에쓰-오일의 석유화학부문 사업다각화를 위한 기반을 이루고 있습니다.

ⓑ 자일렌 센터(Xylene Center) : 자일렌 센터는 자일렌, 톨루엔 등 BTX제품과 부산물인 C9+를 원료로 투입하여 합성섬유의 기초 원료인 파라자일렌을 생산하는 시설입니다. 기존의 BTX 공장에서 나오는 원료를 안정적으로 활용하여 생산원가 절감 등 경제성에서 월등한 장점이 있습니다.

ⓒ **중질유 접촉분해시설(RFCC)** : 고도화시설인 중질유 접촉분해시설(RFCC)은 벙커C유를 원료로 투입하여 폴리프로필렌(Poly Propylene)의 기초 원료인 프로필렌(Propylene)을 생산하는 고부가가치 석유화학시설입니다.

ⓔ **제2 아로마틱 콤플렉스(Aromatic Complex)** : 제2 아로마틱 콤플렉스는 합성섬유의 기초 원료인 파라자일렌을 생산하는 제2 자일렌센터와 원유 정제과정에서 생산되는 나프타를 개질하여 석유화학 제품의 기초 원료인 BTX를 생산하는 아로마이징 시설 등으로 구성되어 있습니다.

ⓜ **RUC/ODC 콤플렉스(RUC/ODC Complex)** : RUC/ODC 콤플렉스는 부가가치가 낮은 벙커-C유를 원료로 하여 석유화학 제품들의 원료로 사용되는 에틸렌, 프로필렌을 생산하고, 이 원료들을 활용하여 일상생활에 광범위하게 사용되는 소재들의 원료인 폴리프로필렌(Polypropylene), 프로필렌 옥사이드(Propylene Oxide)를 생산하는 시설입니다.

③ **제품**

ⓝ **벤젠** : 벤젠은 무색 또는 엷은 황색의 액체로서 인화성이 높으며, 특유한 방향(芳香)이 있습니다. 인체에 유독하기 때문에 취급에 주의해야 합니다. 합성수지 합성원료, 합성세제 등을 생산하는 스타이렌 모노머, 싸이클로 헥산, 알킬벤젠, 페놀, 아세톤 공정 등의 원료로 사용됩니다.

ⓛ **톨루엔** : 톨루엔은 무색의 액체이며, 인화성이 크고 방향(芳香)을 지니고 있습니다. 증기를 흡입할 경우 인체에 유해한 물질입니다. 톨루엔은 페인트, 잉크, 고무 및 접착제의 용제로 쓰이며, 석유화학 제품의 원료로도 사용됩니다.

ⓒ **자일렌** : 자일렌은 무색의 인화점이 낮은 액체로 방향(芳香)을 지니고 있으며 인체에 유해한 물질입니다. 자일렌은 합성원료, 페인트, 도료 등의 용제로 사용되며, 파라자일렌의 원료로 사용되는 등 활용 분야가 넓습니다.

ⓔ **파라자일렌** : 혼합 자일렌에서 분리하여 제조하는 파라자일렌은 무색 투명한 액체로 인체에 유해한 물질입니다. 폴리에스터 섬유나 PET병, 필름 등의 원료가 되는 텔레프탈산(Terephthalic Acid) 제조에 사용되는 고부가가치 제품입니다.

3 연구개발

(1) 생산기술 연구

① 중질유 분해공정 촉매성능 평가 … 에쓰-오일은 국내 타 정유사보다 10년 이상 일찍 고도화 설비 비율을 완비했으며, 그 핵심은 지상 유전이라고 불리는 중질유 분해 시설(Bunker-C Cracking Center, BCC)이라고 할 수 있습니다. 에쓰-오일 기술연구소에서는 회사가 보유하고 있는 중질유 분해 시설의 운영을 지원하기 위한 다양한 활동을 수행하고 있습니다.

② 공정개선/생산기술 연구 … 고품질의 연료유 및 윤활기유를 생산하기 위한 공정 개선 연구도 주된 활동입니다. 효율적 공장 운영 지원을 위해 정유 공정의 핵심 공정에 속하는 휘발유 및 경유 탈황 공정, 윤활기유 공정, BTX 공정의 운영 지원을 위한 생산 기술 연구를 진행하고 있습니다.

③ 생산기술 연구 분야 … 휘발유 및 경유 탈황 공정, BTX 공정, 중질유 수첨탈황공정, 잔사유 접촉분해 공정

④ Pilot Plant 운영 … 에쓰-오일 기술연구소에서는 실제 공장을 축소하여 다양한 연구를 수행할 수 있도록 만든 Pilot Plant(모사 반응기)를 사용하여 연구를 수행 중입니다. 중질유 분해 시설의 핵심 공정 등 각 공정에 맞는 우수한 촉매 선정에 필수적인 Pilot Plant 장비의 활용을 통해 우수한 품질의 제품 생산과 장기간의 운전을 가능하도록 함으로써 에쓰-오일의 이익 창출에 크게 기여하고 있습니다.

(2) 제품연구

① 친환경 저공해 청정 연료유 연구 … 에쓰-오일은 세계 최고 수준의 청정함과 강력한 힘을 자랑하는 휘발유/경유에 세계 최첨단 기술의 청정 첨가제를 배합하여, 엔진 내부의 청정함을 더욱 우수한 상태로 유지하고 있습니다. 이를 통해 에쓰-오일은 더욱 향상된 품질의 S-Gasoline, S-Diesel 시리즈를 탄생시켰습니다. 그리고 엔진이 강력한 힘을 유지할 수 있는 고옥탄가의 휘발유, 하이 세탄가의 경유 제품을 공급하고 있습니다. 또한, 석유업계 최초로 석유제품 환경마크를 인증 받은 에쓰-오일의 실내 등유는 환경보호에도 이바지하고 있습니다.

② 윤활기유 개발 … 에쓰-오일은 국내에서 최초로 윤활기유를 생산한 기술력을 보유하고 있습니다. 1981년부터 최신 공정으로 Premium 윤활기유와 Super 윤활기유를 생산하였으며, 환경 규제 강화에 따른 고품질 기유의 필요성이 증가하여 2002년부터는 우수한 산화안정성과 고점도지수를 자랑하는 윤활기유인 Ultra-S 제품을 개발, 생산하고 있습니다. 이러한 연구개발을 통한 윤활제품의 고성능화 및 수명연장은 환경 보호에도 기여하고 있습니다.

(3) 시료 및 첨가제 분석

에쓰-오일 기술연구소는 각 연구에 필요한 시료를 신속 정확하게 분석하고, 공장과 영업에서 의뢰되는 시료의 특수분석 업무를 수행하여, 사내외 고객 만족을 위해 최선을 다하고 있습니다. 또한 공장에서 사용되는 주요 첨가제 성능을 사전에 평가하여 공장 생산성 향상에 이바지하고 있습니다. 에쓰-오일 기술연구소는 이와 관련된 다양한 종류의 최신 분석기를 통해, 시료의 물성 시험, 원소함량 분석, 성분 분석, 토양 오염물질 시험을 수행하고 있습니다.

(4) 에쓰-오일 기술개발센터

기술개발센터는 최신 장비와 우수 인력을 보유하였으며, 일본 스미토모 화학과의 제휴를 통해 최고 수준의 고객 서비스 역량을 확보하였습니다. 기술개발센터는 고분자 제품 관련 고객 기술 지원 및 제품 차별화를 통한 시장 확대, 그리고 핵심 기술 개발 활동을 수행하고 있으며, 장기적으로는 경쟁력 있는 신기술 확보를 통해 신사업 기회를 발굴하고 향후 사업화를 통해 당사의 미래 성장 동력 기반을 마련할 계획입니다. 에쓰-오일 기술개발센터는 당사의 비전인 "아시아 · 태평양 지역에서 가장 경쟁력 있고 존경 받는 에너지 · 화학 기업"으로 가기 위한 필수적인 기술 역량을 확보하여 회사가 초우량 일류 기업으로 도약하는데 기여할 것입니다.

4 ESG 경영

(1) ESG 경영 체계

에쓰-오일의 ESG 경영은 이해관계자인 C.E.O.의 기대사항에서 출발합니다. C.E.O.란 고객(Customers), 임직원(Employees), 주주와 그 밖의 이해관계자(Owners and Other Stakeholders)를 말합니다. 회사는 C.E.O.가 기대하는 것이 무엇인지, C.E.O.의 기대를 충족시키기 위해 무엇을 해야 하는지를 먼저 인식하고, 이를 회사 정책에 반영하여 경제적, 환경적, 사회적으로 C.E.O.의 가치를 극대화함으로써 회사의 비전 2030인 '최고의 경쟁력과 창의성을 갖춘 친환경 에너지 화학 기업'을 달성하기 위해 노력하고 있습니다.

(2) 비전 2030

최고의 경쟁력과 창의성을 갖춘 친환경 에너지 화학기업

(3) 전략목표

비전 달성의 성공 여부를 판단하는 전사 차원의 목표

① 최고의 수익성

② 친환경 성장

③ 최고의 운영 효율성

④ 석유화학 비중 확대

(4) 핵심가치(S-OIL EPICS)

① **최고(Excellence)** … 우리는 끊임없이 학습하고, 변화하고, 진보하여 고객과 동료와 주주들에게 기대를 뛰어넘는 최상의 품질과 서비스를 제공하고, 탁월한 수익성을 달성합니다.

② **열정(Passion)** … 우리는 무한한 에너지, 강한 의지, 그리고 할 수 있다는 자신감으로 더 높은 목표와 꿈을 이루기 위해 최선을 다합니다.

③ **정도(Integrity)** … 우리는 모든 일에 정직하고 공정하며, 최고 수준의 도덕적 · 윤리적 기준을 준수하여 진정한 성공을 이루어 냅니다.

④ **협력(Collaboration)** … 우리는 한 팀으로 함께 일하며 지식과 기회, 경험을 공유하여 더 큰 성공을 이루어 냅니다.

⑤ **나눔(Sharing)** … 우리는 책임감 있는 모범 기업시민으로서 함께 살아가는 이웃공동체들과 우리의 성공을 나눕니다.

CHAPTER 02

채용안내

1 인재상

(1) 회사 VISION 실현에 동참할 진취적인 사람

S-OIL은 '아시아·태평양 지역에서 가장 경쟁력 있고 존경 받는 에너지·화학 기업'으로 성장하겠다는 Vision을 달성하는 데 모든 역량을 강화하고 있습니다.
넓은 세계무대에 우뚝 서겠다는 회사 Vision에 적극 동참할 능동적이고 진취적인 사고를 지닌 인재와 함께 하기를 기원합니다.

(2) 국제적 감각과 자질을 가진 사람

S-OIL은 아시아-태평양지역의 석유제품 공급허브 역할을 수행하는 글로벌 기업으로서 회사의 위상에 부합하는 국제 감각과 세련된 매너, 어학실력 등의 자질을 갖춘 인재와 함께 하기를 원합니다.

(3) 자율과 팀워크를 중시하는 사람

S-OIL은 공부하는 자세로 자기관리와 자기 계발을 위해 힘쓰되 항상 조직과의 조화를 추구하고 목표를 달성하기 위하여 뜨거운 열정과 자세를 갖춘 인재와 함께 하기를 원합니다.

(4) 건전한 가치관과 윤리의식을 가진 사람

S-OIL은 건전한 가치관과 윤리의식을 바탕으로 회사 내에서는 동료간 화합에 힘쓰고 회사 밖에서는 책임감 있는 사회인으로서 회사의 명예와 자긍심을 높일 수 있는 인재와 함께 하기를 원합니다.

2 **인사제도**

(1) 인사제도

S-OIL 주식회사는 개인의 자질과 업적에 근거한 능력주의 인사를 원칙으로 하며, 이를 위하여 공정한 승진, 평가제도 및 다양한 교육 인재 양성 제도를 운영 중에 있습니다.

(2) 평가제도

① 사무직 평가
  ㉠ 역량평가 : 업무능력 및 업무지식을 평가
  ㉡ 업적평가 : 이익성과에 대한 기여도 및 업무과정에 대한 기여도를 평가

② 생산직 평가
  ㉠ 보직계장 : 자질, 능력, 업적 평가
  ㉡ Operator : 책임/주인의식, 개선/혁신, 팀웍/협동, 업무지식/업적, 나눔경영

(3) 경력개발

① Job Rotation … 다양한 직무경험을 통한 경력개발 기회 확대를 위하여 동일부서에서 일정기간 이상 근무한 사원을 대상으로 직무순환을 실시하고 있습니다.

② Job Posting … 개인의 희망 직무 수행을 통한 만족도 제고 및 다양한 직무수행에 따른 역량 개발을 위해 매 분기마다 사내 공모제를 실시하고 있습니다.

(4) 조직문화 프로그램

① Weekly Family Day … 업무시간에 집중하고 정시퇴근 하여 가족과 함께 시간을 보내거나 자기계발을 할 수 있도록 매주 수요일 정시퇴근을 장려하는 Family Day를 시행하고 있습니다.

② 임직원 상담 프로그램 … 직장, 가정, 대인관계 등 일상생활에서 겪는 개인적인 고충을 해결하고 일과 삶의 균형을 증진시킬 수 있도록 외부 전문기관의 심리상담 서비스를 제공하고 있습니다.

③ Stretching Time … 활기찬 업무 분위기 조성과 근골격계 질환 예방을 위해 오전과 오후에 한차례씩 Stretching Time을 운영하고 있습니다.

3 복리후생

(1) 급여제도

① 기본급 ⋯ 회사 규정에 따름 (업계 최고수준)

② 상여금 ⋯ 연 800%

③ 제수당 ⋯ 직책수당, 자격면허수당 등

④ 퇴직금 ⋯ 누진율 (업계 최고수준)

⑤ 성과급 ⋯ 경영실적에 따라 지급 (업계 최고수준)

(2) 건강증진 지원

① 의료비지원 ⋯ 본인/배우자 및 자녀 치료비 및 병실료 지원

② 정기건강검진 ⋯ 임직원 본인 · 배우자의 일반검진 또는 종합검진 시행

③ 재해지원 ⋯ 재해정도에 따라 지원 (최고 2천만 원)

(3) 생활지원

① 주택자금지원 ⋯ 주택 구입/전세자금 장기 저리융자

② 자녀학자금지원
 　㉠ 유치원, 초등, 중등자녀 매분기 정액 지원
 　㉡ 고등학생, 대학생자녀 등록금/수업료 전액 지원
 　㉢ 지체장애/자폐증자녀 특수교육비 추가지원

③ 개인연금지원 ⋯ 매월 일정액 지원 (10년간)

(4) 엔지니어 관련

① 사택 제공

② 수당/장려금 지원 ⋯ 고정급여 외 별도 지급

③ KTX 비용 지원 ⋯ 매월 왕복기준 2회 지원

④ T/A 수당 지원 … T/A 성과에 따른 일정액 지원

⑤ 무재해 기념금 … 100만인시 달성 시 일정액 지원

⑥ 공장근무자 승진 혜택 … 별도 승진가점 부여

(5) 회사생활지원

① 동호회 지원 … 사내동호회 활동 장려 및 운영비 지원

② 경조사 지원
   ㉠ 각종 경조사 발생 시 축하/위로금 지급
   ㉡ 특별휴가 부여

③ 사우회 운영 … 소액대출, 장제용품, 생일선물 등 지원

(6) 여가활동지원

① 집중휴가제실시 … 연 1회 2주간 휴가사용 의무화(사무직/기술직)

② 휴양시설
   ㉠ 동/하계 휴양소 운영
   ㉡ 전국 유명휴양지 콘도이용 지원

③ 체육활동지원 … 체육의 날 행사, 노사화합체육대회

4 인재육성

(1) 핵심역량 개발을 위한 다양한 교육 프로그램

S-OIL기본가치 공유를 위한 기본역량교육, 리더십 향상을 위한 리더십 교육 그리고 임직원들의 업무 전문성 향상을 위한 다양한 직무전문역량교육 프로그램을 운영하여 임직원들의 핵심역량 개발을 지원하고 있습니다.

(2) 다양한 직무경험을 통한 경력개발지원

일정 기간 동안 동일 직무를 수행한 직원 중 본인 또는 부서장이 희망하는 경우 Job Rotation을 통해 다른 직무로 이동할 수 있는 기회를 제공합니다.
직원들은 다양한 직무를 수행함으로써 경력을 개발할 수 있는 기회를 확보하는 한편, 조직에 대한 Commitment도 증가시킬 수 있습니다.

(3) Global 인재 육성

① 해외 MBA/IFP School 파견 … 에너지 위기, 기후변화 등 글로벌 이슈에 적절히 대응할 수 있도록 직무와 관련한 외부 세미나 또는 컨퍼런스 참여를 적극 지원하고 있습니다. 또한, 글로벌 수준의 전문역량 함양을 위해 우수직원을 대상으로 국내외 MBA 유학과 프랑스 IFP School에서 진행되는 이공계 석사과정을 지원하고 있습니다.

② 외국어 교육 지원 … S-OIL은 글로벌 인재 육성을 위한 다양한 과정의 외국어 교육을 실시하고 있습니다. 직원들의 외국어 능력 향상을 위해 영작문, 영어협상, 일본어, 중국어 과정 등의 사내 어학과정을 운영하고 있습니다.

(4) 신입사원 조기 적응을 위한 다양한 프로그램

유능한 사원을 채용하고 그들과 함께 성장해 나가는 것은 기업 지속가능성의 원천입니다.
임직원의 성장을 지원하는 S-OIL은 신입사원을 대상으로 다양한 프로그램을 운영함으로써 신입사원의 조직 적응을 지원하고 있습니다.

① 신입사원 집합교육 및 OJT … 직장인으로서의 의식 전환 및 회사에 대한 이해 증진, 집합교육 종료 후 근무부서 배치 전 현업부서 체험
  ㉠ 신입사원교육은 본사 4주와 공장 4주 등 총 8주의 집합교육으로 시작합니다.

ⓛ 학생에서 사회인으로 신분이 변화된 신입사원들은 직장인으로서의 의식 전환, 기본자세 확립, 팀 플레이를 통한 조직생활 및 회사에 대한 이해증진을 목적으로 실시되는 이 교육과정을 통해 회사 와 각 부서의 역할을 이해할 수 있습니다.

ⓒ 집합교육이 끝나면 근무부서 배치 전 현업부서를 체험하는 OJT를 실시합니다.

ⓔ OJT는 현업부서에 대한 이해 및 선배사원과의 교류를 통하여 회사와 업무방법에 대한 이해를 넓혀 회사생활에 빠르게 정착하는데 도움이 되도록 다양한 부서를 경험토록 하고 있습니다.

ⓜ 사무직은 6주, 기술직은 12주 동안 OJT를 실시하며, 신입사원의 부서 배치 후 적응에 긍정적인 효과를 보이고 있습니다.

② 멘토링 프로그램 ··· 회사생활 적응과 잠재력 개발

ⓐ OJT를 마치고 각자가 원하는 부서에 배치를 받고 나면, 신입사원의 회사생활 적응과 잠재력 개발 을 위하여 멘토링 활동이 시작됩니다.

ⓛ 신입사원은 대리급 이상으로 구성된 멘토와 1년간 함께하는 활동을 통하여 직장 적응력과 친화력 등을 키우며, S-OIL의 중추 인력으로 성장합니다.

ⓒ S-OIL 멘토링의 특징은 1년 동안 멘토링 활동을 진행하면서, 반기 단위로 멘토가 바뀐다는 것입 니다.

ⓔ 초기 6개월은 부서 내 멘토를 두어 부서 조기적응을 돕는데 주안점을 두고, 후기 6개월은 타 부서 의 멘토를 선정하여 다양한 사내 인적 네트워크 형성을 통해 업무상 커뮤니케이션 활성화를 제고 하고 있습니다.

ⓜ 또한 테마 멘토링을 진행하여 멘토와 멘티의 공통 관심사를 바탕으로 자유로운 주제 하에 멘티의 10년 뒤 모습을 설계하도록 함으로써 신입사원이 입사 초기부터 미래의 자기 모습을 그리면서 성 공적인 회사생활을 이끌어 가도록 돕고 있습니다.

③ Retention Program ··· 회사에 대한 만족도 제고

ⓐ 1년간의 멘토링 활동이 종료되면, 2년차 사원을 대상으로 'Dynamic Rookies'라는 Retention Program을 운영하고 있습니다.

ⓛ 이 프로그램을 통해 도전의식과 단결력을 함양하고 경영층과의 소통을 통해 회사의 방향성에 대한 이해를 돕는 한편, 동기들 간의 결속력을 강화하여 입사 후 1년이 지난 신입사원들의 회사에 대한 만족도를 제고시키고 있습니다.

5 채용절차

서류전형 → 인적성 검사 → A.I 역량검사 → 1차 면접 → 2차 면접 → 채용검진

(1) 서류전형

학점, 영어, 봉사활동, 자격증, 다양한 사회활동(해외 인턴경험 등), 자기소개서 등을 종합적으로 고려

(2) 인적성검사

① 적성검사

영역	하위영역	평가내용
언어력	독해력	주어진 글을 읽고 글의 핵심 주제, 구성, 전반적인 흐름을 파악하는 능력 측정
수리력	수열추리	일정한 규칙에 의해 배열된 숫자 또는 집합으로부터 규칙 및 관계성의 특성을 추론하는 능력 측정
	창의수리	수학의 기본원리나 방정식, 함수 등을 활용하여 문제를 구조화시키고 창의적인 방법으로 문제에 접근하는 능력 측정
	자료해석	각종 표, 그래프 등의 형태로 제시되는 자료들을 빠르고 정확하게 해석하는 능력 측정
도형추리		도형의 배열로부터 규칙성을 발견해내거나 변화관계를 파악하여 문제에 제시된 도형의 변화를 빠르고 정확하게 유추하는 능력 측정

② 인성검사

(3) A.I 역량검사

(4) 1차 면접 - 실무면접, 영어면접

① 역량 / 인성면접 … 개별면접, 면접시간 30분

② 영어면접 … 개별면접, 면접시간 5분

(5) 2차 면접 - 임원면접

집단면접

PART

02

적성검사

언어력

1 다음 글을 통해 알 수 없는 것은?

> 동아시아 삼국에 외국인이 집단적으로 장기 거주함에 따라 생활의 편의와 교통통신을 위한 근대적 편의시설이 갖춰지기 시작하였다. 이른바 문명의 이기로 불린 전신, 우편, 신문, 전자, 기차 등이 그것이다. 민간인을 독자로 하는 신문은 개항 이후 새롭게 나타난 신문들 가운데 하나이다. 신문(新聞) 혹은 신보(新報)라는 이름부터 그렇다. 물론 그 전에도 정부 차원에서 관료들에게 소식을 전하는 관보가 있었지만 오늘날 우리가 사용하는 의미에서의 신문은 여기서부터 비롯된다.
>
> 1882년 서양 선교사가 창간한 「The Universal Gazette」의 한자 표현이 '천하신문'인 데서 알 수 있듯, 선교사들은 가제트를 '신문'으로 번역했다. 이후 신문이란 말은 "마카오의 신문지를 창조하라"거나 "신문관을 설립하자"는 식으로 중국인들이 자발적으로 활발하게 사용하기 시작했다.
>
> 상업이 발달한 중국 상하이와 일본 요코하마에서는 각각 1851년과 1861년 영국인에 의해 영자신문이 창간되어 유럽과 미국 회사들에 필요한 정보를 제공했고, 이윽고 이를 모델로 하는 중국어, 일본어 신문이 창간되었다. 상하이 최초의 중국어 신문은 영국의 민간회사 자림양행에 의해 1861년 창간된 「상하이신보」다. 거기에는 선박의 출입일정, 물가정보, 각종 광고 등이 게재되어 중국인의 필요에 부응했다. 이 신문은 'ㅇㅇ신보'라는 용어의 유래가 된 신문이다. 중국에서 자국인에 의해 발행된 신문은 1874년 상인 황타오에 의해 창간된 중국어 신문 「순후안일보」가 최초이다. 이것은 오늘날 '△△일보'라는 용어의 유래가 된 신문이다.
>
> 한편 요코하마에서는 1864년 미국 영사관 통역관이 최초의 일본어 신문 「카이가이신문」을 창간하면서 일본 국내외 뉴스와 광고를 게재했다. 1871년 처음으로 일본인에 의해 일본어 신문인 「요코하마마이니치신문」이 창간되었고, 이후 일본어 신문 창간의 붐이 있었다.
>
> 개항 자체가 늦었던 조선에서는 정부 주도하에 1883년 외교를 담당하던 통리아문박문국에서 최초의 근대적 신문 「한성순보」를 창간했다. 그러나 한문으로 쓰인 「한성순보」와는 달리 그 후속으로 1886년 발행된 「한성주보」는 국한문혼용을 표방했다. 한글로 된 최초의 신문은 1896년 독립협회가 창간한 「독립신문」이다. 1904년 영국인 베델과 양기탁 등에 의해 「대한매일신보」가 영문한 외에 국한문 혼용판과 한글전용판을 발간했다. 그밖에 인천에서 상업에 종사하는 사람들을 위한 정보를 알려주는 신문 등 다양한 종류의 신문이 등장했다.

① 중국 상하이와 일본 요코하마에서 창간된 영자신문은 서양 선교사들이 주도적으로 참여하였다.
② 개항 이전에는 관료를 위한 관보는 있었지만, 민간인 독자를 대상으로 하는 신문은 없었다.
③ 'ㅇㅇ신보'나 '△△일보'란 용어는 민간이 만든 신문들의 이름에서 기인한다.
④ 일본은 중국보다 자국인에 의한 자국어 신문을 먼저 발행하였다.
⑤ 개항 이후 외국인의 필요에 의해 발행된 신문이 있었다.

✔ 해설 상하이와 요코하마에서는 영국인에 의해 영자신문이 창간되었다고 언급했다. 그러나 주어진 글로는 이들이 서양 선교사들인지는 알 수 없다.

② 정부 차원에서 관료들에게 소식을 전하는 관보가 있었으니 민간인을 독자로 하는 신문은 개항 이후 새롭게 나타난 신문들이다.

③ 'ㅇㅇ신보'라는 용어가 유래된 것은 「상하이신보」로 영국의 민간회사에서 만들었고, '△△일보'라는 용어가 유래된 것은 「순후안일보」로 상인에 의해 창간되었다.

④ 자국민에 의한 중국어 신문은 1874년에 출간된 「순후안일보」가 최초이고, 자국민에 의한 일본어 신문은 1871년에 출간된 「요코하마마이니치신문」이 최초이다.

⑤ 상하이와 요코하마에서는 유럽과 미국 회사들에게 필요한 정보를 제공하는 영자신문이 창간되었다.

Answer 1.①

2 다음 글에서 추론할 수 있는 내용만을 모두 고른 것은?

'도박사의 오류'라고 불리는 것은 특정 사건과 관련 없는 사건을 관련 있는 것으로 간주했을 때 발생하는 오류이다. 예를 들어, 주사위 세 개를 동시에 던지는 게임을 생각해 보자. 첫 번째 던지기 결과는 두 번째 던지기 결과에 어떤 영향도 미치지 않으며, 이런 의미에서 두 사건은 서로 상관이 없다. 마찬가지로 10번의 던지기에서 한 번도 6의 눈이 나오지 않았다는 것은 11번째 던지기에서 6의 눈이 나온다는 것과 아무런 상관이 없다. 그럼에도 불구하고, 우리는 "10번 던질 동안 한 번도 6의 눈이 나오지 않았으니, 이번 11번째 던지기에는 6의 눈이 나올 확률이 무척 높다."라고 말하는 경우를 종종 본다. 이런 오류를 '도박사의 오류 A'라고 하자. 이 오류는 지금까지 일어난 사건을 통해 미래에 일어날 특정 사건을 예측할 때 일어난다.

하지만 반대 방향도 가능하다. 즉, 지금 일어난 특정 사건을 바탕으로 과거를 추측하는 경우에도 오류가 발생한다. 다음 사례를 생각해보자. 당신은 친구의 집을 방문했다. 친구의 방에 들어가는 순간, 친구는 주사위 세 개를 던지고 있었으며 그 결과 세 개의 주사위에서 모두 6의 눈이 나왔다. 이를 본 당신은 "방금 6의 눈이 세 개가 나온 놀라운 사건이 일어났다는 것에 비춰볼 때, 내가 오기 전에 너는 주사위 던지기를 무척 많이 했음에 틀림없다."라고 말한다. 당신은 방금 놀라운 사건이 일어났다는 것을 바탕으로 당신 친구가 과거에 주사위 던지기를 많이 했다는 것을 추론한 것이다. 하지만 이것도 오류이다. 당신이 방문을 여는 순간 친구가 던진 주사위들에서 모두 6의 눈이 나올 확률은 매우 낮다. 하지만 이 사건은 당신 친구가 과거에 주사위 던지기를 많이 했다는 것에 영향을 받은 것이 아니다. 왜냐하면 문을 열었을 때 처음으로 주사위 던지기를 했을 경우에 문제의 사건이 일어날 확률과, 문을 열기 전 오랫동안 주사위 던지기를 했을 경우에 해당 사건이 일어날 확률은 동일하기 때문이다. 이 오류는 현재에 일어난 특정 사건을 통해 과거를 추측할 때 일어난다. 이를 '도박사의 오류 B'라고 하자.

ⓐ 인태가 당첨 확률이 매우 낮은 복권을 구입했다는 사실로부터 그가 구입한 그 복권은 당첨되지 않을 것이라고 추론하는 것은 도박사의 오류 A이다.

ⓑ 은희가 오늘 구입한 복권에 당첨되었다는 사실로부터 그녀가 오랫동안 꽤 많은 복권을 구입했을 것이라고 추론하는 것은 도박사의 오류 B이다.

ⓒ 승민이가 어제 구입한 복권에 당첨되었다는 사실로부터 그가 구입했던 그 복권의 당첨 확률이 매우 높았을 것이라고 추론하는 것은 도박사의 오류 A도 아니며 도박사의 오류 B도 아니다.

① ⓐ

② ⓑ

③ ⓐ, ⓒ

④ ⓑ, ⓒ

⑤ ⓐ, ⓑ, ⓒ

✔ 해설 ⓐ 사건의 확률로 미래를 예측 → 도박사의 오류가 아니다.

ⓑ 도박사의 오류 B(확률이 낮은 사건이 일어난 것은 시행을 많이 해봤을 것이다)

ⓒ 도박사의 오류는 특정사건을 예측하거나 과거를 추측하는 문제지 확률이 높고 낮음을 추론하는 것이 아니다. 도박사의 오류 A, B 둘 다 아니다.

3 다음 글을 읽고 빈칸에 들어갈 알맞은 진술로 가장 적합한 것은?

'실은 몰랐지만 넘겨짚어 시험의 정답을 맞힌' 경우와 '제대로 알고 시험의 정답을 맞힌' 경우를 구별할 수 있을까? 또 무작정 외워서 쓴 경우와 제대로 이해하고 쓴 경우는 어떤가? 전자와 후자는 서로 다르게 평가받아야 할까, 아니면 동등한 평가를 받는 것이 마땅한가?

선택형 시험의 평가는 오로지 답안지에 표기된 선택지가 정답과 일치하는가의 여부에만 달려 있다. 이는 위의 첫 번째 물음이 항상 긍정으로 대답되지는 않으리라는 사실을 말해준다. 그러나 만일 시험관이 답안지를 놓고 응시자와 면담할 기회가 주어진다면, 시험관은 응시자에게 그가 정답지를 선택한 근거를 물음으로써 그가 과연 문제에 관해 올바른 정보와 추론 능력을 가지고 있었는지 검사할 수 있을 것이다.

예를 들어 한 응시자가 '대한민국의 수도가 어디냐?'는 물음에 대해 '서울'이라고 답했다고 하자. 그렇게 답한 이유가 단지 '부모님이 사시는 도시라 이름이 익숙해서'였을 뿐, 정작 대한민국의 지리나 행정에 관해서는 아는 바 없다는 사실이 면접을 통해 드러났다고 하자. 이 경우에 시험관은 이 응시자가 대한민국의 수도에 관한 올바른 정보를 갖고 있다고 인정하기 어려울 것이다. 이 예는 응시자가 올바른 답을 제시하는데 필요한 정보가 부족한 경우이다.

그렇다면, 어떤 사람이 문제의 올바른 답을 추론해내는 데 필요한 모든 정보를 갖고 있었고 실제로도 정답을 제시했다는 것이, 그가 문제에 대한 올바른 추론 능력을 가지고 있다고 할 필요충분조건이라고 할 수 있는가?

어느 도난사건을 함께 조사한 홈즈와 왓슨이 사건의 모든 구체적인 세부사항, 예컨대 범행 현장에서 발견된 흙발자국의 토양 성분 등에 관한 정보뿐 아니라 올바른 결론을 내리는 데 필요한 모든 일반적 정보, 예컨대 영국의 지역별 토양의 성분에 관한 정보 등을 똑같이 갖고 있었고, 실제로 동일한 용의자를 범인으로 지목했다고 하자. 이 경우 두 사람의 추론을 동등하게 평가해야 하는가? 그렇지 않다. 예컨대 왓슨은 모든 정보를 완비하고 있었음에도 불구하고, 이름에 모음의 수가 가장 적다는 엉터리 이유로 범인을 지목했다고 하자. 이런 경우에도 우리는 왓슨의 추론에 박수를 보낼 수 있을까? 아니다. 왜냐하면 _____

① 왓슨은 일반적으로 타당한 개인적 경험을 토대로 추론했기 때문이다.
② 왓슨은 올바른 추론의 방법을 알고 있었음에도 불구하고 요행을 우선시했기 때문이다.
③ 왓슨은 추론에 필요한 전문적인 훈련을 받지 못해서 범인을 잘못 골랐기 때문이다.
④ 왓슨은 올바른 추론에 필요한 정보를 가지고 있긴 했지만 그 정보와 무관하게 범인을 지목했기 때문이다.
⑤ 왓슨은 올바른 추론에 필요한 논리적 능력은 갖추고 있음에도 불구하고 범인을 추론하는 데 필요한 관련 정보가 부족했기 때문이다.

> ✔해설 왓슨의 추론은 필요한 모든 정보가 있음에도 이와 무관하게 엉터리 이유로 범인을 지목했기 때문에 박수를 받을 수 없다. 그러므로 "올바른 추론에 필요한 정보를 가지고 있긴 했지만 그 정보와 무관하게 범인을 지목했기 때문이다."가 빈칸에 들어가야 한다.

Answer 2.④ 3.④

4 다음 글을 통해 알 수 있는 내용이 아닌 것은?

오늘날 인류가 왼손보다 오른손을 선호하는 경향은 어디서 비롯되었을까? 무기를 들고 싸우는 결투에서 오른손잡이는 왼손잡이 상대를 만나 곤혹을 치르곤 한다. 왼손잡이 적수가 무기를 든 왼손은 뒤로 감춘 채 오른손을 내밀어 화해의 몸짓을 보이다가 방심한 틈에 공격을 할 수도 있다. 그러나 이런 상황이 왼손에 대한 폭넓고 뿌리 깊은 반감을 다 설명해 준다고는 생각하지 않는다. 예컨대 그런 종류의 겨루기와 거의 무관했던 여성들의 오른손 선호는 어떻게 설명할 것인가?

오른손을 귀하게 여기고 왼손을 천대하는 현상은 어쩌면 산업화 이전 사회에서 배변 후 사용할 휴지가 없었다는 사실과 관련이 있을 법하다. 인류 역사에서 대부분의 기간 동안 배변 후 뒤처리를 담당한 것은 맨손이었다. 맨손으로 배변 뒤처리를 하는 것은 불쾌할뿐더러 병균을 옮길 위험을 수반하는 일이었다. 이런 위험의 가능성을 낮추는 간단한 방법은 음식을 먹거나 인사할 때 다른 손을 사용하는 것이었다. 기술 발달 이전의 사회에서는 대개 왼손을 배변 뒤처리에, 오른손을 먹고 인사하는 일에 사용했다. 이런 전통에서 벗어난 행동을 보면 사람들은 기겁하지 않을 수 없었다. 오른손과 왼손의 역할 분담에 관한 관습을 따르지 않는 어린아이는 벌을 받았을 것이다.

나는 이런 배경이 인간 사회에서 널리 나타나는 '오른쪽'에 대한 긍정과 '왼쪽'에 대한 반감을 어느 정도 설명해 줄 수 있으리라고 생각한다. 그러나 이 설명은 왜 애초에 오른손이 먹는 일에, 그리고 왼손이 배변 처리에 사용되었는지 설명해주지 못한다. 확률로 말하자면 왼손이 배변 처리를 담당하게 될 확률은 1/2이다. 그렇다면 인간 사회 가운데 절반 정도는 왼손잡이 사회였어야 할 것이다. 그러나 동서양을 막론하고 왼손잡이 사회는 확인된 바 없다. 세상에는 왜 온통 오른손잡이 사회들뿐인지에 대한 근본적인 설명은 다른 곳에서 찾아야 할 것 같다.

한쪽 손을 주로 쓰는 경향은 뇌의 좌우반구의 기능 분화와 관련되어 있는 것으로 보인다. 보고된 증거에 따르면, 왼손잡이는 읽기와 쓰기, 개념적·논리적 사고 같은 좌반구 기능에서 오른손잡이보다 상대적으로 미약한 대신 상상력, 패턴 인식, 창의력 등 전형적인 우반구 기능에서는 상대적으로 기민한 경우가 많다.

비비원숭이의 두개골 화석을 연구함으로써 오스트랄로피테쿠스가 어느 손을 즐겨 썼는지를 추정할 수 있다. 이들이 비비원숭이를 몽둥이로 때려서 입힌 상처의 흔적이 남아 있기 때문이다. 연구에 따르면 오스트랄로피테쿠스는 약 80%가 오른손잡이였다. 이는 현대인과 거의 일치한다. 사람이 오른손을 즐겨 쓰듯 다른 동물들도 앞발 중에 더 선호하는 쪽이 있는데, 포유류에 속하는 동물들은 대개 왼발을 즐겨 쓰는 것으로 나타났다. 이들 동물에서도 뇌의 좌우반구 기능은 인간과 본질적으로 다르지 않으며, 좌우반구의 신체 제어에서 좌우 교차가 일어난다는 점도 인간과 다르지 않다.

왼쪽과 오른쪽의 대결은 인간이라는 종의 먼 과거까지 거슬러 올라간다. 나는 이성대 직관의 힘겨루기, 뇌의 두 반구 사이의 힘겨루기가 오른손과 왼손의 힘겨루기로 표면화된 것이 아닐까 생각한다. 즉 오른손이 원래 왼손보다 더 능숙했기 때문이 아니라 뇌의 좌반구가 인간의 행동을 지배하는 권력을 갖게 되었기 때문에 오른손 선호에 이르렀다는 생각이다. 그리고 이것이 사실이라면 직관적 사고에 대한 논리적 비판은 거시적 관점에서 그 타당성을 의심해볼 만하다. 어쩌면 뇌의 우반구 역시 좌반구의 권력을 못마땅하게 여기고 있는지도 모른다. 다만 논리적인 언어로 반론을 펴지 못할 뿐.

① 위생에 관한 관습은 명문화된 규범 없이도 형성될 수 있다.

② 직관적 사고보다 논리적 사고가 인간의 행위를 더 강하게 지배해 왔다고 볼 수 있다.

③ 인류를 제외한 대부분의 포유류의 경우에는 뇌의 우반구가 좌반구와의 힘겨루기에서 우세하다고 볼 수 있다.

④ 먹는 손과 배변을 처리하는 손이 다르게 된 이유는 먹는 행위와 배변 처리 행위에 요구되는 뇌 기능이 다르기 때문이다.

⑤ 왼손을 천대하는 관습이 가져다주는 이익이 있다고 해서 오른손잡이가 왼손잡이보다 압도적으로 많은 이유가 설명되는 것은 아니다.

✔ 해설 먹는 손과 배변을 처리하는 손이 다르게 된 것을 한쪽 손을 주로 쓰는 경향은 뇌의 좌우반구의 기능 분화와 관련이 있다고 언급하였으나 이것이 행위에 요구되는 뇌 기능의 차이 때문이라고 말할 수는 없다. 좌우반구 기능 분화는 논리적 사고와 직관적 사고와 관련된 것이지 먹는 행위와 배변 처리 행위의 차이라고 할 수는 없다.

① 위생에 대한 관습으로 왼손은 배변 처리에 이용하고 오른손을 먹고 인사하는 일에 이용했다는 예를 들고 있다. 이는 관습이 규범이 아니라 주로 사용하는 한쪽 손의 경향에 따른 것이다.

② 왼쪽 손을 주로 사용하는 경향은 뇌의 좌우반구의 기능 분화와 관련이 있고, 논리적 사고는 좌반구 기능과 관련이 있다. 또한 직관적 사고는 우반구와 관련이 있다. 오른손잡이는 좌반구 기능이 우반구 기능보다 상대적으로 기민한 경우가 많다. 현대인의 약 80%가 오른손잡이이므로 직관적 사고보다는 논리적 사고가 더 지배적이라 볼 수 있다.

③ 인류를 제외한 포유류는 대게 왼발을 사용하므로 뇌의 좌반구보다는 우반구의 기능이 더 기민하다고 볼 수 있다.

⑤ 관습은 오른손잡이가 많은 것에 대한 근본적인 설명은 아니다.

Answer 4.④

5 다음 글의 내용과 부합하지 않는 것은?

> 디지털 연산은 회로의 동작으로 표현되는 논리적 연산에 의해 진행되며 아날로그 연산은 소자의 물리적 특성에 의해 진행된다. 하지만 디지털 연산의 정밀도는 정보의 연산 과정에서 최종적으로 정보를 출력할 때 필요한 것보다 항상 같거나 높게 유지해야 하므로 동일한 양의 연산을 처리해야 하는 경우라면 디지털 방식이 아날로그 방식에 비해 훨씬 더 많은 소자를 필요로 한다. 아날로그 연산에서는 회로를 구성하는 소자 자체가 연산자이므로 온도 변화에 따르는 소자 특성의 변화, 소자 간의 특성 균질성, 전원 잡음 등의 외적 요인들에 의해 연산 결과가 크게 달라질 수 있다. 그러나 디지털 연산에서는 회로의 동작이 0과 1을 구별할 정도의 정밀도만 유지하면 되므로 회로를 구성하는 소자 자체의 특성 변화에 거의 영향을 받지 않는다. 또한 상대적으로 쉽게 변경 가능하고 프로그램하기 편리한 점도 있다.
>
> 사람의 눈이나 귀 같은 감각기관은 아날로그 연산에 바탕을 둔 정보 처리 조직을 가지고 있지만 이로부터 발생되는 정보는 디지털 정보이다. 감각기관에 분포하는 수용기는 특별한 목적을 가지는 아날로그-디지털 변환기로 볼 수 있는데, 이것은 전달되는 입력의 특정 패턴을 감지하여, 디지털 신호와 유사한 부호를 발생시킨다. 이 신호는 다음 단계의 신경세포에 입력되고, 이 과정이 거미줄처럼 연결된 무수히 많은 신경세포의 연결 구조 속에서 반복되면서 뇌의 다양한 인지 활동을 형성한다. 사람의 감각기관에서 일어나는 아날로그 연산은 감각되는 많은 양의 정보 중에서 필요한 정보만을 걸러 주는 역할을 한다. 그렇기 때문에 실제 신경세포를 통해 뇌에 전달되는 것은 지각에 꼭 필요한 내용만이 축약된 디지털 정보이다. 사람의 감각은 감각기관의 노화 등으로 인한 생체 조직 구조의 변화에 따라 둔화될 수 있다. 그럼에도 불구하고 노화된 사람의 감각기관은 여전히 아날로그 연산이 가지는 높은 에너지 효율을 얻을 수 있다.

① 사람의 신경세포는 디지털화된 정보를 뇌로 전달한다.
② 디지털 연산은 소자의 물리적 특성을 연산자로 활용한다.
③ 사람이 감각기관은 아날로그 연산을 기초로 정보를 처리한다.
④ 디지털 연산은 소자 자체의 특성 변화에 크게 영향을 받지 않는다.
⑤ 사람의 감각기관이 감지하는 것은 외부에서 전달되는 입력 정보의 패턴이다.

✔ **해설** 아날로그 연산은 소자의 물리적 특성에 의해 진행된다.

6 (가)~(마)에 대한 설명으로 적절하지 않은 것은?

(가) 신문이나 잡지는 대부분 유료로 판매된다. 반면에 인터넷 뉴스 사이트는 신문이나 잡지의 기사와 같거나 비슷한 내용을 무료로 제공한다. 왜 이런 현상이 발생하는 것일까?

(나) 이 현상 속에는 경제학적 배경이 숨어 있다. 대체로 상품의 가격은 그 상품을 생산하는 데 드는 비용의 언저리에서 결정된다. 생산 비용이 많이 들면 들수록 상품의 가격이 상승하는 것이다. 그런데 인터넷에 게재되는 기사를 생산하는 데 드는 비용은 0에 가깝다. 기자가 컴퓨터로 작성한 기사를 신문사 편집실로 보내 종이 신문에 게재하고, 그 기사를 그대로 재활용하여 인터넷 뉴스 사이트에 올리기 때문이다. 또한 인터넷 뉴스 사이트 방문자 수가 증가하면 사이트에 걸어 놓은 광고에 대한 수입도 증가하게 된다. 이러한 이유로 신문사들은 경쟁적으로 인터넷 뉴스 사이트를 개설하여 무료로 운영했던 것이다.

(다) 그런데 무료 인터넷 뉴스 사이트를 이용하는 사람들이 폭발적으로 늘어나면서 돈을 지불하고 신문이나 잡지를 구독하는 사람들이 점점 줄어들기 시작했다. 그 결과 언론사들의 수익률이 감소하여 재정이 악화되었다. 문제는 여기서 그치지 않는다. 언론사들의 재정적 악화는 깊이 있고 정확한 뉴스를 생산하는 그들의 능력을 저하시키거나 사라지게 할 수도 있다. 결국 그로 인한 피해는 뉴스를 이용하는 소비자에게로 되돌아 올 것이다.

(라) 그래서 언론사들, 특히 신문사들의 재정 악화 개선을 위해 인터넷 뉴스를 유료화해야 한다는 의견이 있다. 하지만 그러한 주장을 현실화하는 것은 그리 간단하지 않다. 소비자들은 어떤 상품을 구매할 때 그 상품의 가격이 얼마 정도면 구입할 것이고, 얼마 이상이면 구입하지 않겠다는 마음의 선을 긋는다. 이 선의 최대치가 바로 최대지불의사(willingness to pay)이다. 소비자들의 머릿속에 한 번 각인된 최대지불의사는 좀처럼 변하지 않는 특성이 있다. 인터넷 뉴스의 경우 오랫동안 소비자에게 무료로 제공되었고, 그러는 사이 인터넷 뉴스에 대한 소비자들의 최대지불의사도 0으로 굳어진 것이다. 그런데 이제 와서 무료로 이용하던 정보를 유료화한다면 소비자들은 여러 이유를 들어 불만을 토로할 것이다.

(마) 해외 신문 중 일부 경제 전문지는 이러한 문제를 성공적으로 해결했다. 그들은 매우 전문화되고 깊이 있는 기사를 작성하여 소비자에게 제공하는 대신 인터넷 뉴스 사이트를 유료화했다. 그럼에도 불구하고 많은 소비자들이 기꺼이 돈을 지불하고 이들 사이트의 기사를 이용하고 있다. 전문화되고 맞춤화된 뉴스일수록 유료화 잠재력이 높은 것이다. 이처럼 제대로 된 뉴스를 만드는 공급자와 제값을 내고 제대로 된 뉴스를 소비하는 수요자가 만나는 순간 문제 해결의 실마리를 찾을 수 있을 것이다.

---

① (가) : 현상을 제시하고 있다.

② (나) : 현상의 발생 원인을 분석하고 있다.

③ (다) : 현상의 문제점을 지적하고 있다.

④ (라) : 현상의 긍정적 측면을 강조하고 있다.

⑤ (마) : 문제의 해결 방안을 시사하고 있다.

✔해설 ④ 기존의 문제 해결 방안이 지니는 문제점을 지적하고 있다.

Answer 5.② 6.④

7 다음 글을 통해 알 수 있는 것은?

> 고전주의적 관점에서는 보편적 규칙에 따라 고전적 이상에 일치시켜 대상을 재현한 작품에 높은 가치를 부여한다. 반면 낭만주의적 관점에서는 예술가 자신의 감정이나 가치관, 문제의식 등을 자유로운 방식으로 표현한 것에 가치를 부여한다.
>
> 그렇다면 예술작품을 감상할 때에는 어떠한 관점을 취해야 할까? 예술작품을 감상한다는 것은 예술가를 화자로 보고, 감상자를 청자로 설정하는 의사소통 형식으로 가정할 수 있다. 고전주의적 관점에서는 재현 내용과 형식이 정해지기 때문에 화자인 예술가 중심이 된 의사소통 행위가 아니라 청자가 중심이 된 의사소통 행위라 할 수 있다. 즉, 예술작품 감상에 있어서 청자인 감상자는 보편적 규칙과 경험적 재현 방식을 통해 쉽게 예술작품을 수용하고 이해할 수 있게 된다. 그런데 의사소통 상황에서 청자가 중요시되지 않는 경우도 흔히 발견된다. 가령 스포츠 경기를 볼 때 주변 사람과 관련 없이 자기 혼자서 탄식하고 환호하기도 한다. 또한 독백과 같이 특정한 청자를 설정하지 않는 발화 행위도 존재한다. 낭만주의적 관점에서 예술작품을 이해하고 감상하는 것도 이와 유사하다. 낭만주의적 관점에서는, 예술작품을 예술가가 감상자를 고려하지 않은 채 자신의 생각이나 느낌을 자유롭게 표현한 것으로 보아야만 작품의 본질을 오히려 잘 포착할 수 있다고 본다.
>
> 낭만주의적 관점에서 올바른 작품 감상을 위해서는 예술가의 창작의도나 창작관에 대한 이해가 필요하다. 비록 관람과 감상을 전제하고 만들어진 작품이라 하더라도 그 가치는 작품이 보여주는 색채나 구도 등에 대한 감상자의 경험을 통해서만 파악되는 것이 아니다. 현대 추상회화 창시자의 한 명으로 손꼽는 몬드리안의 예술작품을 보자. 구상적 형상 없이 선과 색으로 구성된 몬드리안의 작품들은, 그가 자신의 예술을 발전시켜 나가는 데 있어서 관심을 쏟았던 것이 무엇인지를 알지 못하면 이해하기 어렵다.

① 고전주의적 관점과 낭만주의적 관점의 공통점은 예술작품의 재현 방식이다.
② 고전주의적 관점에서 볼 때, 예술작품을 감상하는 것은 독백을 듣는 것과 유사하다.
③ 낭만주의적 관점에서 볼 때, 예술작품 창작의 목적은 감상자 위주의 의사소통에 있다.
④ 낭만주의적 관점에서 볼 때, 예술작품의 창작의도에 대한 충분한 소통은 작품 이해를 위해 중요하다.
⑤ 고전주의적 관점에 따르면 예술작품의 본질은 예술가가 자신의 생각이나 느낌을 창의적으로 표현하는 데 있다.

✔ 해설 ① 고전주의적 관점에서는 보편적 규칙에 따라 고전적 이상에 일치시켜 대상을 재현한 작품에 높은 가치를 부여한다. 반면 낭만주의적 관점에서는 예술가 자신의 감정이나 가치관, 문제의식 등을 자유로운 방식으로 표현한 것에 가치를 부여한다.
② 독백과 같이 특정한 청자를 설정하지 않는 발화 행위도 존재한다. 낭만주의적 관점에서 예술작품을 이해하고 감상하는 것도 이와 유사하다.
③ 고전주의적 관점에서는 재현 내용과 형식이 정해지기 때문에 화자인 예술가 중심이 된 의사소통 행위가 아니라 청자가 중심이 된 의사소통 행위라 할 수 있다.
⑤ 낭만주의적 관점에서는, 예술작품을 예술가가 감상자를 고려하지 않은 채 자신의 생각이나 느낌을 자유롭게 표현한 것으로 보아야만 작품의 본질을 오히려 잘 포착할 수 있다고 본다.

8 다음 제시된 글의 내용과 일치하는 것을 모두 고른 것은?

유물(遺物)을 등록하기 위해서는 명칭을 붙인다. 이 때 유물의 전반적인 내용을 알 수 있도록 하는 것이 바람직하다. 따라서 명칭에는 그 유물의 재료나 물질, 제작기법, 문양, 형태가 나타난다. 예를 들어 도자기에 청자상감운학문매병(青瓷象嵌雲鶴文梅瓶)이라는 명칭이 붙여졌다면, '청자'는 재료를, '상감'은 제작기법은, '운학문'은 문양을, '매병'은 그 형태를 각각 나타낸 것이다. 이러한 방식으로 다른 유물에 대해서도 명칭을 붙이게 된다.

유물의 수량은 점(點)으로 계산한다. 작은 화살촉도 한 점이고 커다란 철불(鐵佛)도 한 점으로 처리한다. 유물의 파편이 여럿인 경우에는 일괄(一括)이라 이름 붙여 한 점으로 계산하면 된다. 귀걸이와 같이 쌍(雙)으로 된 것은 한 쌍으로 하고, 하나인 경우에는 한 짝으로 하여 한 점으로 계산한다. 귀걸이 한 쌍은, 먼저 그 유물번호를 적고 그 뒤에 각각 (2-1), (2-2)로 적는다. 뚜껑이 있는 도자기나 토기도 한 점으로 계산하되, 번호를 매길 때는 귀걸이의 예와 같이 하면 된다.

유물을 등록할 때는 그 상태를 잘 기록해 둔다. 보존상태가 완전한 경우도 많지만, 일부가 손상된 유물도 많다. 예를 들어 유물의 어느 부분이 부서지거나 깨졌지만 그 파편이 남아 있는 상태를 파손(破損)이라고 하고, 파편이 없는 경우를 결손(缺損)이라고 표기한다. 그리고 파손된 것을 붙이거나 해서 손질했을 때 이를 수리(修理)라 하고, 결손된 부분을 모조해 원상태로 재현했을 때는 복원(復原)이라는 용어를 사용한다.

㉠ 도자기 뚜껑의 일부가 손상되어 파편이 떨어진 유물의 경우, 뚜껑은 파편과 일괄하여 한 점이지만 도자기 몸체와는 별개이므로 전체가 두 점으로 계산된다.
㉡ 조선시대 방패의 한 귀퉁이가 부서져나가 그 파편을 찾을 수 없다면, 수리가 아닌 복원의 대상이 된다.
㉢ 위 자료에 근거해 볼 때, 청자화훼당초문접시(青瓷花卉唐草文皿)는 그 명칭에 비추어 청자상감운학문매병과 동일한 재료 및 문양을 사용하였으나, 그 제작기법과 형태에 있어서 서로 다른 것으로 추정된다.
㉣ 박물관이 소장하고 있는 한 쌍의 귀걸이 중 한 짝이 소실되는 경우에도 그 박물관 전체 유물의 수량이 줄어들지는 않을 것이다.
㉤ 일부가 결손된 철불의 파편이 어느 지방에서 발견되어 그 철불을 소장하던 박물관에서 함께 소장하게 된 경우, 그 박물관이 소장하는 전체 유물의 수량은 늘어난다.

① ㉠
② ㉡, ㉢
③ ㉡, ㉣
④ ㉠, ㉢, ㉤
⑤ ㉡, ㉣, ㉤

✔해설 ㉠ 뚜껑과 도자기 몸체는 한 점으로 분류된다.
㉡ 파편을 찾을 수 없으면 결손이고 결손은 복원의 대상이 된다.
㉢ 재료만 동일하고 제작기법, 문양, 형태는 모두 다르다.
㉣ 한 쌍일 때도 한 점, 한 짝만 있을 때도 한 점으로 계산된다.
㉤ 파편이 발견되면 기존의 철불과 일괄로 한 점 처리된다.

Answer 7.④ 8.③

9 다음 글을 통해 알 수 없는 내용은?

> 희생제의란 신 혹은 초자연적 존재에게 제물을 바침으로써 인간 사회에서 발생하는 중요한 문제를 해결하려는 목적으로 이루어지는 의례를 의미한다. 이 제의에서는 제물이 가장 주요한 구성요소인데, 이때 제물은 제사를 올리는 인간들과 제사를 받는 대상 사이의 유대 관계를 맺게 해주어 상호 소통할 수 있도록 매개하는 역할을 수행한다.
> 희생제의의 제물, 즉 희생제물의 대명사로 우리는 '희생양'을 떠올린다. 이는 희생제물이 대게 동물일 것이라고 추정하게 하지만, 희생제물에는 인간도 포함된다. 인간 집단은 안위를 위협하는 심각한 위기 상황을 맞게 되면, 이를 극복하고 사회 안정을 회복하기 위해 처녀나 어린아이를 제물로 바쳤다. 이러한 사실은 인신공희(人身供犧) 설화를 통해 찾아볼 수 있다. 이러한 설화에서 인간들은 신이나 괴수에게 처녀나 어린아이를 희생제물로 바쳤다.
> 희생제의는 원시사회의 산물로 머문 것이 아니라 아주 오랫동안 동서양을 막론하고 여러 문화권에서 지속적으로 행해져 왔다. 이에 희생제의의 기원이나 형식을 밝히기 위한 종교현상학적 연구들이 시도되어 왔다. 그리고 인류학적 연구에서는 희생제의에 나타난 인간과 문화의 본질에 대한 탐색이 있어 왔다. 인류학적 관점의 대표적인 학자인 지라르는 「폭력과 성스러움」, 「희생양」 등을 통해 인간 사회의 특징, 사회 갈등과 그 해소 등의 문제를 '희생제의'와 '희생양'으로 설명했다.
> 인간은 끊임없이 타인과 경쟁하고 갈등하는 존재이다. 이러한 인간들 간의 갈등은 공동체 내에서 무차별적이면서도 심각한 갈등 양상으로 치닫게 되고 극도의 사회적 긴장 관계를 유발한다. 이때 다수의 사회 구성원들은 사회 갈등을 희생양에게 전이시켜 사회 갈등을 해소하고 안정을 되찾고자 하였다는 것이 지라르 논의의 핵심이다.
> 희생제의에서 희생제물로서 처녀나 어린아이가 선택되는 경우가 한국뿐 아니라 많은 나라에서도 발견된다. 처녀와 어린아이에게는 인간 사회의 세속적이고 부정적인 속성이 깃들지 않았다는 관념이 오래 전부터 지배적이었기 때문이다. 그러나 지라르는 근본적으로 이들이 희생제물로 선택된 이유를, 사회를 주도하는 주체인 성인 남성들이 스스로 일으킨 문제를 자신들이 해결하지 않고 사회적 역할 차원에서 자신들과 대척점에 있는 타자인 이들을 희생양으로 삼았기 때문인 것으로 설명하였다.

① 종교현상학적 연구는 인간 사회의 특성과 사회 갈등 형성 및 해소를 희생제의와 희생양의 관계를 통해 설명한다.

② 지라르에 의하면 다수의 사회 구성원들은 사회 갈등을 희생양에게 전이시킴으로써 사회 안정을 이루고자 하였다.

③ 희생제물을 통해 위기를 극복하고 사회의 안정을 회복하고자 한 의례 행위는 동양에 국한된 것이 아니다.

④ 지라르에 따르면 희생제물인 처녀나 어린아이들은 성인 남성들과 대척점에 있는 존재이다.

⑤ 인신공희 설화에서 희생제물인 어린아이들은 인간들과 신 혹은 괴수 간에 소통을 매개한다.

✔해설 "희생제의의 기원이나 형식을 밝히기 위한 종교현상학적 연구들이 시도되어 왔다. 그리고 인류학적 연구에서는 희생제의에 나타난 인간과 문화의 본질에 대한 탐색이 있어 왔다."를 보면 인간 사회의 특성과 사회 갈등 형성 및 해소를 희생제의와 희생양의 관계를 통해 설명하는 것은 인류학적 연구이다.

10 글의 내용을 바탕으로 판단할 때, 밑줄 친 부분의 이유로 가장 적절한 것은?

> 매몰비용이 의사결정과 무관해야 한다는 사실로부터 기업들의 의사결정 절차를 이해할 수 있다. 1990년대 초, 대부분의 미국 내 대형 항공사들은 큰 손실을 입었다. 어떤 해에는 아메리칸 에어라인, 델타 항공이 각각 4억 달러 이상의 손실을 본 적도 있다. <u>그럼에도 불구하고 항공사들은 계속 표를 팔고 승객들을 실어 날랐다.</u> 이러한 결정은 다소 의아하게 느껴질 것이다. 왜 항공사 경영진은 사업을 포기하지 않았을까?
>
> 항공사들의 이러한 행동을 이해하기 위해서는 항공사들 비용의 일부가 매몰된다는 사실을 알아야 한다. 항공사가 비행기를 샀고 그것을 다시 팔 수 없다면 그 비행기에 대한 비용은 이미 매몰된 것이다. 운항의 기회비용은 연료비, 조종사와 승무원의 임금 정도가 될 것이다. 운항을 선택함으로써 써야 하는 비용보다 기업이 운항을 통해 벌어들이는 총수입이 크다면 항공사들은 계속 영업을 해야 한다. 그리고 실제로 그렇게 했다.
>
> 매몰비용이 의사결정과 무관함은 개인에게 있어서도 마찬가지다. 여러분이 영화를 보는 것에서 10,000원의 만족감, 즉 편익을 얻는다고 하자. 영화표를 7,000원에 샀는데 실수로 극장에 들어가기 전에 표를 잃어버렸다면 여러분은 어떤 선택을 하겠는가? 다시 사야 할까 말아야 할까? 정답은 다시 표를 사는 것이다. 영화를 보는 것의 편익(10,000원)은 여전히 기회비용(표를 다시 사는 비용 7,000원)을 초과하고 있기 때문이다. 이 때 이미 잃어버린 표의 비용은 돌려받을 수 없기 때문에 더 이상 생각하지 않아야 한다. 이미 엎질러진 물이니 후회해봐야 소용없는 것이다.

① 총수입이 매몰비용보다 크기 때문에

② 총수입이 기회비용보다 크기 때문에

③ 매몰비용이 기회비용보다 크기 때문에

④ 매몰비용이 손실보다 크기 때문에

⑤ 기회비용이 손실보다 크기 때문에

✔해설 ② 항공사 경영진은 매몰비용에 집착하지 않고 총수입이 기회비용을 넘으면 영업을 계속했다.

11 다음 글을 읽고 ⊙의 내용을 뒷받침할 수 있는 경우로 보기 가장 어려운 것은?

범죄 사건을 다루는 언론 보도의 대부분은 수사기관으로부터 얻은 정보에 근거하고 있고, 공소제기 전인 수사 단계에 집중되어 있다. 따라서 언론의 범죄 관련 보도는 범죄사실이 인정되는지 여부를 백지상태에서 판단하여야 할 법관이나 배심원들에게 유죄의 예단을 심어줄 우려가 있다. 이는 헌법상 적법절차 보장에 근거하여 공정한 형사재판을 받을 피고인의 권리를 침해할 위험이 있어 이를 제한할 필요성이 제기된다. 실제로 피의자의 자백이나 전과, 거짓말탐지기 검사 결과 등에 관한 언론 보도는 유죄판단에 큰 영향을 미친다는 실증적 연구도 있다. 하지만 보도 제한은 헌법에 보장된 표현의 자유에 대한 침해가 된다는 반론도 만만치 않다. 미국 연방대법원은 어빈 사건 판결에서 지나치게 편향적이고 피의자를 유죄로 취급하는 언론 보도가 예단을 형성시켜 실제로 재판에 영향을 주었다는 사실이 입증되면, 법관이나 배심원이 피고인을 유죄라고 확신하더라도 그 유죄판결을 파기하여야 한다고 했다. 이 판결은 이른바 '현실적 예단'의 법리를 형성시켰다. 이후 리도 사건 판결에 와서는, 일반적으로 보도의 내용이나 행태 등에서 예단을 유발할 수 있다고 인정이 되면, 개개의 배심원이 실제로 예단을 가졌는지의 입증 여부를 따지지 않고, 적법 절차의 위반을 들어 유죄판결을 파기할 수 있다는 '일반적 예단'의 법리로 나아갔다.

셰퍼드 사건 판결에서는 유죄 판결을 파기하면서, '침해 예방'이라는 관점을 제시하였다. 즉, 배심원 선정 절차에서 상세한 질문을 통하여 예단을 가진 후보자를 배제하고, 배심원이나 증인을 격리하며, 재판을 연기하거나, 관할을 변경하는 등의 수단을 언급하였다. 그런데 법원이 보도기관에 내린 '공판 전 보도금지명령'에 대하여 기자협회가 연방대법원에 상고한 네브래스카 기자협회 사건 판결에서는 침해의 위험이 명백하지 않은데도 가장 강력한 사전 예방 수단을 쓰는 것은 위헌이라고 판단하였다.

이러한 판결들을 거치면서 미국에서는 언론의 자유와 공정한 형사절차를 조화시키면서 범죄 보도를 제한할 수 있는 방법을 모색하였다. 그리하여 셰퍼드 사건에서 제시된 수단과 함께 형사 재판의 비공개, 형사소송 관계인의 언론에 대한 정보제공금지 등이 시행되었다. 하지만 ⊙예단 방지 수단들의 실효성을 의심하는 견해가 있고, 여전히 표현의 자유와 알 권리에 대한 제한의 우려도 있어, 이 수단들은 매우 제한적으로 시행되고 있다. 그런데 언론 보도의 자유와 공정한 재판이 꼭 상충된다고만 볼 것은 아니며, 피고인 측의 표현의 자유를 존중하는 것이 공정한 재판에 도움이 된다는 입장에서 네브래스카 기자협회 사건 판결의 의미를 새기는 견해도 있다. 이 견해는 수사기관으로부터 얻은 정보에 근거한 범죄 보도로 인하여 피고인을 유죄로 추정하는 구조에 대항하기 위하여 변호인이 적극적으로 피고인 측의 주장을 보도기관에 전하여, 보도가 일방적으로 편향되는 것을 방지할 필요가 있다고 한다.

일반적으로 변호인이 피고인을 위하여 사건에 대해 발언하는 것은 범죄 보도의 경우보다 적법절차를 침해할 위험성이 크지 않은데도 제한을 받는 것은 적절하지 않다고 보며, 반면에 수사기관으로부터 얻은 정보를 기반으로 하는 언론 보도는 예단 형성의 위험성이 큰데도 헌법상 보호를 두텁게 받는다고 비판한다. 미국과 우리나라의 헌법상 변호인의 조력을 받을 권리는 변호인의 실질적 조력을 받을 권리를 의미한다. 실질적 조력에는 법정 밖의 적극적 변호 활동도 포함된다. 따라서 형사절차에서 피고인 측에게 유리한 정보를 언론에 제공할 기회나 반론권을 제약하지 말고, 언론이 검사 측 못지않게 피고인 측에게도 대등한 보도를 할 수 있도록 해야 한다.

① 법원이 재판을 장기간 연기했지만 재판 재개에 임박하여 다시 언론 보도가 이어진 경우

② 검사가 피의자의 진술거부권 행사 사실을 공개하려고 하였으나 법원이 검사에게 그 사실에 대한 공개 금지명령을 내린 경우

③ 변호사가 배심원 후보자에게 해당 사건에 대한 보도를 접했는지에 대해 질문했으나 후보자가 정직하게 답변하지 않은 경우

④ 법원이 관할 변경 조치를 취하였으나 이미 전국적으로 보도가 된 경우

⑤ 법원이 배심원을 격리하였으나 격리 전에 보도가 있었던 경우

> ✔해설 ⊙의 이전 문장을 보면 알 수 있는데, "언론의 자유와 공정한 형사절차를 조화시키면서 범죄 보도를 제한할 수 있는 방법을 모색하였다. 그리하여 세퍼드 사건에서 제시된 수단과 함께 형사 재판의 비공개, 형사소송 관계인의 언론에 대한 정보제공금지 등이 시행되었다."에서 볼 수 있듯이 ②의 경우에는 예단 방지를 위한 것이다. 하지만, 예단 방지 수단들에 대한 실효성이 떨어진다는 것은 알 수가 없다.

'연구 개발(R&D)'이라는 말은 아직 우리에게 그렇게 익숙한 용어는 아닌 것 같다. 경제 협력 개발 기구(OECD)에 따르면, R&D란 '과학 기술 분야 등의 지식을 축적하거나 새로운 적용 방법을 찾아내기 위해 축적된 지식을 활용하는 조직적이고 창조적인 활동'이라고 정의하고 있다. 세계화가 급진전되면서 세계 시장에서의 경쟁이 더욱 치열해지고, 경쟁에서 이기기 위한 핵심 전략의 하나가 기술 개발이라는 데는 이견이 없어 보인다. 따라서 기술 개발을 위한 R&D의 중요성은 어느 때보다 증대하고 있다. 정부는 예산 대비 몇 퍼센트, 기업은 매출액 대비 몇 퍼센트 등의 수치 목표를 설정해 R&D 투자 증대를 위해 전력을 쏟고 있다. 이는 암묵적으로 'R&D 투자는 많을수록 좋은 것'이라는 생각을 전제하고 있는 것으로 보인다. 그렇다면 과연 R&D 투자, 특히 정부의 R&D 투자는 많을수록 좋은 것인지 한번 짚어 볼 필요가 있다.

OECD 보고서에 따르면, 국가별로 차이는 있지만 최근 20년간 OECD 회원 국가의 실질 R&D 투자 증가율은 33%나 된다. 그런데 실질 R&D 지출액의 대부분은 민간 기업의 R&D 지출 증가에 기인한다. 즉 최근 20년간 민간 기업의 실질 R&D 지출액은 50%나 증가한 반면, 정부 부문의 실질 R&D 증가는 8.3%밖에 되지 않는다. 민간 기업의 R&D 지출액의 증가는 주로 정보 통신 사업, 바이오 관련 제약 산업, 그리고 서비스 산업 등 기술 집약적인 산업에 집중되어 있다. 이 사실은 기업의 대학 연구 지원, 사외 R&D 계약, 인수 합병(M&A), 벤처 캐피탈 자금 지원 등 새로운 기술을 획득하기 위한 기업 외부와의 협력 활동이 증가하고 있음을 보여 준다.

최근 기업들은 증대하는 R&D 투자 비용을 줄이기 위해 여러 가지 노력을 기울이고 있다. 각국 정부도 R&D 투자의 효율성을 극대화하기 위한 제도를 도입하고 있다. 이는 각 R&D 투자 주체들이 투자의 양적 확대보다는 질적인 측면에 주력하고 있음을 의미한다. 기업의 R&D 전략의 형태에서 나타나는 변화로는 세 가지가 있다. 첫째, 세계화된 시장에서 경쟁 압력의 심화로 새로운 제품과 서비스를 위한 기술 혁신 과정의 단축을 시도하고 있다. 이를 위해 기업의 R&D는 사업 부문과의 긴밀한 유대와 새로운 제품의 빠른 시장 출하를 위해 외부 부품 공급자들의 기술 개발에 의존하는 경향이 나타나고 있다. 둘째, 기업은 기술 경쟁력을 유지하기 위한 원천 기술을 더 이상 기업 내부에만 국한시키지 않는다. 다른 기업, 대학교, 공공 연구 기관 등에서 개발한 기술을 적극적으로 활용하는 아웃소싱 전략을 시도한다. 셋째, 산·학·연 혁신 주체의 R&D 비용과 위험 부담을 경감하고, 지식의 보완성을 높여 주기 위해 국제 협력을 통한 기술 혁신 네트워킹 구축에도 주력하고 있다.

국가 경쟁력을 유지하고 산업 발전을 위해 공공 부문과 민간 부문의 R&D 지출이 지속적으로 늘어난 것은 여러 모로 입증되고 있다. 그러나 최근의 자료에 따르면, 선진국들의 경우 정부 부문보다는 민간 부문에서 적극적인 R&D 투자 확대가 이루어지고 있으며, 내용면에서는 양적 확대에 따른 R&D비용과 위험 부담을 줄이기 위한 전략을 채용하는 현상이 두드러지고 있다. 이와 함께 정부 부문과 민간 부문 간의 R&D 투자에 대한 역할 분담이 잘 이루어져야 R&D 결과의 시너지 효과를 증대할 수 있다는 점도 R&D 투자의 양적 확대 못지않게 중요한 시사점이라고 할 것이다.

12 위 글의 서술 방식에 대한 설명으로 적절하지 않은 것은?

① 구체적인 수치를 제시하며 대상의 실태를 언급하고 있다.

② 핵심 소재의 변화 양상을 제시하여 시사점을 얻고 있다.

③ 구체적 사례를 열거하여, 독자에 대한 설득력을 높이고 있다.

④ 앞서 언급한 내용을 요약한 후, 궁극적인 견해를 제시하고 있다.

⑤ 통시적 고찰을 통해 잘못된 선례를 반복하지 않도록 주지시킨다.

✔해설 ⑤ 투자 경향이 변화하는 양상과 원인을 제시하고 미래 투자 전략에 대한 시사점을 얻고 있다.

13 위 글의 글쓴이가 주장할 수 있는 내용으로 가장 적절한 것은?

① R&D 투자에 소극적인 국가 경제의 양상을 개혁해야 한다.

② R&D 투자에 대한 맹신이 초래하는 문제와 부작용을 고발해야 한다.

③ R&D 투자의 새로운 주체를 제시하고 발전 가능성을 타진해야 한다.

④ R&D 투자를 위한 지속적이고 안정적인 투자 여건을 조성해야 한다.

⑤ R&D 투자의 효과를 증대할 수 있는 투자 전략을 모색해 보아야 한다.

✔해설 ⑤ '연구 개발(R&D) 투자가 많을수록 좋은가'에 대한 검토의 필요성을 제시하고, 지난 수십 년 간의 R&D 투자 경향과 변화 양상을 검토하여 효율적인 R&D 투자 전략을 도출하고 있다.

Answer 12.⑤ 13.⑤

14 다음 글의 내용과 일치하는 것은?

> 한 경제의 움직임은 그 경제를 구성하는 사람들의 움직임을 나타내기 때문에 우리는 경제를 이해하고 합리적인 판단을 내리기 위해서 각 개인들의 의사결정 과정과 관련된 네 가지의 측면을 살펴볼 필요가 있다.
>
> 먼저 모든 선택에는 대가가 있다는 것이다. 우리가 무엇을 얻고자 하면, 대개 그 대가로 무엇인가를 포기해야 한다. 예를 들어 가정에서는 가계 수입으로 음식이나 옷을 살 수도 있고, 가족 여행을 떠날 수도 있을 것이다. 이 중에서 어느 한 곳에 돈을 쓴다는 것은, 그만큼 다른 용도에 쓰는 것을 포기함을 의미한다.
>
> 다음으로 선택할 때는 기회비용을 고려해야 한다는 것이다. 모든 일에는 대가가 있기 때문에, 선택의 과정을 이해하기 위해서는 다른 선택을 할 경우의 득과 실을 따져볼 필요가 있는 것이다. 이때 어떤 선택을 위해 포기한 다른 선택으로부터 얻을 수 있는 이득을 '기회비용'이라고 한다. 사실 대부분의 사람들은 이미 기회비용을 고려하여 행동하고 있다. 어떤 운동선수가 대학 진학과 프로팀 입단 중에서 프로팀 입단을 선택했다면, 이것은 대학 진학에 따른 기회비용을 고려하여 결정한 것이다.
>
> 그리고 합리적 선택은 한계비용과 한계이득을 고려하여 이루어진다. 한계비용이란 경제적 선택의 과정에서 한 단위가 증가할 때마다 늘어나는 비용을 의미하고, 한계이득이란 한 단위가 증가할 때마다 늘어나는 이득을 의미한다. 합리적인 사람은 어떤 선택의 한계이득이 한계비용보다 큰 경우에만 그러한 선택을 하게 될 것이다. 예를 들어 어느 항공사에서 특정 구간의 항공료를 50만 원으로 책정했는데, 비행기가 10개의 빈자리를 남겨둔 채 목적지로 출발하게 되었다. 이때, 대기하고 있던 승객이 30만 원을 지불하고 이 비행기를 이용할 용의가 있다고 하면 항공사는 이 승객을 태워주어야 한다. 빈자리에 이 승객을 태워서 추가되는 한계비용은 고작해야 그 승객에게 제공되는 기내식 정도일 것이므로, 승객이 이 한계비용 이상의 항공료를 지불할 용의가 있는 한, 그 사람을 비행기에 태우는 것이 당연히 이득이기 때문이다.
>
> 마지막으로 사람들은 경제적 유인에 따라 반응한다. 사람들은 이득과 비용을 비교해서 결정을 내리기 때문에, 이득이나 비용의 크기가 변화하면 선택을 달리하게 된다. 예를 들어 참외 가격이 상승하면 사람들은 참외 대신 수박을 더 사먹을 것이다. 이와 함께 참외 생산의 수익성이 증가했기 때문에 참외 과수원 주인들은 인부들을 더 고용해서 참외 수확량을 증대시키고자 할 것이다. 이처럼 공급자와 수요자의 선택에 있어서 가격이라는 경제적 유인은 매우 중요하다.

① 합리적인 사람은 한계이득보다 한계비용을 중시한다.

② 경제적 선택은 개인의 기호, 취향 등의 영향을 받는다.

③ 생산자와 소비자 모두 경제적 유인에 따라서 반응한다.

④ 경제를 이해하기 위해서는 국가의 역할에 대한 이해가 선행되어야 한다.

⑤ 한계비용은 어떤 선택을 위해 포기한 다른 선택으로부터 얻을 수 있는 이득을 뜻한다.

> ✔**해설** ① 합리적인 사람은 어떤 선택의 한계이득이 한계비용보다 큰 경우에만 그러한 선택을 하게 된다.
> ②④ 본문에서 언급되지 않았다.
> ⑤ 어떤 선택을 위해 포기한 다른 선택으로부터 얻을 수 있는 이득을 기회비용이라고 하였다.

15 다음 문장이 들어갈 위치로 적절한 것은?

> 예를 들어 동성동본(同姓同本)끼리 결혼하는 경우 아무도 이 결혼을 문제 삼지 않으면 이것이 크게 문제될 것이 없지만, 사람들이 이것을 문제가 있다고 낙인찍으면 이것도 일탈 행위가 된다는 것이다.

> 일탈의 원인을 사회적인 맥락 속에서 파악하려고 했던 이론들도 있었다. 그 중에서도 '낙인이론'은 일탈에 대한 새로운 관점을 제시해 주었다. ㈎ 이 이론에서는 일탈을 낙인의 결과로 보았다. 낙인이란 어떤 행동을 규범에서 벗어난 것으로 규정(規定)하는 행위이다. ㈏ 규범에 어긋나는 크고 작은 행동은 누구나 할 수 있다. ㈐ 하지만 이러한 행동을 했다고 그들 모두가 사회에서 일탈자로 낙인찍히는 것은 아니다. ㈑ 사람들로부터 이 행동이 잘못된 것이라고 낙인찍히고 비난을 받게 되면 이것이 비로소 일탈이 된다는 것이다. ㈒ 따라서 낙인이론에서는 어떤 행동의 성격보다 그 행동이 일어나는 상황과 여건을 더욱 중요하게 보았고, 그에 따라 일탈이 매우 상대적인 것임을 부각(浮刻)해 주었다.

① ㈎
② ㈏
③ ㈐
④ ㈑
⑤ ㈒

✔해설 '잘못된 행동'에 관한 예이므로, ㈒에 들어가야 한다.

16 다음은 고령화 시대의 노인 복지 문제라는 제목으로 글을 쓰기 위해 수집한 자료이다. 자료를 모두 종합하여 설정할 수 있는 논지 전개 방향으로 가장 적절한 것은?

㉠ 노령화 지수 추이(통계청)

연도	1990	2000	2010	2020	2030
노령화 지수	20.0	34.3	62.0	109.0	186.6

※ 노령화 지수 : 유년인구 100명당 노령인구

㉡ 경제 활동 인구 한 명당 노인 부양 부담이 크게 증가할 것으로 예상된다. 노인 인구에 대한 의료비 증가로 건강 보험 재정도 위기 상황에 처할 수 있을 것으로 보인다. 향후 노인 요양 시설 및 재가(在家) 서비스를 위해 부담해야 할 투자비용도 막대하다.

– 00월 00일 ○○뉴스 중

㉢ 연금 보험이나 의료 보험 같은 혜택도 중요하지만 우리 같은 노인이 경제적으로 독립할 수 있도록 일자리를 만들어 주는 것이 더 중요한 것 같습니다.

– 정년 퇴직자의 인터뷰 중 –

---

① 노인 인구의 증가 속도에 맞춰 노인 복지 예산 마련이 시급한 상황이다. 노인 복지 예산을 마련하기 위한 구체적 방안은 무엇인가?

② 노인 인구의 급격한 증가로 여러 가지 사회 문제가 나타날 것으로 예상된다. 이러한 상황의 심각성을 사람들에게 어떻게 인식시킬 것인가?

③ 노인 인구의 증가가 예상되면서 노인 복지 대책 또한 절실히 요구되고 있다. 이러한 상황에서 노인 복지 정책의 바람직한 방향은 무엇인가?

④ 노인 인구가 증가하면서 노인 복지 정책에 대한 노인들의 불만도 높아지고 있다. 이러한 불만을 해소하기 위해서 정부는 어떠한 노력을 해야 하는가?

⑤ 현재 정부의 노인 복지 정책이 마련되어 있기는 하지만 실질적인 복지 혜택으로 이어지지 않고 있다. 이러한 현상이 나타나게 된 근본 원인은 무엇인가?

✔해설 ㉠㉡을 통해 노인인구 증가에 대한 문제를 제기하고, ㉢을 통해 노인 복지 정책의 바람직한 방향을 금전적인 복지보다는 경제적인 독립, 즉 일자리 창출 등으로 잡아야한다고 논지를 전개해야 한다.

17 다음 글에서 알 수 있는 내용은?

일본이 조선을 지배하게 됨에 따라 삶이 힘들어진 조선인의 일본 본토로의 이주가 급격히 늘었다. 1911년에는 약 2,500명에 불과하던 재일조선인은 1923년에는 9만 명을 넘어섰다. 일본 정부는 재일조선인의 급증에 대해 조선인이 가장 많이 거주하던 오사카에 대책을 지시하였고, 이에 1923년 오사카 내선협화회가 창립되었다. 이후 일본 각지에 협화회가 만들어졌고, 이들을 총괄하는 중앙협화회가 1938년에 만들어졌다. 협화란 협력하여 화합한다는 뜻이다.

재일조선인은 모두 협화회에 가입해야만 하였다. 협화회 회원증을 소지하지 않은 조선인은 체포되거나 조선으로 송환되었다. 1945년 재일조선인은 전시노동동원자를 포함하여 230만 명에 달했는데, 이들은 모두 협화회의 회원으로 편성되어 행동과 사살 일체에 대해 감시를 받았다. 조선에 거주하는 조선인이 군이나 면과 같은 조선총독부 하의 일반행정기관의 통제를 받았다면 재일조선인은 협화회의 관리를 받았다.

협화회는 민간단체였지만 경찰이 주체가 되어 조직한 단체였다. 지부장은 경찰서장이고 각 경찰서 특별고등과 내선계가 관내의 조선인을 통제하는 구조였다. 재일조선인은 일본의 침략 전쟁에 비협력적 태도로 일관하였고, 임금과 주거 등의 차별에 계속 저항하였으며, 조선인들끼리 서로 협력하고 연락하는 단체를 1천여 개나 조직하고 있었다. 일본 정부는 이를 용납할 수 없었고, 전쟁에 비협조적이면서 임금문제를 둘러싸고 조직적으로 파업을 일으키는 조선인 집단을 척결대상으로 삼았다. 이것이 협화회를 조직하는 데 경찰이 주도적인 역할을 한 이유였다.

협화회는 재일조선인에 대한 감시와 사상 관리뿐 아니라 신사참배, 일본옷 강요, 조선어 금지, 강제예금, 창씨개명, 지원병 강제, 징병, 노동동원 등을 조선 본토보다 거 강압적으로 추진했다. 재일조선인은 압도적으로 다수인 일본인에 둘러싸여 있었고 협화회에서 벗어나기 어려웠다. 협화회는 재일조선인을 분열시키고 친일분자들을 증대시키기 위해 온갖 노력을 기울였다. 그 결과 학교에서 일본어와 일본사 등의 협화 교육을 받은 조선인 아이들이 조선어를 아예 모르는 경우까지도 생겨났다. 철저한 황민화였다. 하지만 재일조선인들은 집에서는 조선말을 하고 아리랑을 부르는 등 민족 정체성을 지키기 위하여 노력하였고, 일본이 항복을 선언한 후 조선에서와 마찬가지로 태극기를 만들어 축하행진을 할 수 있었다.

① 협화회는 재일조선인에 대한 교육을 담당하였다.
② 협화회는 조선총독부와 긴밀한 협조체계를 유지하였다.
③ 협화회는 재일조선인 전시노동동원자에 대한 감시를 자행하였다.
④ 재일조선인은 협화회에 조직적으로 저항하며 민족 정체성을 유지하였다.
⑤ 일본의 민간인뿐 아니라 일본 경찰에 협력한 조선인 친일분자들이 협화회 간부를 맡기도 하였다.

18 다음 글에서 알 수 있는 내용은?

김치는 자연 발효에 의해 익어가기 때문에 미생물의 작용에 따라 맛이 달라진다. 김치가 발효되기 위해서는 효모와 세균 등 여러 미생물의 증식이 일어나야 하는데, 이를 위해 김치를 담글 때 찹쌀가루나 밀가루로 풀을 쑤어 넣어 준다. 이는 풀에 들어 있는 전분을 비롯한 여러 가지 물질이 김치 속에 있는 미생물을 쉽게 자랄 수 있도록 해주는 영양분의 역할을 하기 때문이다. 김치는 배투나 무에 있는 효소뿐만 아니라 그 사이에 들어가는 김칫소에 포함된 효소의 작용에 의해서도 발효가 일어날 수 있다.

김치의 발효 과정에 관여하는 미생물에는 여러 종류의 효모, 호기성 세균 그리고 유산균을 포함한 혐기성 세균이 있다. 갓 담근 김치의 발효가 시작될 때 호기성 세균과 혐기성 세균의 수가 두드러지게 증가하지만, 김치가 익어갈수록 호기성 세균의 수는 점점 줄어들어 나중에는 그 수가 완만하게 증가하는 효모의 수와 거의 비슷해진다. 그러나 혐기성 세균의 수는 김치가 익어갈수록 증가하며 결국 많이 익어서 시큼한 맛이 나는 김치에 있는 미생물 중 대부분을 차지한다. 김치를 익히는 데 관여하는 균과 매우 높은 산성의 환경에서도 잘 살 수 있는 유산균이 그 예이다.

김치를 익히는 데 관여하는 세균과 유산균뿐만 아니라 김치의 발효 초기에 증식하는 호기성 세균도 독특한 김치 맛을 내는데 도움을 준다. 김치에 들어 있는 효모는 세균보다 그 수가 훨씬 적지만 여러 종류의 효소를 가지고 있어서 김치 안에 있는 여러 종류의 탄수화물을 분해할 수 있다. 또한 김치를 발효시키는 유산균은 당을 분해해서 시큼한 맛이 나는 젖산을 생산하는데, 김치가 익어가면서 김치 국물의 맛이 시큼해지는 것은 바로 이런 이유 때문이다.

김치가 익는 정도는 재료나 온도 등의 조건에 따라 달라지는데 이는 유산균의 발효 정도가 달라지기 때문이다. 특히 이 미생물들이 만들어 내는 여러 종류의 향미 성분이 더해지면서 특색 있는 김치 맛이 만들어진다. 김치가 익는 기간에 따라 여러 가지 맛을 내는 것도 모두가 유산균의 발효 정도가 다른 데서 비롯된다.

① 김치를 담글 때 넣는 풀은 효모에 의해 효소로 바뀐다.

② 강한 산성 조건에서도 생존할 수 있는 혐기성 세균이 있다.

③ 김치 국물의 시큼한 맛은 호기성 세균의 작용에 의한 것이다.

④ 특색 있는 김치 맛을 만드는 것은 효모가 만든 향미 성분 때문이다.

⑤ 시큼한 맛이 나는 김치에 있는 효모의 수는 호기성 세균이나 혐기성 세균에 비해 훨씬 많다.

> ✔해설 ① 풀에 들어 있는 전분을 비롯한 여러 가지 물질이 김치 속에 있는 미생물을 쉽게 자랄 수 있도록 해
> 주는 영양분의 역할을 한다.
> ③ 혐기성 세균의 수는 김치가 익어갈수록 증가하며 결국 많이 익어서 시큼한 맛이 나는 김치에 있는
> 미생물 중 대부분을 차지한다.
> ④ 유산균과 같은 미생물들이 만들어 내는 여러 종류의 향미 성분이 더해지면서 특색 있는 김치 맛이
> 만들어진다.
> ⑤ 김치가 익어갈수록 호기성 세균의 수는 점점 줄어들어 나중에는 그 수가 완만하게 증가하는 효모의
> 수와 거의 비슷해진다. → 효모의 수는 완만하게 증가한다.

19 다음 중 글의 문맥상 관련이 없는 문장은?

> ① 지구는 45억 년 전쯤, 중력 붕괴로 뭉쳐진 거대한 가스 구름이 태양을 만들고 남은 잔재들인 암
> 석과 먼지 고리가 응축되면서 탄생했다. ② 지구를 비롯한 태양계 행성들은 일반적인 천체들의 관점
> 에서 본다면 아주 빠른 속도로 천만 년 내지 3천 5백만 년이라는 비교적 짧은 시간 안에 행성체로서
> 의 질량과 회전 타원체로서의 모양을 완성시켰다. 행성이 형성되던 초기 태양계는 무법천지의 난장
> 판이었다. 행성들 사이의 하늘은 혜성, 소행성, 성간 쓰레기들로 가득했고 타원형 궤도는 아직 완성
> 되지 않았다. ③ 철이나 니켈을 비롯한 무거운 원소들로 이루어진 작은 공인 지구의 핵은 말 그대로
> 공 안에 들어있는 작은 공이다. ④ 태양계가 탄생하고 5천만 년 정도 흘렀을 때 지구는 자신 크기의
> 절반 정도 되는 행성과 충돌하는 대사건을 겪게 되는데 이는 지구에 이중으로 영향을 주었다. ⑤ 지
> 구로 뛰어든 불운한 행성의 질량은 상당 부분 우리 지구로 녹아들어 지구의 순중량을 10퍼센트 정도
> 늘렸으며, 그와 동시에 원래 지구의 일부였던 덩어리가 충돌 때 밖으로 튀어나가 지구가 혼자 낳은
> 딸, 유일한 위성인 달이 되었다.

> ✔해설 ③의 내용 앞에서 초기 태양계에 대한 설명이 나오고 있으므로, ④의 태양계 탄생 이후에 관한 이야기
> 가 연결되는 것이 자연스럽다. 따라서 ③의 내용은 글의 문맥상 관련이 없는 문장이다.

Answer 18.② 19.③

20 다음 글에서 알 수 있는 것은?

　　1965년 노벨상 수상자 게리 베커는 '시간의 비용'이 시간을 소비하는 방식에 따라 변화한다고 주장했다. 예를 들어 수면이나 식사활동은 영화 관람에 비해 단위 시간당 시간의 비용이 작다. 그 이유는 수면과 식사가 생산적인 활동에 기여하기 때문이다. 잠을 못 자거나 식사를 제대로 하지 못해 체력이 떨어진다면, 생산적인 활동에 제약을 받기 때문에 수면과 식사활동에 들어가는 시간의 비용이 영화 관람에 비해 작다고 볼 수 있다. 베커는 "주말이나 저녁에는 회사들이 문을 닫기 때문에 활용할 수 있는 시간의 길이가 길어지고 이에 따라 특정 행동의 시간의 비용이 줄어든다."고도 지적한다. 시간의 비용이 가변적이라는 개념은, 기대수명이 늘어나서 사람들에게 더 많은 시간이 주어지는 것이 시간의 비용에 영향을 미칠 수 있다는 점에서 의미가 있다.

　　시간의 비용이 가변적이라고 생각한 이는 베커만이 아니었다. 스웨덴의 경제학자 스테판 린더는 서구인들이 엄청난 경제 성장을 이루고도 여유를 누리지 못하는 이유를 논증한다. 경제가 성장하면 사람들의 시간을 쓰는 방식도 달라진다. 임금이 상승하면 직장 밖 활동에 들어가는 시간의 비용이 늘어난다. 일하는 데 쓸 수 있는 시간을 영화나 책을 보는 데 소비하면 그만큼의 임금을 포기하는 것이다. 따라서 임금이 늘어난 만큼 일 이외의 활동에 들어가는 시간의 비용도 함께 늘어난다는 것이다.

　　베커와 린더는 사람들에게 주어진 시간을 고정된 양으로 전제했다. 1965년 당시의 기대수명은 약 70세였다. 하루 24시간 중 8시간을 수면에 쓰고 나머지 시간에 활동이 가능하다면, 평생 408,800시간의 활동가능 시간이 주어지는 셈이다. 하지만 이 방정식에서 변수 하나가 바뀌면 어떻게 될까? 기대수명이 크게 늘어난다면 시간의 가치 역시 달라져서, 늘 시간에 쫓기는 조급한 마음에도 영향을 주게 되지 않을까?

---

① 베커에 따르면, 2시간의 수면과 1시간의 영화 관람 중 시간의 비용은 후자가 더 크다.

② 베커에 따르면, 평일에 비해 주말에 단위 시간당 시간의 비용이 줄어드는데, 그 감소폭은 수면이 영화 관람보다 더 크다.

③ 린더에 따르면, 임금이 삭감되었는데도 노동의 시간과 조건이 이전과 동일한 회사원의 경우, 수면에 들어가는 시간의 비용은 이전보다 줄어든다.

④ 베커와 린더 모두 개인이 느끼는 시간의 비용이 작아질수록 주관적인 시간의 길이가 길어진다고 생각한다.

⑤ 베커와 린더 모두 시간의 비용이 가변적이라고 생각했지만, 기대수명이 시간의 비용에 영향을 미치는지 여부에 관해서는 서로 다른 견해를 가지고 있었다.

> **해설** ① 잠을 못 자거나 식사를 제대로 하지 못해 체력이 떨어진다면, 생산적인 활동에 제약을 받기 때문에 수면과 식사활동에 들어가는 시간의 비용이 영화 관람에 비해 작다고 볼 수 있다. 이를 통해 수면의 시간 비용이 더 작은 것은 알 수 있으나 2배 이상 차이가 나는지는 알 수 없다.
> ② 주말의 시간의 비용이 평일보다 작은 것은 맞으나 감소폭은 알 수 없다.
> ④ 개인이 느끼는 주관적인 시간의 길이에 대해서는 언급되어 있지 않다.
> ⑤ 베커와 린더는 사람들에게 주어진 시간을 고정된 양으로 전제했다. 이를 통해 두 사람은 기대수명과 시간의 비용에 대해 동일한 견해를 가지고 있다고 볼 수 있다.

21 다음 ( ) 안에 들어갈 말로 적절한 것은?

> 사람들은 일반적으로 감정을 느낌이라고 생각한다. 그리고 느낌이 우리 자신의 사적인 마음의 상태나 의식의 상태라고 생각하는 경향이 있다. 그래서 우리 자신만이 자신의 감정에 접근할 수 있다고 믿기도 한다. ( ) 감정은 느낌과 동일한 것은 아니다. 예를 들어 우리는 배고픔이나 갈증을 '느끼'는데, 이때 배고픔이나 갈증을 감정이라고 하지는 않는다. 그리고 사랑과 같은 감정을 떨리고 흥분되는 느낌과 동일시하는 것도 잘못된 것이다. 떨리고 흥분되는 느낌은 놀이공원에서 롤러코스터를 탈 때에도 가질 수 있기 때문이다.

① 또한　　　　　　　　　　　② 예를 들어
③ 한편　　　　　　　　　　　④ 그러나
⑤ 그리고

> ✔해설 사람들은 일반적으로 감정을 느낌이라고 생각한다는 내용과 반대되는 말이 빈칸 뒤에 나타나므로, 역접의 관계를 나타내는 '그러나'가 들어가는 것이 적절하다.

22 다음 글의 주제로 적절한 것은?

> 바이러스 입장에서 보면 인간을 감염시키는 일이 그렇게 호락호락하지 않다. 일단 체내로 들어가는 것부터가 고난의 시작이다. 이때 우리 몸은 표피 세포에서 분비되는 산성 물질, 병원균 분해 효소 등으로 방어를 개시한다. 만약 끝내 이를 뚫고 들어오는 바이러스가 있다면 우리 몸은 발열 반응과 염증을 일으킨다. 발열 반응은 열에 약한 바이러스를 무력화시키고, 염증은 모세혈관을 확장시켜 인터페론 같은 항바이러스성 단백질과 백혈구를 감염된 조직에 대량 투입한다. 자연 살해 세포는 감염된 세포를 파괴해 바이러스도 함께 죽인다. 이런 일사불란한 전투가 바이러스가 침입했을 때 일어나는 1차 면역 반응이다. 이것은 인류가 바이러스의 공격에 대처하기 위해 진화한 결과이다.

① 바이러스의 감염 경로
② 바이러스와 인간의 동반 죽음
③ 바이러스가 다른 숙주에게 전염되는 방법
④ 바이러스의 인간 세포 교란 방법
⑤ 바이러스의 인간 세포 침입과 인간의 면역 반응

> ✔해설 바이러스가 인간의 몸에 침입하는 방법과 그로 인해 인간의 몸에서 일어나는 면역 반응에 관해 설명하고 있는 글이다.

Answer 20.③ 21.④ 22.⑤

23 다음 글을 통해 알 수 없는 것은?

> 혈액의 기본 기능인 산소 운반능력이 감소하면 골수에서는 적혈구 생산, 즉 조혈과정이 촉진된다. 조직 내 산소 농도의 감소가 골수에서의 조혈을 직접 촉진하지는 않는다. 신장에 산소 공급이 감소하면 신장에서 혈액으로 에리트로포이어틴을 분비하고 이 호르몬이 골수의 조혈을 촉진한다. 에리트로포이어틴은 적혈구가 성숙, 분화하도록 하여 혈액에 적혈구 수를 늘려서 조직에 충분한 양의 산소가 공급되도록 한다. 신장에 산소 공급이 충분히 이루어지면 에리트로포이어틴의 분비도 중단된다. 출혈이나 정상 적혈구가 과도하게 파괴된 경우 6배 정도까지 조혈 속도가 상승한다.
>
> 골수에서 생산된 성숙한 적혈구가 혈관을 따라 순환하려면 헤모글로빈 합성, 핵과 세포내 소기관 제거 등의 과정을 거친다. 에리트로포이어틴의 자극을 받으면 적혈구는 수일 내에 혈액으로 흘러들어간다. 상당한 출혈로 적혈구 조혈이 왕성해지면 성숙하지 못한 망상적혈구가 골수에서 혈액으로 들어온다.
>
> 운동을 하는 근육은 계속해서 에너지를 생성하기 위해 산소를 요구한다. 혈액 도핑은 혈액의 산소 운반능력을 증가시키기 위해 고안된 기술이다. 자기 혈액을 이용한 혈액 도핑은 운동선수로부터 혈액을 뽑아 혈장은 선수에게 다시 주입하고 적혈구는 냉장 보관하다가 시합 1~7일 전에 주입하는 방법이다. 시합 3주 전에 450ml 정도의 혈액을 뽑아내면 시합 때까지 적혈구 조혈이 왕성해져서 근육 내 산소 농도는 피를 뽑기 전의 정상수준으로 증가한다. 그리고 저장한 적혈구를 재주입하면 적혈구 수와 헤모글로빈이 증가한다. 표준 운동시험에서 혈액 도핑을 받은 선수는 도핑을 하지 않은 경우와 비교해 유산소 운동 능력이 5~13% 증가한다. 이처럼 운동선수의 적혈구가 증가하여 경기 능력 향상에 도움이 되지만, 혈액의 점성이 증가해 부작용이 발생할 수도 있다.
>
> 합성 에리트로포이어틴을 이용한 혈액 도핑 문제도 심각하다. 합성 에리트로포이어틴 투여는 격렬한 운동이 요구되는 선수의 경기 능력을 7~10% 향상시킨다는 것이 입증되어, 많은 선수들이 암암리에 사용하고 있다. 1987년 유럽 사이클 선수 20명의 사망 원인으로 합성 에리트로포이어틴이 의심되고 있지만, 많은 선수들이 이러한 위험을 기꺼이 감수하고 있다.

① 적혈구가 많아지는 것은 운동선수의 유산소 운동능력 향상에 도움이 된다.

② 혈액 도핑을 위해 혈액을 뽑으면 일시적으로 근육 내 산소 농도는 감소할 것이다.

③ 혈액 도핑을 위해 혈액을 뽑으면, 운동선수의 혈관 내 혈액에서는 망상적혈구를 볼 수 있을 것이다.

④ 합성 에리트로포이어틴을 이용한 혈액 도핑을 하면 적혈구 수의 증가가 가져오는 효과를 볼 수 있다.

⑤ 혈액의 점성은 자기 혈액을 이용한 혈액 도핑보다 합성 에리트로포이어틴을 이용한 혈액 도핑을 할 때 더 증가한다.

> ✓해설 자기 혈액을 이용한 혈액 도핑을 하면 5~13% 운동 능력이 증가하나 합성 에리트로포이어틴을 투여하면 7~10% 가량 운동 능력이 향상된다.

24 다음 글을 읽고 A의 견해로 볼 수 없는 것은?

> 왕이 말했다. "선생께서 천리의 먼 길을 오셨는데, 장차 무엇으로 우리 국가에 이익이 있게 하시겠습니까?"
>
> A가 대답했다. "왕께서는 어떻게 이익을 말씀하십니까? 오직 仁義(인의)가 있을 따름입니다. 모든 사람이 이익만을 추구한다면, 서로 빼앗지 않고는 만족하지 못할 것입니다. 사람의 도리인 인을 잘 실천하는 사람이 지가 부모를 버린 경우는 없으며, 공적 직위에서 요구되는 역할인 의를 잘 실천하는 사람이 자기 임금을 저버린 경우는 없습니다."
>
> 왕이 물었다. "湯(탕)이 桀(걸)을 방벌하고, 武(무)가 紂(주)를 정벌하였다는데 정말 그런 일이 있었습니까? 신하가 자기 군주를 시해한 것이 정당합니까?"
>
> A가 대답했다. "인을 해친 자를 賊(적)이라 하고, 의를 해친 자를 殘(잔)이라 하며, 殘賊(잔적)한 자를 一夫(일부)라 합니다. 일부인 걸과 주를 죽였다는 말은 들었지만 자기 군주를 시해하였다는 말은 듣지 못했습니다. 무릇 군주란 백성의 부모로서 그 도리와 역할을 다하는 인의의 정치를 해야 하는 공적 자리입니다. 탕과 무는 왕이 되었을 때 비록 백성들을 수고롭게 했지만, 그 지위에 요구되는 역할을 온전히 다하는 정치를 행했기 때문에 오히려 최대의 이익을 누릴 수 있었습니다. 걸과 주는 이와 반대되는 정치를 행하면서 자신의 이익만을 추구하며, 자신을 태양에 비유하였습니다. 하지만 백성들은 오히려 태양과 함께 죽고자 하였습니다. 백성들이 그 임금과 함께 죽고자 한다면, 군주가 어떻게 정당하게 그 지위와 이익을 향유할 수 있겠습니까?"

① 인의에 의한 정치를 펼치는 왕은 백성들을 수고롭게 할 수도 있다.

② 인의를 잘 실천하면 이익의 문제는 부차적으로 해결될 가능성이 있다.

③ 탕과 무는 자기 군주를 방벌했다는 점에서 인의 가운데 특히 의를 잘 실천하지 못한 사람이다.

④ 군주는 그 자신과 국가의 이익 이전에 군주로서의 도리와 역할을 온전히 수행하는 데 최선을 다해야 한다.

⑤ 공적 지위에 있는 자가 직책에 요구되는 도리와 역할을 수행하지 않고 私益(사익)을 추구하면 그 권한과 이익을 제한하는 것은 정당하다.

✔ **해설** 탕과 무가 일부인 걸과 주를 죽였다는 말은 들었지만 자기 군주를 시해하였다는 말은 듣지 못했다는 것을 통해 인의를 실천하지 못한 것이 아님을 알 수 있다.

25 다음 ㉠의 내용으로 가장 적절한 것은?

> 인지부조화는 한 개인이 가지는 둘 이상의 사고, 태도, 신념, 의견 등이 서로 일치하지 않거나 상반될 때 생겨나는 심리적인 긴장상태를 의미한다. 인지부조화는 불편함을 유발하기 때문에 사람들은 이것을 감소시키려고 한다. 인지부조화를 감소시키는 방법은 서로 모순관계에 있어서 양립할 수 없는 인지들 가운데 하나 이상의 인지가 갖는 내용을 바꾸어 양립할 수 있게 만들거나, 서로 모순되는 인지들 간의 차이를 좁힐 수 있는 새로운 인지를 추가하여 부조화된 인지상태를 조화된 상태로 전환하는 것이다.
>
> 그런데 실제로 부조화를 감소시키는 행동은 비합리적인 면이 있다. 그 이유는 그러한 행동들이 사람들로 하여금 중요한 사실을 배우지 못하게 하고 자신들의 문제에 대해서 실제적인 해결책을 찾지 못하도록 할 수 있기 때문이다. 부조화를 감소시키려는 행동은 자기방어적인 행동이고, 부조화를 감소시킴으로써 우리는 자신의 긍정적인 이미지, 즉 자신이 선하고 현명하며 상당히 가치 있는 인물이라는 긍정적인 측면의 이미지를 유지하게 된다. 비록 자기방어적인 행동이 유용한 것으로 생각될 수 있지만, 이러한 행동은 부정적 결과를 초래할 수 있다.
>
> 한 실험에서 연구자는 인종차별 문제에 대해서 확고한 입장을 보이는 사람들을 선정하였다. 일부는 차별에 찬성하였고, 다른 일부는 차별에 반대하였다. 선정된 사람들에게 인종차별에 대한 찬성과 반대 의견이 실린 글을 모두 읽게 하였는데, 어떤 글은 지극히 논리적이고 그럴듯하였고, 다른 글은 터무니없고 억지스러운 것이었다. 실험에서는 참여자들이 과연 어느 글을 기억할 것인지에 관심이 있었다. 인지부조화 이론에 따르면, 사람들은 현명한 사람을 자기 편, 우매한 사람을 다른 편이라 생각할 때 마음이 편안해질 것이다. 그렇다면 이 실험에서 인지부조화 이론은 다음과 같은 ㉠ <u>결과</u>를 예측할 것이다.

① 참여자들은 자신의 의견에 동의하는 논리적인 글과 반대편의 의견에 동의하는 논리적인 글을 기억한다.

② 참여자들은 자신의 의견에 동조하는 모든 글을 기억하고 반대편의 의견에 동의하는 모든 글을 기억하지 않는다.

③ 참여자들은 자신의 의견에 동의하는 논리적인 글과 반대편의 의견에 동의하는 터무니없고 억지스러운 글을 기억한다.

④ 참여자들은 자신의 의견에 동의하는 터무니없고 억지스러운 글과 반대편의 의견에 동의하는 논리적인 글을 기억한다.

⑤ 참여자들은 자신의 의견에 동조하는 모든 글을 기억하고 반대편의 의견에 동의하는 논리적인 글은 기억하지 않는다.

> ✔해설 인지부조화 이론에 따르면 사람들은 현명한 사람을 자기 편, 우매한 사람을 다른 편이라 생각할 때 마음이 편안해 진다고 하였으므로 자신의 의견에 동의하는 글 중 논리적인 글을 기억하고 반대편의 의견에 동의하는 터무니없고 억지스러운 글을 기억한다.

26 다음 중 (가)~(마)의 중심 화제로 적절하지 않은 것은?

> (가) 제2차 세계 대전 중, 태평양의 한 전투에서 일본군은 미군 흑인 병사들에게 자신들은 유색인과 전쟁할 의도가 없으니 투항하라고 선전하였다. 이 선전물을 본 백인 장교들은 그것이 흑인 병사들에게 미칠 영향을 우려하여 급하게 부대를 철수시켰다. 사회학자인 데이비슨은 이 사례에서 아이디어를 얻어서 대중 매체가 수용자에게 미치는 영향과 관련한 '제3자 효과(third-person effect)' 이론을 발표하였다.
>
> (나) 이 이론의 핵심은 사람들이 대중 매체의 영향력을 차별적으로 인식한다는 데에 있다. 곧 사람들은 수용자의 의견과 행동에 미치는 대중 매체의 영향력이 자신보다 다른 사람들에게서 더 크게 나타나리라고 믿는 경향이 있다는 것이다. 예를 들어 선거 때 어떤 후보에게 탈세 의혹이 있다는 신문 보도를 보았다고 하자. 그때 사람들은 후보를 선택하는 데에 자신보다 다른 독자들이 더 크게 영향을 받을 것이라고 여긴다. 이러한 현상을 데이비슨은 '제3자 효과'라고 하였다.
>
> (다) 제3자 효과는 대중 매체가 전달하는 내용에 따라 다르게 나타난다. 예컨대 대중 매체가 건강 캠페인과 같이 사회적으로 바람직한 내용을 전달할 때보다 폭력물이나 음란물처럼 유해한 내용을 전달할 때, 사람들은 자신보다 다른 사람들에게 미치는 영향력을 더욱 크게 인식한다는 것이다. 이러한 인식은 수용자의 구체적인 행동에도 영향을 미쳐, 제3자 효과가 크게 나타나는 사람일수록 내용물의 심의, 검열, 규제와 같은 법적·제도적 조치에 찬성하는 성향을 보인다.
>
> (라) 전통적으로 대중 매체 연구는 매체에 노출된 수용자의 반응, 즉 그들이 보이는 태도나 행위의 변화를 조사하였다. 이에 비해 제3자 효과 이론은 매체의 영향 자체가 아니라 그것에 대한 사람들의 차별적 인식 및 그에 따른 행동 성향을 조사했다는 점에서 가치가 있다. 특히 사회적으로 유해한 내용의 영향력에 대한 우려가 실제보다 과장되었을 수 있음을 보여 준다. 또한 검열과 규제 정책을 지지하는 사람들의 사고가 어떠한 것인지도 짐작하게 해 준다.
>
> (마) 제3자 효과 이론은 사람들이 다수의 의견처럼 보이는 것에 영향받을 수 있다는 이론과 연결되면서, 여론의 형성 과정을 설명하는 데에도 이용되었다. 이 설명에 따르면, 사람들은 자신은 대중 매체의 전달 내용에 쉽게 영향받지 않는다고 생각하면서도 다른 사람들이 영향받을 것을 고려하여 자신의 태도와 행위를 결정한다. 즉 다른 사람들에게서 소외되어 고립되는 것을 염려한 나머지, 자신의 의견을 포기하고 다수의 의견이라고 생각하는 것을 따라가게 된다는 것이다.

① (가) : 제3자 효과 이론의 등장 배경
② (나) : 제3자 효과의 개념
③ (다) : 제3자 효과 이론의 유형
④ (라) : 제3자 효과 이론의 의의
⑤ (마) : 제3자 효과 이론의 응용

✅**해설** (다)는 제3자 효과가 대중 매체가 전달하는 내용에 따라 다르게 나타나며, 특히 유해한 내용을 전달할 때 더 선명하게 드러난다는 점을 말하고 있다. 또한 제3자 효과가 크게 나타나는 사람일수록 내용물의 심의, 검열, 규제에 찬성하는 성향을 보인다는 내용이므로, 중심 화제로는 '제3자 효과의 양상 및 특징' 정도가 적절하다.

Answer 25.③ 26.③

27 다음 글의 짜임으로 볼 때, ㈎의 역할로 적절하지 않은 것은?

㈎ 꼭 필요한 사람이 되라는 의미로 쓰이는 '소금 같은 사람이 되어라.'라는 말이 있을 정도로 소금은 우리의 건강이나 식생활과 밀접한 관련을 맺고 있다. 이제부터, 조그마한 흰 알갱이에 불과한 소금이 우리의 몸과 생활에 어떤 영향을 미치는지 자세히 알아보도록 하자.

㈏ 소금은 짠맛을 지닌 백색의 물질로 나트륨 원자 하나가 염소 원자 하나와 결합한 분자들의 결정체이다. 사람에게 필요한 소금의 양은 하루에 3그램 정도로 적지만, 소금이 우리 몸에 들어가면 나트륨이온과 염화이온으로 나뉘어 생명 유지는 물론, 신진대사를 촉진시키기 위한 많은 일들을 한다. 예를 들어, 소금은 혈액과 위액 등 체액의 주요 성분일 뿐만 아니라 우리 몸에 쌓인 각종 노폐물을 배출시킴으로써 생리 기능을 조절하는 역할을 한다. 그러므로 사람뿐만 아니라 모든 동물이 소금 없이는 생명을 유지할 수 없는 것이다.

㈐ 소금은 음식 본래의 맛과 어울려 맛을 향상시키는 작용을 한다. 소금은 고기뿐만 아니라 곡식, 채소 등 다양한 재료와 어울리며 우리의 입맛을 돋운다. 그냥 먹으면 너무 짜고 쓰기까지 하지만 다른 맛과 적절히 어울리면 기가 막힌 맛을 내는 것이 바로 소금이다. 실제로 우리가 먹는 음식 가운데 차, 커피, 과일과 같은 몇몇 기호 식품을 빼고는 거의 모든 음식에 소금을 넣는다.

㈑ 생선을 소금에 절이면 보존 기한이 매우 길어진다. 그 이유는 소금이 음식을 썩게 하는 미생물의 발생을 막기 때문이다. 냉장 시설이 발명되기 전까지는 생선에 소금을 뿌려 보존한 덕분에 내륙 사람들도 생선 맛을 볼 수 있었던 것이다. 냉장 시설이 없던 옛날에는 생선뿐만 아니라 고기를 보존할 때도 소금이 꼭 필요했다. 고기를 소금에 절여 보관하거나 소금에 절인 고기를 연기에 익혀 말리는 방식인 훈제 등을 통해 고기를 오랫동안 보존할 수 있었기 때문이다.

㈒ 소금은 우리 몸을 위해서, 또 맛이나 식량의 보존을 위해서 중요한 역할을 한다. 이뿐만 아니라 소금은 그 불순물까지도 요긴하게 사용된다. 정제 과정을 거치지 않은 소금 중에 천일염은 바닷물을 햇볕과 바람에 증발시켜 만든 소금으로, 그 안에 마그네슘, 칼륨, 칼슘과 같은 미네랄이 많이 포함되어 있다. 이처럼 정제되지 않은 소금은 오히려 우리 몸에 미네랄을 공급해 줄 수 있기 때문에, 최근에는 천일염에 대한 관심이 매우 높아지고 있다.

① 글을 쓴 동기를 밝힌다.
② 독자의 호기심을 유발한다.
③ 설명하고자 하는 대상을 소개한다.
④ 설명 대상에 대해 구체적으로 설명한다.
⑤ 앞으로 나올 글의 내용을 요약적으로 제시한다.

✔해설 ㈎는 전체 중 도입부에 해당하는 부분으로 설명 대상에 대해 구체적인 설명보다는 간단한 안내가 제시된다.

28 다음 글의 내용이 참일 때, 반드시 참인 것은?

> 전 세계적으로 금융위기로 인해 그 위기의 근원지였던 미국의 경제가 상당히 피해를 입었다. 미국에서는 경제 회복을 위해 통화량을 확대하는 양적완화 정책을 실시할 것인지를 두고 논란이 있었다. 미국의 양적완화는 미국 경제회복에 효과가 있겠지만, 국제 경제에 적지 않은 영향을 줄 수 있기 때문이다.
>
> 미국이 양적완화를 실시하면, 달러화의 가치가 하락하고 우리나라의 달러 환율도 하락한다. 우리나라의 달러 환율이 하락하면 우리나라의 수출이 감소한다. 우리나라 경제는 대외 의존도가 높기 때문에 경제의 주요 지표들이 개선되기 위해서는 수출이 감소하면 안 된다.
>
> 또 미국이 양적완화를 중단하면 미국 금리가 상승한다. 미국 금리가 상승하면 우리나라 금리가 상승하고, 우리나라 금리가 상승하면 우리나라에 대한 외국인 투자가 증가한다. 또한 우리나라 금리가 상승하면 우리나라의 가계부채 문제가 심화된다. 가계부채 문제가 심화되는 나라의 국내 소비는 감소한다. 국내 소비가 감소하면, 경제의 전망이 어두워진다.

① 우리나라의 수출이 증가했다면 달러화 가치가 하락했을 것이다.

② 우리나라의 가계부채 문제가 심화되었다면 미국이 양적완화를 중단했을 것이다.

③ 우리나라에 대한 외국인 투자가 감소하면 우리나라 경제의 전망이 어두워질 것이다.

④ 우리나라 경제의 주요 지표들이 개선되었다면 우리나라의 달러 환율이 하락하지 않았을 것이다.

⑤ 우리나라의 국내 소비가 감소하지 않았다면 우리나라에 대한 외국인 투가가 감소하지 않았을 것이다.

✔ 해설 양적완화를 실시하면 달러화 가치가 하락하고 달러 환율이 하락하면 우리나라의 수출이 감소하고 경제지표가 악화된다.
양적완화를 중단하면 미국의 금리가 상승하고 우리나라의 금리도 상승하며 외국인의 투자가 증가한다. 또한 우리나라의 금리가 상승하면 가계부채 문제가 심화되고 이는 국내 소비를 감소시키며 경제 침체를 유발한다.
① 수출이 증가하면 달러화 가치는 상승한다.
② 우리나라의 가계부채가 미국의 양적완화에 영향을 미치지는 않는다.
③⑤ 외국인 투자가 우리나라 경제에 미치는 영향은 알 수 없다.
④ 경제지표를 개선하면 달러 환율은 상승한다.

Answer 27.④ 28.④

29 다음 글의 중심 화제로 가장 적절한 것은?

도덕적 선택의 순간에 직면했을 때 상대방에게 개인적 선호(選好)를 드러내는 행동이 과연 도덕적으로 정당할까? 도덕 철학자들은 이 물음에 대해 대부분 부정적 반응을 보이며 도덕적 정당화의 조건으로 공평성(impartiality)을 제시한다. 공평주의자들의 관점에서 볼 때 특권을 가진 사람은 아무도 없다. 사람들은 인종, 성별, 연령에 관계없이 모두 신체와 생명, 복지와 행복에 있어서 동일한 가치를 지닌다. 따라서 어떤 개인에 대해 행위자의 선호를 표현하는 도덕적 선택은 결코 정당화될 수 없다. 공평주의자들은 사람들 간의 차별을 인정하지 않기 때문에 개인이 처해 있는 상황이 어떠한가에 따라 행동의 방향을 결정해야 한다고 말한다.

그런데 우리 모두는 특정 개인과 특별한 친분 관계를 유지하면서 살아간다. 상대가 가족인 경우는 개인적 인간관계의 친밀성과 중요성이 매우 강하다. 가족 관계라 하여 상대에게 특별한 개인적 선호를 표현하는 행동이 과연 도덕적으로 정당화될 수 있을까? 만약 허용된다면 어느 선까지 가능할까? 다음 두 경우를 생각해 보자.

철수는 근무 중 본부로부터 긴급한 연락을 받았다. 동해안 어떤 항구에서 혐의자 한 명이 일본으로 밀항을 기도한다는 첩보가 있으니 그를 체포하라는 것이었다. 철수가 잠복 끝에 혐의자를 체포했더니, 그는 하나밖에 없는 친형이었다. 철수는 고민 끝에 형을 놓아주고 본부에는 혐의자를 놓쳤다고 보고했다.

민수는 두 사람에게 각각 오천만 원의 빚을 지고 있었다. 한 명은 삼촌이고 다른 한 명은 사업상 알게 된 영수였다. 공교롭게도 이 두 사람이 동시에 어려운 상황에 처해서 오천만 원이 급히 필요하게 되었고, 그보다 적은 돈은 그들에게 도움이 될 수 없는 상황이었다. 이를 알게 된 민수는 노력한 끝에 오천만 원을 마련하였고, 둘 중 한 명에게 빚을 갚을 수 있게 되었다. 민수는 삼촌의 빚을 갚았다.

철수의 행동은 도덕적으로 정당화될 수 있는가? 혐의자가 자신의 형임을 알고 놓아주었으므로 그의 행동은 형에 대한 개인적 선호를 표현한 것이다. 따라서 그는 모든 사람의 복지와 행복을 동일하게 간주해야 하는 공평성의 기준을 지키지 않았다. 그의 행동은 도덕적으로 정당화되기 어려워 보인다.

그렇다면 민수의 행동은 정당화될 수 있는가? 그는 분명히 삼촌에 대한 개인적 선호를 표현했다. 민수가 공평주의자라면 삼촌과 영수의 행복이 동일하기 때문에 오직 상황을 기준으로 판단해야 한다. 만약 영수가 더 어려운 상황에 빠져 있고 삼촌이 어려운 상황이 아니었다면, 선택의 여지가 없이 영수의 빚을 갚아야 한다. 그러나 삼촌과 영수가 처한 상황이 정확하게 동일하기 때문에 민수에게는 개인적 선호가 허용된다.

강경한 공평주의자들은 이런 순간에도 주사위를 던져서 누구의 빚을 갚을지 결정해야 한다고 주장한다. 이는 개인적 선호를 완전히 배제하기 위해서이다. 반면 온건한 공평주의자들은 이러한 주장이 개인에 대한 우리의 자연스러운 선호를 반영하지 못하기 때문에 그것을 고려할 여지를 만들어 놓을 필요가 있다고 생각한다. 이러한 여지가 개인적 선호의 허용 범위라는 것이다. 그들은 상황적 조건이 동일한 경우에 한정하여 개인적 선호를 허용할 수 있다고 주장한다.

① 공평주의의 종류
② 공평주의의 적용 방식
③ 도덕적 정당성의 의미
④ 공평주의의 개념과 의의
⑤ 개인적 선호의 도덕적 정당성

✔ 해설 전체적으로 선택의 순간에서 개인적인 선호를 드러내는 행동이 도덕적으로 정당한가를 묻고 있으며, 또한 첫째 문단의 '도덕적 선택의 순간에 직면했을 때 상대방에게 개인적 선호(選好)를 드러내는 행동이 과연 도덕적으로 정당할까'란 문장을 통해 이 글의 중심 화제가 개인적 선호의 도덕적 정당성이라는 것을 알 수 있다.

Answer 29.⑤

30 다음 글의 내용에 대한 평가로 가장 적절한 것은?

(가) 우울증을 잘 초래하는 성향은 창조성과 결부되어 있기 때문에 생존에 유리한 측면이 있었다. 따라서 우울증과 관련이 있는 유전자는 오랜 역사를 거쳐 오면서도 사멸하지 않고 살아남아 오늘날 현대인에게도 그 유전자가 상당수 존재할 가능성이 있다. 베토벤, 뉴턴, 헤밍웨이 등 위대한 음악가, 과학자, 작가들의 상당수가 우울한 성향을 갖고 있었다. 천재와 우울증은 어찌 보면 동전의 양면으로, 인류 문명의 진보를 이끈 하나의 동력이자 그 부산물이라 할 수 있을지도 모른다.

(나) 우울증은 일반적으로 자기 파괴적인 질환으로 인식되어 왔지만 실은 자신을 보호하고 미래를 준비하기 위한 보호 기제일 수도 있다. 달성할 수 없거나 달성하기 매우 어려운 목표에 도달하기 위해 엄청난 에너지를 소모하는 것은 에너지와 자원을 낭비할 뿐만 아니라, 정신과 신체를 소진시킴으로써 사회적 기능을 수행할 수 없게 하고 주위의 도움이 없으면 생명을 유지하기 어려운 상태에 이르게도 할 수 있다. 이를 막기 위한 기제가 스스로의 자존감을 낮추고 그 목표를 포기하게 만드는 것이다. 이를 통해 고갈된 에너지를 보충하고 다시 도전할 수 있는 기회를 모색할 수 있다.

(다) 오늘날 우울증은 왜 이렇게 급격하게 늘어나는 것일까? 창조성이란 그 사회에 존재하고 있는 기술이나 생각에 대한 도전이자 대안 제시이며, 기존의 기술이나 생각을 엮어서 새로운 조합을 만들어 내는 것이다. 과거에 비해 현대 사회는 경쟁이 심화되고 혁신들이 더 가치를 인정받기 때문에 창조성이 있는 사람은 상당히 큰 선택적 이익을 갖게 된다. 그렇지만 현대 사회처럼 기존에 존재하는 기술이나 생각이 엄청나게 많아 우리의 뇌가 그것을 담기에도 벅찬 경우에는 새로운 조합을 만들어 내는 일은 무척이나 많은 에너지를 요한다. 또한 지금과 같은 경쟁 사회는 새로운 기술이나 생각에 대한 사회적 요구가 커지기 때문에 정신적 소진 상태를 초래하기 쉬운 환경이 되고 있다. 결국 경쟁은 창조성을 발휘하게 하지만 지나친 경쟁은 정신적 소진을 초래하기 때문에 우울증이 많이 발생할 수 있다.

① 창조적인 사람들은 정서적으로 불안정하고 우울증에 걸릴 수 있는 유전자를 가질 확률이 높다는 사실은 (가)를 강화한다.

② 우울증에 걸린 사람 중에 어려운 목표를 포기하지 못하는 사람들이 많다는 사실은 (나)를 강화한다.

③ 정신적 소진이 우울증을 초래할 가능성이 높다는 사실은 (다)를 약화한다.

④ 유전적 요인이 환경에 적응하는 과정에서 정신질환이 생겨난다는 사실은 (가)와 (나) 모두를 약화한다.

⑤ 과거에 비해 현대 사회에서 창조적인 아이디어를 만들어내기 어렵다는 사실은 (가)를 강화하고 (다)를 약화한다.

✔해설 ② (나)에 의하면 우울증은 자기 보호 기제로 작용할 수 있어 스스로의 자존감을 낮추고 그 목표를 포기하게 만든다. 따라서 우울증에 걸린 사람 중 어려운 목표를 포기하지 못하는 사람이 많다는 사실을 이 주장을 약화한다.

③ (다)에 의하면 정신적 소진으로 우울증이 많이 발생할 수 있다고 나와 있다.

④ 이 글을 통해 알 수 없는 내용이다.

⑤ (가)와 (다)를 통해 창조적인 아이디어를 만들어내기 어려워 우울증이 발생하였다고 생각할 수 있으며, (다)를 통해 과거보다 현재 우울증이 급격히 증가하는 것을 통해 과거보다 창조적 아이디어를 만들기 어렵다는 것을 알 수 있다.

31 다음 대화의 내용이 참일 때 거짓인 것은?

> 상학 : 위기관리체계 점검 회의를 위해 외부 전문가를 위촉해야 하는데, 위촉 후보자는 A, B, C, D, E, F 여섯 사람이야.
>
> 일웅 : 그건 나도 알고 있어, 그런데 A와 B 중 적어도 한 명은 위촉해야 해. 지진 재해와 관련된 전문가들은 이들뿐이거든.
>
> 상학 : 나도 동의해. 그런데 A는 C와 같이 참여하기를 바라고 있어. 그러니까 C를 위촉할 경우에만 A를 위촉해야 해.
>
> 희아 : 별 문제 없겠는데? C는 반드시 위촉해야 하거든. 회의 진행을 맡을 사람이 필요한데, C가 적격이야. 그런데 C를 위촉하기 위해서는 D, E, F 세 사람 중 적어도 한 명은 위촉해야 해. C가 회의를 진행할 때 도움이 될 사람이 필요하거든.
>
> 일웅 : E를 위촉할 경우에는 F도 반드시 위촉해야 해. E는 F가 참여하지 않으면 참여하지 않겠다고 했거든.
>
> 희아 : 주의할 점이 있어. B와 D를 함께 위촉할 수는 없어. B와 D는 같은 학술 단체 소속이거든.

① 총 3명만 위촉하는 방법은 모두 3가지이다.

② A는 위촉되지 않을 수 있다.

③ B를 위촉하기 위해서는 F도 위촉해야 한다.

④ D와 E 중 적어도 한 사람은 위촉해야 한다.

⑤ D를 포함하여 최소인원을 위촉하려면 총 3명을 위촉해야 한다.

✔해설 C는 반드시 위촉하여야 하며, A, B 중 적어도 한 명을 위촉하여야 한다.
D, E, F 중 적어도 한 명은 위촉하여야 하며, E를 위촉하면 반드시 F도 위촉하여야 한다.
B와 D는 함께 위촉될 수 없다.
그러므로 (A, C, D), (A, C, F), (A, C, D, F), (A, C, E, F), (A, C, D, E, F)
(B, C, F), (B, C, E, F)
(A, B, C, F), (A, B, C, E, F)

Answer 30.① 31.④

32 다음 글의 내용과 부합하는 것은?

아래로 흐르던 물이 손에 부딪쳐 튀어 오르는 것이 기운[氣]이라 하더라도 손에 부딪쳐 튀어 오르게 하는 것은 이치[理]니, 어찌 기운만 홀로 작용한다고 할 수 있겠는가?

대저 물이 아래로 흐르게 하는 것은 이치이며, 흐르던 물이 손에 부딪쳐 튀어 오르게 하는 것도 역시 이치이다. 물이 아래로 내려가는 것은 '본연의 이치[本然之理]' 때문이며, 손에 부딪쳤을 때 튀어 오르는 것은 '기운을 타고 있는 이치[乘氣之理]' 때문이다. 기운을 타고 있는 이치 밖에서 '본연의 이치'로 따로 구하는 것은 옳지 않지만, 기운을 타고 정상(定常)에 위반되는 것을 가리켜 '본연의 이치'라고 하는 것 역시 옳지 않다. 그리고 만약 정상에 위반되는 것에 대해 여기에는 기운만 홀로 작용하고 이치가 존재하지 않는다고 하는 것 역시 옳지 않다.

어떤 악인(惡人) 아무개가 편안히 늙어 죽는 것은 그야말로 정상에 위반되지만, 나라를 다스리는 도리가 공평하지 않아 상벌이 제대로 시행되지 못하여 악인이 득세하고 선한 사람이 곤궁해지는 까닭 역시 이치이다. 맹자는 "작은 것은 큰 것에 부림을 받고, 약한 것은 강한 것에 부림을 받는다. 이것은 천(天)이다"라고 하였다. 대저 덕의 크고 작음을 논하지 않고 오직 물리적인 대소와 강약만을 승부로 삼는 것이 어찌 천의 본연이겠는가? 이것은 형세를 기준으로 말한 것이니, 형세가 이미 그러할 때는 이치도 역시 그러하니, 이것을 천이라 한 것이다. 그러니 아무개가 목숨을 보존할 수 있었던 것은 본연의 이치가 아니라고 하면 옳지만. 기운이 홀로 그렇게 하고 이치는 없다고 하면 옳지 않다. 천하에 어찌 이치 밖에서 기운이 존재하겠는가?

대저 이치는 본래 하나일 뿐이고, 기운 역시 하나일 뿐이다. 기운이 움직일 때 고르지 않으면 이치도 역시 고르지 못하니, 기운은 이치를 떠나지 못하고 이치는 기운을 떠나지 못한다. 이렇다면 이치와 기운은 하나이니, 어디에서 따로 있는 것을 볼 수 있겠는가?

---

① 약한 것이 악한 것의 부림을 받는 것은 천의 본연이다.

② 형세가 바뀐 가운데는 그 기운을 타고 작용하는 이치가 반드시 있다.

③ 기운을 타고 있는 이치 이외에 그 기준이 되는 본연의 이치가 독립적으로 실재한다.

④ 악인이 편안히 늙어 죽은 것은 이치가 아니며, 다만 기운이 그렇게 작용할 뿐이다.

⑤ 이치에는 본연의 것과 정상을 벗어난 것이 있는데, 이 중 본연의 이치만 참된 이치이다.

> **해설** 물은 아래로 흐르기도 하지만 손에 부딪치면 튀어 오르는 것도 이치에 부합한다고 보고 있다. 형세가 바뀌면 기운도 함께 바뀌게 되고, 그에 따른 이치가 있으며, 물리적인 대소와 강약에 따라 기운이 바뀌는 것은 형세가 달라졌기 때문이라고 이야기하고 있다.

33 다음 글에서 알 수 없는 내용은?

> 1930년대 우리나라 탐정소설에는 과학적 수사의 강조, 육감적 혹은 감정적 사건 전개라는 두 가지 특성이 나타난다. 이러한 것들은 1930년대 우리나라 탐정소설에 서구 번역 탐정소설이 미친 영향력 못지않게 국내에서 유행하던 환상소설, 공포소설, 모험소설, 연애소설 등의 대중 소설 장르가 영향력을 미친 데서 비롯한 것이다. 2000년대 이후 오늘날의 탐정소설은 과학적 수사, 증명, 논리적 추론 과정에 초점이 맞추어지는 데 반해, 1930년대 탐정소설은 감정적, 심리적, 우연적 요소의 개입 같은 것들이 사건 해결의 열쇠를 쥐고 있었다. 두 가지 큰 특성 중 감정적 혹은 육감적 사건 전개는 탐정소설의 범위를 넓히는 동시에 다양한 세부 장르를 형성하였다. 그러나 현재로 오면서 두 번째 특성은 소멸되고 첫 번째의 특성만 강하게 남아, 그것이 탐정소설의 전부인 것처럼 인식되는 경향이 지배적이다.
>
> 다양한 의미와 유형을 내포했던 1930년대의 '탐정'과 탐정소설은 현재로 오면서 오히려 그 범위가 협소해진 것으로 보인다. '탐정'이라는 용어는 서술어적 의미가 사라지고 인물의 의미로 국한되어 사용되었으며, 탐정소설은 감정적 혹은 육감적 사건 전개나 기괴한 이야기가 지니는 환상적인 매력이 사라지고 논리적 추론 과정에 초점이 맞추어지는 서구의 고전적 탐정소설 유형만이 남게 되었다. 1930년대의 탐정소설이 서구 고전적 탐정소설로 귀착되면서, 탐정소설과 다른 대중 소설 장르가 결합된 양식들은 사라졌다. 그런 면에서 1930년대 탐정소설의 고유한 특성을 밝히는 것은 서구의 것과는 다른 한국식 탐정소설의 양식들이 발전할 수 있는 가능성을 제기하는 것이기도 하다.

① 1930년대 우리나라에서 '탐정'이라는 말은 현재보다 더 넓은 의미를 가졌다.
② 서구의 고전적 탐정소설은 과학적 수사와 논리적 추론 과정에 초점을 맞춘다.
③ 오늘날 우리나라 탐정소설에서는 기괴한 이야기가 가진 환상적 매력을 발견하기 어렵다.
④ 과학적, 논리적 추론 과정의 정립은 한국식 탐정소설의 다양한 형식을 발전시키는 데 기여했다.
⑤ 1930년대 우리나라 탐정소설은 서구 번역 탐정소설과 한국의 대중 소설 장르의 영향을 받았다.

> ✔해설 감정적 혹은 육감적 사건 전개는 탐정소설의 범위를 넓히는 동시에 다양한 세부 장르를 형성하였다. 그러나 현재로 오면서 두 번째 특성은 소멸되고 첫 번째의 특성만 강하게 남아, 그것이 탐정소설의 전부인 것처럼 인식되는 경향이 지배적이다.
> 다양한 의미와 유형을 내포했던 1930년대의 '탐정'과 탐정소설은 현재로 오면서 오히려 그 범위가 협소해진 것으로 보인다. 그러나 현재 탐정소설은 서구의 고전적 탐정소설 유형만 남게 되었다.
> 그러므로 다양한 형식을 발전시키는데 기여했다는 것은 틀린 내용이다.

34 다음 글을 통해 알 수 있는 내용은?

> 서양 사람들은 중국 명나라를 은의 나라로 불렀다. 명나라의 은 생산이 많아서 그런 것은 아니었다. 무역을 통해 외국으로부터 은이 쏟아져 들어오고 있기 때문이었다. 그 은 가운데 상당량은 일본에서 채굴된 것이었다.
>
> 당시 일본은 세계 굴지의 은 생산 국가로 발돋움하고 있었다. 그 배경에는 두 명의 조선 사람이 있었다. 은광석에는 다량의 납이 포함되어 있었으며, 은광석에서 은과 납을 분리하는 제련기술 없이 은 생산은 늘어날 수 없었다. 그런데 1503년에 김감불과 김검동이란 조선인이 은과 납을 효율적으로 분리하는 기술인 연은분리법을 세계 최초로 개발했다. 연은분리법은 조선에서는 곧 잊혔지만 정작 조선보다 일본에서 빛을 발해 이후 일본의 은 생산량을 크게 늘리는 데 기여했다. 일본은 조선보다 은광석이 풍부했지만 제련하는 기술이 후진적이어서 생산량은 뒤쳐져 있었다. 그런데 조선에서 개발된 이 기술이 일본에 전해진 후 일본 전역에서 은광 개발 붐이 일어났고, 16세기 말 일본은 동아시아 최대의 은 생산국이 되었다.
>
> 특히 혼슈의 이와미은광은 막대한 생산량으로 인해 일본 군웅들의 각축장이 되었다. 당시 은은 국제통화였고 명나라에서는 은이 부족했으므로, 이와미은광은 동아시아 교역의 중심에 섰다. 일례로 포르투갈 상인에게 조총을 구입하기 위해 일본의 지방 영주들은 은을 지출하였고, 은을 보유하게 된 포르투갈 상인들은 다시 중국으로 건너가 도자기와 차·비단을 구입하며 은을 지불했다.
>
> 임진왜란 4년 전인 1588년, 도요토미 히데요시는 왜구집단에 대해 개별적인 밀무역과 해적활동을 금지하는 해적 금지령을 내렸다. 이로써 그는 독립적이었던 왜구의 무역 활동을 장악하고, 그 전력을 정규 수군화한 후 조선과 중국에 무역을 요구했다. 하지만 명은 왜구에 대한 두려움으로 일본과의 무역을 제한하는 해금정책을 풀지 않았고, 조선 또한 삼포왜란 이후 중단된 거래를 재개할 생각이 없었다. 도요토미는 은을 매개로 한 교역을 활성화할 수 있는 방법으로 전쟁을 택했다. 그에게는 조선을 거쳐 베이징으로 침공하는 방법과 중국 남해안을 직접 공격하는 방법이 있었다. 도요토미는 대규모 군대와 전쟁 물자를 수송해야 하는 문제를 고려하여 전자를 선택하였다. 임진왜란의 발발이었다.

① 도요토미 히데요시는 해적 금지령을 내려 조선·명과의 관계를 개선하였다.
② 일본은 조선보다 은광석이 풍부했으며 은광석의 납 함유율도 조선보다 높았다.
③ 은을 매개로 한 조선·명·일본 3국의 교역망은 임진왜란 발발로 붕괴되었다.
④ 연은분리법의 전파로 인해 일본의 은 생산량은 조선의 은 생산량을 앞지르게 되었다.
⑤ 도요토미 히데요시가 일본을 통일하는 데 이와미은광에서 나온 은이 중요한 역할을 하였다.

> **✔해설** 일본은 조선보다 은광석이 풍부했지만 제련하는 기술이 후진적이어서 생산량은 뒤쳐져 있었다. 그런데 조선에서 개발된 이 기술이 일본에 전해진 후 일본 전역에서 은광 개발 붐이 일어났고, 16세기 말 일본은 동아시아 최대의 은 생산국이 되었다.
>
> ① 도요토미 히데요시의 해적 금지령 이후 일본은 조선과 중국에 무역을 요구하였으나, 명은 왜구에 대한 두려움으로 일본과의 무역을 제한하는 해금정책을 풀지 않았고, 조선 또한 삼포왜란 이후 중단된 거래를 재개할 생각이 없었다.

② 함유율은 알 수 없다.

③ 도요토미 히데요시는 은 교역을 활성화하기 위해 임진왜란을 일으켰다.

⑤ 혼슈의 이와미은광은 막대한 생산량으로 인해 일본 군웅들의 각축장이 되었다는 내용은 알 수 있으나 일본 통일에 대한 내용은 알 수 없다.

35 다음 글에 대한 내용으로 가장 적절하지 않은 것은?

> 지속되는 불황 속에서도 남 몰래 웃음 짓는 주식들이 있다. 판매단가는 저렴하지만 시장점유율을 늘려 돈을 버는 이른바 '박리다매', '저가 실속형' 전략을 구사하는 종목들이다. 대표적인 종목은 중저가 스마트폰 제조업체에 부품을 납품하는 업체이다. A증권에 따르면 전 세계적으로 200달러 이하 중저가 스마트폰이 전체 스마트폰 시장에서 차지하는 비중은 2015년 11월 35%에서 지난 달 46%로 급증했다. 세계 스마트폰 시장 1등인 B전자도 최근 스마트폰 판매량 가운데 40% 가량이 중저가폰으로 분류된다. 중저가용에 집중한 중국 C사와 D사의 2분기 세계 스마트폰 시장점유율은 전 분기 대비 각각 43%, 23%나 증가해 B전자나 E전자 10%대 초반 증가율보다 월등히 앞섰다. 이에 따라 국내외 스마트폰 업체에 중저가용 부품을 많이 납품하는 F사, G사, H사, I사 등이 조명받고 있다.
>
> 주가가 바닥을 모르고 내려간 대형 항공주와는 대조적으로 저가항공주 주가는 최근 가파른 상승세를 보였다. J항공을 보유한 K사는 최근 두 달 새 56% 상승세를 보였다. 같은 기간 L항공을 소유한 M사 주가도 25% 가량 올랐다. 저가항공사 점유율 상승이 주가 상승으로 이어지는 것으로 보인다. 국내선에서 저가항공사 점유율은 2012년 23.5.%에서 지난 달 31.4%까지 계속 상승해왔다. 홍길동 ○○증권 리서치센터장은 "글로벌 복합위기로 주요국에서 저성장 · 저투자 기조가 계속되는 데가 개인들은 부채 축소와 고령화에 대비해야 하기 때문에 소비를 늘릴 여력이 줄었다."며 "값싸면서도 멋지고 질도 좋은 제품이 계속 주목받을 것"이라고 말했다.

① '박리다매' 주식은 F사, G사, H사, I사의 주식이다.

② 저가항공사 점유율은 계속 상승세를 보이고 있는 반면 대형 항공주는 주가 하락세를 보였다.

③ 글로벌 복합위기와 개인들의 부채 축소, 고령화 대비에 따라 값싸고 질 좋은 제품이 주목받을 것이다.

④ B전자가 주력으로 판매하는 스마트폰이 중저가 폰에 해당한다.

⑤ C사와 D사는 저가 실속형의 스마트폰을 생산하여 시장점유율을 증가시켰다.

> ✔ **해설** B전자는 세계 스마트폰 시장 1등이며, 최근 중저가폰의 판매량이 40%로 나타났지만 B전자가 주력으로 판매하는 폰이 저가폰인지는 알 수 없다.

Answer 34.④ 35.④

36 다음의 ㉠과 ㉡에 대한 판단으로 가장 적절한 것은?

> 니체는 자신이 가끔 '가축 떼의 도덕'이라고 부르며 비난했던 것을 '노예의 도덕', 즉 노예나 하인에게 적합한 도덕으로 묘사한다. 그는 다음과 같이 말한다. "지금까지 지상을 지배해 온 수많은 도덕들 사이를 헤집고 다니면서 마침내 두 가지의 기본적인 유형, 주인의 도덕과 노예의 도덕을 발견했다." 그 다음 그는 이 두 유형의 도덕은 보통 섞여 있으며 온갖 다양한 방식으로 함께 작동한다는 점을 덧붙인다. 그의 주장에는 분명 지나치게 단순한 이분법이 스며들어 있다. 그러나 「도덕의 계보」에서 그는 자신이 우리에게 제시하고 있는 것은 하나의 논쟁이며, 지나치게 단순화되긴 했지만 도덕을 보는 사유의 근본적인 쟁점을 부각시키는 데 목적이 있다는 점도 분명하게 밝힌다.
>
> 니체에 따르면 성경이나 칸트의 저서에서 제시된 도덕은 ㉠노예의 도덕이다. 노예 도덕의 가장 조잡한 형태는 개인을 구속하고 굴레를 씌우는 일반 원칙으로 구성되는데, 이는 외적 권위 즉 통치자나 신으로부터 부과된 것이다. 좀 더 섬세하고 세련된 형태에서는 외적 권위가 내재화되는데, 이성(理性)의 능력이 그 예라고 할 수 있다. 하지만 조잡한 형태든 세련된 형태든 이 도덕을 가장 잘 특징짓는 것은 그것이 무엇인가를 금지하고 제약하는 일반 원칙의 형태로 나타난다는 점이다. 칸트가 정언명령을 몇 개의 일반적 정칙(定則)으로 제시했을 때도 그 내용은 '너희는 해서는 안 된다'였다.
>
> 반면 ㉡주인의 도덕은 덕의 윤리이며, 개인의 탁월성을 강조하는 윤리이다. 이는 개인의 행복과 반대되지 않으며 오히려 도움을 줄 수도 있다. 니체와 아리스토텔레스는 인격적으로 뛰어나게 되는 것이야말로 그 사람을 행복하게 해 준다고 생각했다. 자신의 목표나 만족을 희생해서 마지못해 자신의 의무를 완수하는 것은 그 사람을 불행하게 만든다. 그에 비해 주인의 도덕을 실천하는 사람은 자신이 좋아하고 자신에게 어울리는 가치, 이상, 실천을 자신의 도덕으로 삼는다. 주인의 도덕은 '지금의 나 자신이 되어라!'를 자신의 표어로 삼는다. 그리고 자신이 다른 사람과 같은지 다른지, 혹은 다른 사람의 것을 받아들일 수 있는지 없는지에 대해서는 별 신경을 쓰지 않는다.

① 내가 '좋음'의 의미를 주체적으로 정립하여 사는 삶은 ㉠에 따라 사는 삶이다.

② 내가 나 자신의 탁월성 신장을 통하여 행복을 추구하여 사는 삶은 ㉠에 따라 사는 삶이다.

③ 내가 끊임없이 스스로를 갈고 닦아 자신만의 개성을 만들어 사는 삶은 ㉠에 따라 사는 삶이다.

④ 내가 내재화된 이성의 힘을 토대로 주체적인 삶을 영위하기 위해 노력하는 것은 ㉡에 따라 사는 삶이다.

⑤ 내가 개인을 구속하는 일반 원칙에 얽매이지 않고 덕스러운 방식으로 행복을 추구하는 것은 ㉡에 따라 사는 삶이다.

> **해설** 니체는 노예의 도덕과 주인의 도덕 두 가지 유형으로 나누어 설명하고 있다.
> 노예의 도덕은 무엇인가를 금지하고 제약하는 일반 원칙의 형태이고, 주인의 도덕은 개인의 가치, 이상, 실천 등을 강조하는 형태이다.
> ④ 노예의 도덕
> ①②③⑤ 주인의 도덕

37 다음 글의 주장으로 적절한 것은?

A는 고려 인종 때 사람이니, 삼국의 시초로부터 일천 이백여년이나 떨어져 활동한 사람이다. 천년 이후의 사람이 천년 이전의 역사를 기록하는 일에는 오류가 발생할 경우가 많다. 예를 들어 남송 때 사람인 조정·장준이 한나라 때 위상·병길의 일을 엉터리로 기록한 것과 같은 경우가 그것이다. A 역시 삼한이 어느 곳에 있었는지도 모르면서 역사서에 기록하였으니, 다른 사실이야 말해 무엇 하겠는가. 우리나라 고대사의 기록은 근거를 댈 수 없는 경우가 많은데도 A는 그 기록을 자료로 역사서를 저술하였다. 또 사실 여부를 따져 보지도 않고 중국의 책들을 그대로 끌어다 인용하였다.

백두산은 몽고 땅에서부터 뻗어내려 온 줄기가 남쪽으로 천여 리를 달려 만들어졌다. 이 대간룡(大幹龍)의 동쪽 지역 가운데 별도로 한 지역을 이루어 다른 지역과 섞이지 않은 곳이 있다. 하·은·주 삼대에는 이를 숙신(肅愼)이라 일컫었고, 한나라 때는 읍루(挹婁), 당나라 때는 말갈(靺鞨), 송나라 때는 여진(女眞)이라 하였으며 지금은 오라영고탑(烏喇寧古塔)이라고 부른다. 그런데 A의 역사서에는 이곳이 한나라 선제 때 '말갈'이라는 이름으로 일컬어졌다고 하였다. 가리키는 대상이 같더라도 명칭은 시대에 따라 변화하는 법이거늘, A의 서술은 매우 터무니없다. 북적(北狄)을 삼대에는 훈육, 한나라 때는 흉노, 당나라 때는 돌궐, 송나라 때는 몽고라고 하였는데, 어떤 이가 한나라 역사를 서술하며 돌궐이 중원을 침입했다고 쓴다면 비웃지 않을 사람이 없을 것이다. A의 역사서는 비유하자면 이와 같은 것이다.

① 역사를 기록할 때에는 주관을 배척해야 한다.
② 역사를 기록할 때에는 중국의 기록을 따라야 한다.
③ 역사를 기록할 때에는 지역의 위치, 명칭의 변경 등 사실과 근거를 따져봐야 한다.
④ 역사를 기록할 때에는 어느 정도의 오류를 감수해야 한다.
⑤ 역사를 기록할 때에는 과거를 왜곡해야 한다.

✔해설 글쓴이는 A의 역사서가 사실 여부를 따져 보지도 않고 중국의 책을 그대로 인용한 것에 대해 비판을 하고 있다.

38 다음 글에서 알 수 있는 것은?

수명 연장의 꿈을 갖고 제안된 것들 중 하나로 냉동보존이 있다. 이는 낮은 온도에서는 화학적 작용이 완전히 중지된다는 점에 착안해, 지금은 치료할 수 없는 환자를 그가 사망한 직후 액화질소 안에 냉동한 후, 냉동 및 해동에 따른 손상을 회복시키고 원래의 병을 치료할 수 있을 정도로 의학기술이 발전할 때까지 보관한다는 생각이다. 그러나 인체 냉동보존술은 제도권 내에 안착하지 못했으며, 현재는 소수의 열광자들에 의해 계승되어 이와 관련된 사업을 알코어 재단이 운영 중이다.

그런데 시신을 냉동하는 과정에서 시신의 세포 내부에 얼음이 형성되어 심각한 세포 손상이 일어난다는 것이 밝혀졌다. 이를 방지하기 위하여 저속 냉동보존술이 제시되었는데, 이는 주로 정자나 난자, 배아, 혈액 등의 온도를 1분에 1도 정도로 천천히 낮추는 방식이었다. 이 기술에서 느린 냉각은 삼투압을 이용해 세포 바깥의 물을 얼음 상태로 만들고 세포 내부의 물은 냉동되지 않도록 하는 방식이다. 그러나 이 또한 치명적이지는 않더라도 여전히 세포들을 손상시킨다. 최근에는 액체 상태의 체액을 유리질 상태로 변화시키는 방법을 이용해 세포들을 냉각시키는 방법이 개발되었다. 유리질 상태는 고체이지만 결정 구조가 아니다. 그것의 물 분자는 무질서한 상태로 남아있으며, 얼음 결정에서 보이는 것과 같은 규칙적인 격자 형태로 배열되어 있지 않다. 알코어 재단은 시신 조직의 미시적 구조가 손상되는 것을 줄이기 위해 최근부터 유리질화를 이용한 냉동방법을 활용하고 있다.

하지만 뇌과학자 A는 유리질화를 이용한 냉동보존에 대해서 회의적인 입장이다. 그에 따르면 우리의 기억이나 정체성을 이루고 있는 것은 신경계의 뉴런들이 상호 연결되어 있는 연결망의 총체로서의 커넥톰이다. 냉동보존된 인간을 다시 살려냈을 때, 그 사람이 냉동 이전의 사람과 동일한 사람이라고 할 수 있기 위해서는 뉴런들의 커넥톰이 그대로 보존되어 있어야 한다. 그러나 A는 이러한 가능성에 대해서 회의적이다. 인공호흡기로 연명하던 환자를 죽은 뒤에 부검해보면, 신체의 다른 장기들은 완전히 정상으로 보이지만 두뇌는 이미 변색이 일어나고 말랑하게 되거나 부분적으로 녹은 채로 발견되었다. 이로부터 병리학자들은 두뇌가 신체의 나머지 부분보다 훨씬 이전에 죽는다고 결론을 내렸다. 알코어 재단이 냉동보존할 시신을 수령할 무렵 시신의 두뇌는 최소한 몇 시간 동안 산소 결핍 상태에 있었으며, 살아있는 뇌세포는 하나도 남아 있지 않았고 심하게 손상된 상태였다.

① 냉동보존술이 제도권 내에 안착하지 못한 원인은 높은 비용 때문이다.
② 유리질화를 이용한 냉동보존술은 뉴런들의 커넥톰 보존을 염두에 둔 기술이다.
③ 저속 냉동보존술은 정자나 난자, 배아, 혈액을 냉각시킬 때 세포를 손상시키지 않는다.
④ 뇌과학자 A에 따르면, 알코어 재단이 시신을 보존하기 시작하는 시점에 뉴런들의 커넥톰은 이미 정상 상태에 있지 않았다.
⑤ 뇌과학자 A에 따르면, 머리 이외의 신체 보존 방식은 저속 냉동보존술이나 유리질화를 이용한 냉동보존술이나 차이가 없다.

✓해설 ① 제도권 내에 안착하지 못한 원인이 비용 때문이라는 것은 지문에 나와 있지 않다.
② 저속 냉동보존술과 커넥톰 보존은 함께 언급되어 있지 않다.
③ '그러나 이 또한 치명적이지는 않더라도 여전히 세포들을 손상시킨다.'를 통해 알 수 있다.
⑤ 저속 냉동보존술과 유리질화에 대한 비교는 지문을 통해 알 수 없다.

39 다음 대화의 내용이 참일 때, 갑수보다 반드시 나이가 적은 사람들로만 바르게 짝지어진 것은?

갑수, 을수, 병수, 철희, 정희 다섯 사람은 어느 외국어 학습 모임에서 서로 처음 만났다. 이후 모임을 여러 차례 갖게 되었지만 그들의 관계는 형식적인 관계 이상으로는 발전하지 않았다. 이 모임에서 주도적인 역할을 하고 있는 갑수는 서로 더 친하게 지냈으면 좋겠다는 생각에 뒤풀이를 갖자고 제안했다. 갑수의 제안에 모두 동의했다. 그들은 인근 호프집을 찾아갔다. 그 자리에서 그들이 제일 먼저 한 일은 서로의 나이를 묻는 것이었다.

먼저 갑수가 정희에게 말했다. "정희 씨, 나이가 몇 살이에요?" 정희는 잠시 머뭇거리더니 다음과 같이 말했다. "나이 묻는 것은 실례인거 아시죠? 저는요, 갑수 씨 나이는 알고 있거든요. 어쨌든 갑수 씨보다는 나이가 적어요." 그리고는 "그럼 을수 씨 나이는 어떻게 되세요?"라고 을수에게 물었다. 을수는 "정희 씨, 저는 정희 씨와 철희 씨보다는 나이가 많지 않아요."라고 했다.

그때 병수가 대뜸 갑수에게 말했다. "그런데 저는 정작 갑수 씨 나이가 궁금해요. 우리들 중에서 리더 역할을 하고 있잖아요. 진짜 나이가 어떻게 되세요?" 갑수가 "저요? 음, 많아야 병수 씨 나이죠."라고 하자, "아, 그렇군요. 그럼 제가 대장해도 될까요? 하하……."라고 병수가 너털웃음을 웃으며 대꾸했다.

이때, "그럼 그렇게 하세요. 오늘 술값은 리더가 내시는 거 아시죠?"라고 정희가 끼어들었다. 그리고 "그런데 철희 씨는 좀 어려 보이는데, 몇 살이에요?"라고 물었다. 철희는 다소 수줍은 듯이 고개를 숙였다. 그리고는 "저는 병수 씨와 한 살 차이밖에 나지 않아요. 보기보다 나이가 많죠?"라고 대답했다.

① 정희
② 철희, 을수
③ 정희, 을수
④ 철희, 정희
⑤ 철희, 정희, 을수

✔**해설** 갑수> 정희
정희> 을수
철희> 을수
병수=갑수
그러므로 병수=갑수> 정희> 을수
철희는 병수보다 1살이 어린지 아니면 1살이 많은지 알 수 없다.

40 다음 글을 통해 추론할 수 없는 것은?

> 쿤이 말하는 과학혁명의 과정을 명확하게 이해하기 위해 세 가지 질문을 던져보자. 첫째, 새 이론을 제일 처음 제안하고 지지하는 소수의 과학자들은 어떤 이유에서 그렇게 하는가? 기존 이론이 이상 현상 때문에 위기에 봉착했다고 판단했기 때문이다. 기존 이론은 이미 상당한 문제 해결 능력을 증명한 바 있다. 다만 기존 이론이 몇 가지 이상 현상을 설명할 능력이 없다고 판단한 과학자들이 나타났을 뿐이다. 이런 과학자들 중 누군가가 새 이론을 처음 제한했을 때 기존 이론을 수용하고 있는 과학자 공동체는 새 이론에 호의적이지 않을 것이다. 당장 새 이론이 기존 이론보다 더 많은 문제를 해결할 리가 없기 때문이다. 그럼에도 불구하고 기존 이론이 설명하지 못하는 이상 현상을 새 이론이 설명한다는 것이 과학혁명의 출발점이다.
>
> 둘째, 다른 과학자들은 어떻게 기존 이론을 버리고 새로 제안된 이론을 선택하는가? 새 이론은 여전히 기존 이론보다 문제 해결의 성과가 부족하다. 하지만 선구적인 소수 과학자들의 연구 활동과 그 성과에 자극을 받아 새 이론을 선택하는 과학자들은 그것이 앞으로 점점 더 많은 문제를 해결하리라고, 나아가 기존 이론의 문제 해결 능력을 능가하리라고 기대한다. 이러한 기대는 이론의 심미적 특성 같은 것에 근거한 주관적 판단이고, 그와 같은 판단은 개별 과학자의 몫이다. 물론 이러한 기대는 좌절될 수도 있고, 그 경우 과학혁명은 좌초된다.
>
> 셋째, 과학혁명이 일어날 때 과학자 공동체가 기존 이론을 버리고 새 이론을 선택하도록 하는 결정적인 요인은 무엇인가? 이 물음에서 선택의 주체는 더 이상 개별 과학자가 아니라 과학자 공동체이다. 하지만 과학자 공동체는 결국 개별 과학자들로 이루어져 있다. 그렇다면 문제는 과학자 공동체를 구성하는 과학자들이 어떻게 이론을 선택하는가이다. 하지만 이 단계에서 모든 개별 과학자의 선택 기준은 더 이상 새 이론의 심미적 특성이나 막연한 기대가 아니다. 과학자들은 새 이론이 해결하는 문제의 수와 범위가 기존 이론의 그것보다 크다고 판단할 경우 새 이론을 선택할 것이다. 과학자 공동체의 대다수 과학자들이 이렇게 판단하게 되면 그것은 과학자 공동체가 새 이론을 선택한 것이고, 이로써 쿤이 말하는 과학혁명의 완성된다.

① 심미적 관점에서 우월한 이론일수록 해결 가능한 문제의 범위와 수에서도 우월하다.
② 과학자가 이론을 선택하는 기준은 과학혁명의 진행 단계에 따라 변하기도 한다.
③ 이론이 설명하지 못하는 이상 현상이 존재한다고 해서 과학자 공동체가 그 이론을 폐기하는 것은 아니다.
④ 기존 이론의 이상 현상을 설명하는 이론이 없이는 과학혁명이 시작되지 않는다.
⑤ 과학자 공동체는 해결하지 못하는 문제가 있더라도 더 많은 문제를 해결하는 이론을 선택한다.

✔해설 '이론의 심미적 특성 같은 것에 근거한 주관적 판단이고, 그와 같은 판단은 개별 과학자의 몫이다.', '하지만 이 단계에서 모든 개별 과학자의 선택 기준은 더 이상 새 이론의 심미적 특성이나 막연한 기대가 아니다. 과학자들은 새 이론이 해결하는 문제의 수와 범위가 기존 이론의 그것보다 크다고 판단할 경우 새 이론을 선택할 것이다.'
두 번째 문단과 세 번째 문단을 통해 심미적 특성과 해결가능한 문제의 범위와 수는 별개의 개념임을 알 수 있다.

41 다음 글을 읽고 세 사람의 견해에 대한 분석으로 가장 적절한 것은?

> 갑 : 현대 사회에 접어들어 구성원들의 이해관계는 더욱 복잡해졌으며, 그 이해관계 사이의 충돌은 심각해졌다. 그리고 현대 사회에서 발생하는 다양한 범죄는 바로 이런 문제에서 비롯되었다고 말할 수 있다. 이에 범죄자에 대한 처벌 여부와 처벌 방식의 정당성은 그의 범죄행위뿐만 아니라 현대 사회의 문제점도 함께 고려하여 확립되어야 한다. 처벌은 사회 전체의 이득을 생각해서, 다른 사회 구성원들을 교육하고 범죄자를 교화하는 기능을 수행해야 한다.
>
> 을 : 처벌 제도는 종종 다른 사람들의 공리를 위해 범죄자들을 이용하곤 한다. 이는 범죄자를 다른 사람들의 이익을 위한 수단으로 대우하는 것이다. 하지만 사람의 타고난 존엄성은 그런 대우에 맞서 스스로를 보호할 권리를 부여한다. 따라서 처벌 여부와 처벌 방식을 결정하는 데 있어 처벌을 통해 얻을 수 있는 사회의 이익을 고려해서는 안 된다. 악행을 한 사람에 대한 처벌 여부와 그 방식은 그 악행으로도 충분히, 그리고 그 악행에 의해서만 정당화되어야 한다.
>
> 병 : 범죄자에 대한 처벌의 교화 효과에 대해서는 의문의 여지가 있다. 처벌의 종류에 따라 교화 효과는 다른 양상을 보인다. 가령 벌금형이나 단기 징역형의 경우 충분한 교화 효과가 있는 것처럼 보이기도 하지만, 장기 징역형의 경우 그 효과는 불분명하고 복잡하다. 특히, 범죄사회학의 연구 결과는 장기 징역형을 받은 죄수들은 처벌을 받은 이후에 보다 더 고도화된 범죄를 저지르며 사회에 대한 강한 적개심을 가지게 되는 경향이 있다는 것을 보여준다.

① 처벌의 정당성을 확립하기 위한 고려사항에 대해 갑과 을의 의견은 양립 가능하다.

② 갑과 달리 을은 현대 사회에 접어들어 구성원들 간 이해관계의 충돌이 더욱 심해졌다는 것을 부정한다.

③ 을과 달리 갑은 사람에게는 타고난 존엄성이 있다는 것을 부정한다.

④ 병은 처벌이 갑이 말하는 기능을 수행하지 못할 수도 있다는 것을 보여준다.

⑤ 병은 처벌이 을이 말하는 방식으로 정당화될 수 없다는 것을 보여준다.

> **✔해설** 갑 – "처벌 여부와 처벌 방식의 정당성은 그의 범죄행위뿐만 아니라 현대 사회의 문제점도 함께 고려하여 확립하여야 한다. 처벌은 사회 전체의 이득을 생각해서, 다른 사회 구성원들을 교육하고 범죄자를 교화하는 기능을 수행해야 한다."
>
> 을 – "처벌 여부와 처벌 방식을 결정하는 데 있어 처벌을 통해 얻을 수 있는 사회의 이익을 고려해서는 안 된다. 사람은 타고난 존엄성이 있기 때문에 사람들의 이익을 위한 수단으로 대우해서는 안 된다."
>
> 병 – "단기 징역형의 경우 충분한 교화 효과가 있는 것처럼 보이기도 하지만 장기 징역형의 경우 그 효과는 불분명하고 복잡하다."

Answer 40.① 41.④

42 다음 글을 읽고 〈보기〉의 질문에 답을 할 때 가장 적절한 것은?

> 다세포 생물체는 신경계와 내분비계에 의해 구성 세포들의 기능이 조절된다. 이 중 내분비계의 작용은 내분비선에서 분비되는 호르몬에 의해 일어난다. 호르몬을 분비하는 이자는 소화선인 동시에 내분비선이다. 이자 곳곳에는 백만 개 이상의 작은 세포 집단들이 있다. 이를 랑게르한스섬이라고 한다. 랑게르한스섬에는 인슐린을 분비하는 β 세포와 글루카곤을 분비하는 α 세포가 있다.
>
> 인슐린의 주된 작용은 포도당이 세포 내로 유입되도록 촉진하여 혈액에서의 포도당 농도를 낮추는 것이다. 또한 간에서 포도당을 글리코겐의 형태로 저장하게 하며 세포에서의 단백질 합성을 증가시키고 지방 생성을 촉진한다.
>
> 한편 글루카곤은 인슐린과 상반된 작용을 하는데, 그 주된 작용은 간에 저장된 글리코겐을 포도당으로 분해하여 혈액에서의 포도당 농도를 증가시키는 것이다. 또한 아미노산과 지방산을 저장 부위에서 혈액 속으로 분리시키는 역할을 한다.
>
> 인슐린과 글루카곤의 분비는 혈당량에 의해 조절되는데 식사 후에는 혈액 속에 포함되어 있는 포도당의 양, 즉 혈당량이 증가하기 때문에 β 세포가 자극을 받아서 인슐린 분비량이 늘어난다. 인슐린은 혈액 중의 포도당을 흡수하여 세포로 이동시키며 이에 따라 혈당량이 감소되고 따라서 인슐린 분비량이 감소된다. 반면 사람이 한참 동안 음식을 먹지 않거나 운동 등으로 혈당량이 70mg/dl 이하로 떨어지면 랑게르한스섬의 α 세포가 글루카곤 분비량을 늘린다. 글루카곤은 간에 저장된 글리코겐을 분해하여 포도당을 만들어 혈액으로 보내게 된다. 이에 따라 혈당량은 다시 높아지게 되는 것이다. 일반적으로 8시간 이상 공복 후 혈당량이 99mg/dl 이하인 경우 정상으로, 126mg/dl 이상인 경우는 당뇨로 판정한다.
>
> 포도당은 뇌의 에너지원으로 사용되는데, 인슐린과 글루카곤이 서로 반대되는 작용을 통해 이 포도당의 농도를 정상 범위로 유지시키는 데 크게 기여한다.

〈보기〉

> 인슐린에 대해서는 어느 정도 이해를 했습니까? 오늘은 '인슐린 저항성'에 대해 알아보도록 하겠습니다. 인슐린의 기능이 떨어져 세포가 인슐린에 효과적으로 반응하지 못하는 것을 인슐린 저항성이라고 합니다. 그럼 인슐린 저항성이 생기면 우리 몸속에서는 어떤 일이 일어나게 될지 설명해 보시겠습니까?

① 혈액 중의 포도당 농도가 높아지게 됩니다.
② 이자가 인슐린과 글루카곤을 과다 분비하게 됩니다.
③ 간에서 포도당을 글리코겐으로 빠르게 저장하게 됩니다.
④ 아미노산과 지방산을 저장 부위에서 분리시키게 됩니다.
⑤ 글루카곤의 기능이 향상되어 포도당 농도가 높아지게 됩니다.

> **해설** 인슐린의 기능은 혈액으로부터 포도당을 흡수하여 세포로 이동시켜 혈액에서의 포도당의 농도를 낮추는 것인데, 인슐린의 기능이 저하될 경우 이러한 기능을 수행할 수 없기 때문에 혈액에서의 포도당 농도가 높아지게 된다.

43 다음 글의 논지를 약화하는 것으로 적절하지 않은 것은?

> 지구 곳곳에서 심각한 기후 변화가 나타나고 있고 그 원인이 인간의 활동에 있다는 주장은 일견 과학적인 것처럼 들리지만 따지고 보면 진실과는 거리가 먼, 다분히 정치적인 프로파간다에 불과하다. "자동차는 세워 두고, 지하철과 천연가스 버스 같은 대중교통을 이용합시다."와 같은, 기후 변화와 사실상 무관한 슬로건에 상당수의 시민이 귀를 기울이도록 만든 것은 환경주의자들의 성과였지만, 그 성과는 사회 전체의 차원에서 볼 때 가슴 아파해야 할 낭비의 이면에 불과하다.
>
> 희망컨대 이제는 진실을 직시하고, 현명해져야 한다. 기후 변화가 일어나는 이유는 인간이 발생시키는 온실가스 때문이 아니라 태양의 활동 때문이라고 보는 것이 합리적이다. 태양 표면의 폭발이나 흑점의 변화는 지구의 기후 변화에 막대한 영향을 미친다. 결과적으로 태양의 활동이 활발해지면 지구의 기온이 올라가고, 태양의 활동이 상대적으로 약해지면 기온이 내려간다. 환경주의자들이 말하는 온난화의 주범은 사실 자동차가 배출하는 가스를 비롯한 온실가스가 아니라 태양이다. 태양 활동의 거시적 주기에 따라 지구 대기의 온도는 올라가다가 다시 낮아지게 될 것이다.
>
> 대기화학자 브림블컴은 런던의 대기오염 상황을 16세기말까지 추적해 올라가서 20세기까지 그 거시적 변화의 추이를 연구했는데, 그 결과 매연의 양과 아황산가스 농도가 모두 19세기 말까지 빠르게 증가했다가 그 이후 아주 빠르게 감소하여 1990년대에는 16세기 말보다도 낮은 수준에 도달했음이 밝혀졌다. 반면에 브림블컴이 연구 대상으로 삼은 수백 년의 기간 동안 지구의 평균 기온은 지속적으로 상승해왔다. 두 변수의 이런 독립적인 행태는 인간이 기후에 미치는 영향이 거의 없다는 것을 보여준다.

① 인간이 출현하기 이전인 고생대 석탄기에 북유럽의 빙하지대에 고사리와 같은 난대성 식물이 폭넓게 서식하였다.

② 태양 활동의 변화와 기후 변화의 양상 간의 상관관계를 조사해보니 양자의 주기가 일치하지 않았다.

③ 태양 표면의 폭발이 많아지는 시기에 지구의 평균 기온은 오히려 내려간 사례가 많았다.

④ 최근 20년 간 세계 여러 나라가 연대하여 대기오염을 줄이는 적극적인 노력을 기울인 결과 지구의 평균 기온 상승률이 완화되었다.

⑤ 최근 300년 간 태양의 활동에 따른 기후 변화의 몫보다는 인간의 활동에 의해 좌우되는 기후 변화의 몫이 더 크다는 증거가 있다.

> **✔해설** 기온 상승 등 기후변화는 인간의 활동 때문이 아니라 태양의 활동으로 인한 것으로 태양 활동이 활발해지면 지구 기온이 상승하고 그렇지 않을 경우 지구 기온이 내려간다고 말하고 있다.
> ① 인간의 활동이 없었을 시기에도 평균 기온이 높았다는 것을 입증하는 자료로 기온 상승의 원인이 인간의 활동이 아니라 태양 활동으로 인한 것임을 보여준다.

Answer 42.① 43.①

44 (가)와 (나)에 대한 설명으로 옳은 것은?

(가) 텔레비전의 귀재라고 불리는 토니 슈월츠는 1980년대에 들어서면서 텔레비전을 마침내 '제2의 신'이라고 불렀다. 신은 전지전능하며, 우리 곁에 항상 같이 있으며, 창조력과 파괴력을 동시에 지니고 있다는데, 이러한 신의 속성을 텔레비전은 빠짐없이 갖추고 있다는 것이다. 다만, 제2의 신은 과학이 만들어 낸 신이며, 전 인류가 이 제단 앞에 향불을 피운다는 점이 다를 뿐이라고 지적했다. 수백만, 수천만, 아니 수억의 인간이 텔레비전 시청이라는 똑같은 의식을 통해서 사랑과 죽음의 신비성을 느끼며, 인생의 환희와 슬픔을 나눈다. 그 어떤 신도 이렇게 많은 신도를 매혹시키지는 못했으며, 앞으로도 불가능할 것이다.

우리나라도 천만 세대가 넘는 가정에 텔레비전이 한대씩 이미 보급되어 있으며, 2대 이상 소유한 가정도 흔하다. 아시아에서 일본 다음으로 텔레비전 왕국이 된 우리나라의 시청 현상에 나타나는 두드러진 특징은, 일부 선진국의 경우와 유사하다. 즉, 한편으로는 텔레비전에 대해 비판 의식이 비교적 높은 식자층이 텔레비전 문화를 천시하거나 기피하는 현상을 보이고 있고, 다른 한편으로는 많은 일반 대중이 수동적, 무비판적으로 텔레비전 문화를 수용하는 추세를 보이고 있어 극단적인 대조 현상을 나타내고 있다. 그러나 텔레비전이라는 무례한 손님이 안방 한 구석을 차지하여 무슨 소리를 내든 무제한 관용을 베풀며 무분별하게 수용하는 시청자가 압도적으로 많다.

(나) 현대의 대중 잡지, 주간지 등과 같은 상업적 저널리즘, 저속한 영화와 연극, 그리고 쇼화 되는 스포츠 등과 같은 대중오락은 정치적 무관심을 자아내게 하는 데 커다란 역할을 하고 있다. 특히 신문·잡지(특히 주간지) 등은 정치적 문제와 사건을 비정치화 시켜서 대중에게 전달하거나, 또는 대중의 흥미와 관심을 비정치 대상에 집중시킴으로써 많은 사람의 관심을 비정치적 영역에 집중시킨다. 이를테면 정치적인 문제를 다룰 경우에도, 사건의 본질과는 관계없는 에피소드와 부속 현상을 크게 보도하거나, 또는 정치가를 소개하는 경우에도 그 정치적 자질과 식견 및 지난날에 있어서의 업적 등과 같은 본질적 문제보다는 오히려 그의 사생활을 크게 보도하는 경향이 있다. 이 같은 경향이 나타나는 것은 거대 기업화한 매스컴이 대량의 발행 부수와 시청률을 유지, 확대시켜 나가기 위해서는 불가불 대중성을 필요로 하기 때문이다.

그리고 오락 장치의 거대화에 비례하여 일반 대중의 의식 상황이 수동적으로 되는 경향이 나타나고 있는데, 특히 TV의 보급으로 인하여 이런 현상이 두드러지고 있다. 말하자면 매스컴은 일반 대중의 에너지를 비정치적 영역으로 흡수하는 세척 작용의 기능을 수행하고 있는 것이다. 이리하여 매스 미디어는 일종의 그레샴의 법칙에 의해서 정치라는 경화(硬貨)를 대중오락이라는 지폐로써 구축(驅逐)해버리게 되는 것이다.

① (개)는 대상의 문제점을 포괄적으로 다루는 반면, (내)는 대상의 문제점을 특정 분야에 한정하여 제시한다.

② (개)는 대상으로 통시적으로 접근하여 제시하지만, (내)는 대상을 공시적으로 다룬다.

③ (개)는 일반적인 통념을 제시하고 그에 대한 반론을 주장하지만, (내)는 대상에 대한 통념을 일정 부분 수긍하고 있다.

④ (개)는 인용을 통해 논지를 확장하고 있지만, (내)는 인용을 통해 끌어들인 견해를 반박하고 있다.

⑤ (개)는 대상에 대한 주관적인 감정을 서술하지만, (내)는 대상을 관조적으로 대하고 있다.

✔ 해설 ① (개)는 텔레비전 시청의 일반적 문제를, (내)에서는 오락문화에 집중된 보도 현실을 비판하고 있다.

45 다음 글을 통해 알 수 없는 것은?

11세기 말 이슬람 제국의 고관 알 물크는 어려운 문제에 직면하였다. 페르시아 북부에는 코란에 시아파 신비주의를 접목한 교리를 추종하는 이스마일파가 있었는데, 강력한 카리스마를 지닌 지도자 하사니 사바가 제국의 통치에 염증을 느낀 사람들을 수천 명이나 이스마일파로 개종시킨 것이다. 이스마일파의 영향력이 나날이 커져가면서 알 물크의 시름도 깊어갔지만 문제는 그들이 철저하게 비밀리에 활동한다는 것이었다. 누가 이스마일파로 개종했는지조차 알아낼 수 없었다.

그런데 얼마 후 알 물크는 이스파한에서 바그다드로 향하던 길에 암살을 당하였다. 누군가가 그가 타고 가던 마차에 접근하더니 단검을 꺼내어 그를 찔렀던 것이다. 그리고 알 물크의 피살이 단순한 행위가 아니라, 이스마일파가 전쟁을 벌이는 방식이라는 사실이 곧 드러났다. 그것은 낯설고도 소름 끼치는 전쟁이었다. 그 뒤 몇 년에 걸쳐 술탄 무함마드 타파르의 주요 각료들이 동일한 방식, 즉 살인자가 군중 속에서 홀연히 나타나 단검으로 치명상을 입히는 방식으로 살해되었다.

테러의 공포가 제국의 지배층을 휩쓸었다. 도대체 누가 이스마일파인지 구분하기는 불가능했다. 어느 누구도 진실을 알 수 없는 상황이었기에 모두가 혐의자가 될 수밖에 없었다. 술탄은 이 악마같은 자와 협상하는 편이 낫겠다는 생각이 들어, 출정을 취소하고 하사니 사바와 화해했다. 수년에 걸쳐 이스마일파의 정치력이 커지면서, 이 종파에 속한 암살자들은 거의 신화적인 존재가 되었다. 한 암살자가 살해에 성공한 뒤 묵묵히 체포되어 고문을 당한 다음 처형당하고 나면 또 다른 암살자가 뒤를 이었다. 그들은 이스마일파 교리에 완전히 매료되어서 종파의 대의를 지키기 위하여 자신의 목숨을 비롯한 모든 것을 바쳤다.

당시 하사니 사바의 목표는 페르시아 북부에 자신의 종파를 위한 국가를 건설하고, 그 국가가 이슬람 제국 내에서 살아남아 번영하도록 만드는 것이었다. 하지만 신자수가 상대적으로 적은데다 각지에 권력자들이 버티고 있는 상황에서 그는 더 이상 세력을 확장시킬 수가 없었다. 그래서 정치권력에 대항하여 역사상 최초로 테러 전쟁을 조직화하는 전략을 고안했던 것이다. 이스마일파의 세력은 사실상 매우 취약했다. 그러나 부하들을 꾸준히 제국의 심장부 깊숙이 침투시킴으로써, 자신들이 어디에나 도사리고 있는 듯한 착각을 만들어 냈다. 그리하여 하사니 사바가 통솔하던 기간 동안 암살 행위는 총 50회에 불과했지만, 그 정치적 영향력은 수십만 대군을 거느린 것처럼 대단하였다.

① 이스마일파의 테러는 소수 집단의 한계를 극복하는 방안의 하나로서 사용되었다.

② 이스마일파의 테러리스트들은 자신이 신봉하는 대의를 지키기 위해 희생을 마다하지 않았다.

③ 이스마일파의 테러가 효과적이었던 이유는 제국 곳곳에 근거지를 확보할 수 있었기 때문이다.

④ 이스마일파는 테러를 통해 제국의 지배층에 공포 분위기를 조성함으로써 커다란 정치력을 발휘하였다.

⑤ 이스마일파의 구성원을 식별할 수 없었기 때문에 이슬람 제국의 지배층은 테러에 효과적으로 대응할 수 없었다.

✔해설 본문에서 이스마일파의 근거지가 제국 곳곳에 있었다는 내용은 전혀 없다.

46 다음 글의 핵심내용으로 가장 적절한 것은?

> 정보 사회라고 하는 오늘날, 우리는 실제적 필요와 지식 정보의 획득을 위해서 독서하는 경우가 많다. 일정한 목적의식이나 문제의식을 안고 달려드는 독서일수록 사실은 능률적인 것이다. 르네상스적인 만능의 인물이었던 괴테는 그림에 열중하기도 했다. 그는 그림의 대상이 되는 집이나 새를 더 관찰하기 위해서 그리는 것이라고, 의아해 하는 주위 사람에게 대답했다고 전해진다. 그림을 그리겠다는 목적의식을 가지고 집이나 꽃을 관찰하면 분명하고 세밀하게 그 대상이 떠오를 것이다. 마찬가지로 일정한 주제 의식이나 문제의식을 가지고 독서를 할 때 보다 창조적이고 주체적인 독서 행위가 성립될 것이다.
>
> 오늘날 기술 정보 사회의 시민이 취득해야 할 상식과 정보는 무량하게 많다. 간단한 읽기, 쓰기와 셈하기 능력만 갖추고 있으면 얼마 전까지만 하더라도 문맹(文盲)상태를 벗어날 수 있었다. 오늘날 사정은 이미 동일하지 않다. 자동차 운전이나 컴퓨터 조작이 바야흐로 새 시대의 '문맹' 탈피 조건으로 부상하고 있다. 현대인 앞에는 그만큼 구비해야 할 기본적 조건과 자질이 수없이 기다리고 있다.
>
> 사회가 복잡해짐에 따라 신경과 시간을 바쳐야 할 세목도 증가하게 마련이다. 그러나 어느 시인이 얘기한 대로 인간 정신이 마련해 낸 가장 위대한 세계는 언어로 된 책의 마법 세계이다. 그 세계 속에서 현명한 주민이 되기 위해서는 무엇보다도 자기 삶의 방향에 맞게 시간을 잘 활용해야 할 것이다.

① 정보량의 증가에 비례한 서적의 증가
② 시대에 따라 변화하는 문맹의 조건
③ 목적의식을 가진 독서의 필요성
④ 정보 사회에서 르네상스의 시대적 의미
⑤ 문맹 탈피를 위한 학습 기회의 제공

> **✔해설** 첫 문단의 '일정한 목적의식이나 문제의식을 안고 달려드는 독서일수록 사실은 능률적인 것이다.', '마찬가지로 일정한 주제 의식이나 문제의식을 가지고 독서를 할 때 보다 창조적이고 주체적인 독서 행위가 성립될 것이다.' 등의 문장을 통해 주제를 유추할 수 있다.

47 다음 글의 내용과 상충하는 것은?

> 토크빌이 미국에서 관찰한 정치 과정 가운데 가장 놀랐던 것은 바로 시민들의 정치적 결사였다. 미국인들은 어려서부터 스스로 단체를 만들고 스스로 규칙을 제정하여 그에 따라 행동하는 것을 관습화해왔다. 이에 미국인들은 어떤 사안이 발생할 경우 국가기관이나 유력자의 도움을 받기 전에 스스로 단체를 결성하여 집합적으로 대응하는 양상을 보인다. 미국의 항구적인 지역 자치의 단위인 타운, 시티, 카운티조차도 주민들의 자발적인 결사로부터 형성된 단체였다.
>
> 미국인들의 정치적 결사는 결사의 자유에 대한 완벽한 보장을 기반으로 실현된다. 일단 하나의 결사로 뭉친 개인들은 언론의 자유를 보장받으면서 자신들의 집약된 견해를 널리 알린다. 이러한 견해에 호응하는 지지자들의 수가 점차 늘어날수록 이들은 더욱 열성적으로 결사를 확대해간다. 그런 다음에는 집회를 개최하여 자신들의 힘을 표출한다. 집회에서 가장 중요한 요소는 대표자를 선출하는 기회를 만드는 것이다. 집회로부터 선출된 지도부는 물론 공식적으로 정치적 대의제의 대표는 아니다. 하지만 이들은 도덕적인 힘을 가지고 자신들의 의견을 반영한 법안을 미리 기초하여 그것이 실제 법률로 제정되게끔 공개적으로 입법부에 압력을 가할 수 있다.
>
> 토크빌은 이러한 정치적 결사가 갖는 의미에 대해 독특한 해석을 펼친다. 그에 따르면, 미국에서는 정치적 결사가 다수의 횡포에 맞서는 보장책으로서의 기능을 수행한다. 미국의 입법부는 미국 시민의 이익을 대표하며, 의회 다수당은 다수 여론의 지지를 받는다. 이를 고려하면 언제든 '다수의 이름으로' 소수를 배제한 입법권의 행사가 가능해짐에 따라 입법 활동에 대한 다수의 횡포가 나타날 수 있다. 토크빌은 이러한 다수의 횡포를 제어할 수 있는 정치 제도가 없는 상황에서 소수 의견을 가진 시민들의 정치적 결사는 다수의 횡포에 맞설 수 있는 유일한 수단이라고 보았다. 더불어 토크빌은 시민들의 정치적 결사가 소수자들이 다수의 횡포를 견제할 수 있는 수단으로 온전히 기능하기 위해서는 도덕의 권위에 호소해야 한다고 보았다. 왜냐하면 힘이 약한 소수자가 호소할 수 있는 것은 도덕의 권위뿐이기 때문이다.

① 미국 정치는 다수에 의한 지배를 정당화하는 체제를 토대로 한다.

② 미국에서는 처음에 자발적 결사로 시작된 단체도 항구적 자치단체로 성장할 수 있다.

③ 미국 시민들은 정치적 결사를 통해 실제 법률 제정과 관련하여 입법부에 압력을 행사할 수 있다.

④ 토크빌에 따르면, 미국에서 소수자는 도덕의 권위에 도전함으로써 다수의 횡포에 저항해야 한다.

⑤ 토크빌에 따르면, 미국에서 정치적 결사는 시민들의 소수 의견이 배제된 입법 활동을 제어하는 역할을 한다.

> ✔ 해설 소수자들의 정치적 결사는 도덕의 권위에 도전하는 것이 아니라 도덕의 권위에 호소해야 한다고 말하고 있다.

48 다음 글의 빈칸에 들어갈 말로 가장 적절한 것은?

> 텔레비전은 _____ 전통적인 의미에서의 참다운 친구를 잃은 현대인의 공허함을 메워 주는 역할을 할 수 있다는 말이다. 진정한 친구는 외로울 때에 동반자가 되어 주고, 슬플 때에 위로해 줄 수 있어야 하는데, 텔레비전은 이를 대신해 줄 수 있기 때문이다. 그래서 좋은 텔레비전 프로그램은 진정한 친구가 없는 현대 사회의 많은 청소년에게 따뜻한 친구 역할을 한다. 좋은 음악 프로그램을 들으면서 아름다운 꿈을 키우기도 하고, 감동적인 드라마나 다큐멘터리 프로그램을 통해 깊은 내면의 교감을 나누기도 한다. 텔레비전은 다른 어떤 현실 속의 친구보다도 좋은 친구 역할을 하는 셈이다. 또, 실제 친구들과 나눌 이야깃거리를 제공해 주고, 공통된 화제로 대화를 끌고 가도록 만드는 역할을 하기도 한다.

① 강력한 교육적 기능을 가지고 있다.

② 영향력 있는 사회 교육 교사로서의 역할을 한다.

③ 세상을 살아가는 데 필요한 정보를 얻는 창구이기도 하다.

④ 대화 상대가 필요한 현대인에게 좋은 친구가 될 수 있다.

⑤ 대화를 단절시켜 좋은 인간관계 형성을 가로막는다.

> ✔ 해설 주어진 문단에서 참다운 친구를 잃은 현대인의 공허함을 메워주고 친구의 역할을 대신 해주는 텔레비전의 모습을 제시하고 있으므로 빈칸에 들어갈 가장 적절한 문장은 '대화 상대가 필요한 현대인에게 좋은 친구가 될 수 있다.'이다.

49 다음 글의 현대 사진 작가와 샤갈이 공통적으로 전제하고 있는 것은?

> 현대 사진은 현실을 포장지로밖에 생각하지 않는다. 작가의 주관적 사상이나 감정, 곧 주제를 표현하기 위한 하나의 소재로 현실을 인식한다. 따라서 현실 자체의 의미나 가치에는 연연하지 않는다. 그럼에도 불구하고 현대 사진이 현실에 묶여 떠나지 못하는 것은, 대상이 없는 한 찍히지 않고 실체로서의 현실을 떠나서 성립할 수 없는 사진의 메커니즘 탓이다. 작가의 주관적 사상이나 감정은 구체적 사물을 거치지 않고서는 표현할 길이 없는 것이다. 그러나 사진이 추구하는 바가 현실의 재현이 아니다 보니 현대 사진은 연출을 마음대로 하고, 온갖 기법을 동원해 현실을 재구성하기도 한다. 심지어 필름이나 인화지 위에 인위적으로 손질을 가해 현실성을 지워 버리기도 한다. 현실을 왜곡하는 것에 아무런 구애를 받지 않는 것이다. 구체적인 사물의 정확한 재현에만 익숙해 있던 눈에는 이런 현대 사진이 난해하기만 하다.
>
> 이러한 현대 사진의 특성을 고려할 때, 창조적 사진을 위해서 필요한 것은 자유로운 눈이다. 이는 작가에게만 한정된 요구가 아니다. 사진을 현실로 생각하는 수용자 쪽의 고정관념 또한 현대 사진의 이해에 장애가 된다. 발신자와 수신자 사이에 암호가 설정되기 위해서는 수신자 쪽에서도 암호를 해독할 수 있는 바탕이 마련되어 있어야 한다. 작가나 수용자나 고정관념과 인습에서 벗어날 때, 현실과 영상 사이에 벌어진 커다란 틈이 보이게 된다. 그리고 그 때 비로소 사진은 자기의 비밀을 털어 놓기 시작한다. 현대 사진에 대한 이해의 첫 관문은 그렇게 해서 통과할 수가 있다.

> 화가 샤갈이 거리에서 캔버스를 세워 놓고 그리기에 열중하고 있을 때, 마침 지나가던 행인 중 한 사람이 큰 소리로 이렇게 외쳤다.
> "별난 사람도 다 있군. 세상에 날아다니는 여자를 그리는 사람 처음 보겠네."
> 이때 샤갈이 뒤돌아보지도 않고 웃으며 던진 한 마디는 이런 것이었다.
> "그러니까 화가지"

① 예술은 다양한 표현 기법을 써서 시대의 문제의식을 표현한다.
② 예술은 현실에서 멀리 떨어져서 바라보는 관조의 대상이 아니다.
③ 예술 작품이 현실을 모방하는 것은 현실의 본질을 간파하지 못했기 때문이다.
④ 고정관념에서 벗어날 때 비로소 창조적인 작가 의식을 드러낼 수 있다.
⑤ 대중이 현대의 난해한 예술 작품을 이해하지 못하는 것은 당연한 일이다.

> ✔해설 샤갈과 현대 사진 작가는 현실의 고정관념에서 벗어나 창조적인 작품(그림, 사진)으로 자신의 사상 또는 감정을 드러낸다.

50 다음 글의 논증에 대한 비판으로 적절하지 못한 것은?

> 진화론자들은 지구상에서 생명의 탄생이 30억 년 전에 시작됐다고 추정한다. 5억 년 전 캄브리아기 생명 폭발 이후 다양한 생물종이 출현했다. 인간 종이 지구상에 출현한 것은 길게는 100만 년 전이고 짧게는 10만 년 전이다. 현재 약 180만 종의 생물종이 보고되어 있다. 멸종된 것을 포함해서 5억 년 전 이후 지구상에 출현한 생물종은 1억 종에 이른다. 5억 년을 100년 단위로 자르면 500만 개의 단위로 나눌 수 있다. 이것은 새로운 생물종이 평균적으로 100년 단위마다 약 20종이 출현한다는 것을 의미한다. 하지만 지난 100년 간 생물학자들은 지구상에서 새롭게 출현한 종을 찾아내지 못했다. 이는 한 종에서 분화를 통해 다른 종이 발생한다는 진화론이 거짓이라는 것을 함축한다.

① 100년마다 20종이 출현한다는 것은 다만 평균일 뿐이다. 현재의 신생 종 출현 빈도는 그보다 훨씬 적을 수 있지만 언젠가 신생 종이 훨씬 많이 발생하는 시기가 올 수 있다.

② 5억 년 전 이후부터 지구상에 출현한 생물종이 1,000만 종 이하일 수 있다. 그러면 100년 내에 새로 출현하는 종의 수는 2종 정도이므로 신생 종을 발견하기 어려울 수 있다.

③ 생물학자는 새로 발견한 종이 신생 종인지 아니면 오래 전부터 존재했던 종인지 판단하기 어렵다. 따라서 신생 종의 출현이나 부재로 진화론을 검증하려는 시도는 성공할 수 없다.

④ 30억 년 전에 생물이 출현한 이후 5차례의 대멸종이 일어났으나 대멸종은 매번 규모가 달랐다. 21세기 현재, 알려진 종 중 사라지는 수가 크게 늘고 있어 우리는 인간에 의해 유발된 대멸종의 시대를 맞이하는 것으로 볼 수 있다.

⑤ 생물학자들이 발견한 몇몇 종은 지난 100년 내에 출현한 종이라고 판단할 이유가 있다. DNA의 구성에 따라 계통수를 그렸을 때 본줄기보다는 곁가지 쪽에 배치될수록 늦게 출현한 종임을 알 수 있기 때문이다.

> ✔해설 '5억 년 전 이후 지구상에 출현한 생물종은 1억 종에 이른다. 5억 년을 100년 단위로 자르면 500만 개의 단위로 나눌 수 있다. 이것은 새로운 생물종이 평균적으로 100년 단위마다 약 20종이 출현한다는 것을 의미한다. 하지만 지난 100년 간 생물학자들은 지구상에서 새롭게 출현한 종을 찾아내지 못하였으므로 진화론은 거짓이다.'라는 내용이므로 대멸종에 대한 내용은 어울리지 않는다.

Answer 49.④ 50.④

51 다음은 수도 민영화에 대한 토론의 일부이다. 여성 토론자의 발언으로 볼 때, 정책 담당자인 남성 토론자가 이전에 말했을 내용으로 가장 적절한 것은?

> 사회자(남) : 네, 알겠습니다. 지금까지 수돗물 정책을 담당하시는 박 과장님의 말씀을 들었는데요. 그럼 이번에는 시민 단체의 의견을 들어 보겠습니다. 김 박사님~.
>
> 김 박사(여) : 네, 사실 굉장히 답답합니다. 공단 폐수 방류 사건 이후에 17년간 네 번에 걸친 종합 대책이 마련됐고, 상당히 많은 예산이 투입된 것으로 알고 있습니다. 그런데도 이번에 상수도 사업을 민영화하겠다는 것은 결국 수돗물 정책이 실패했다는 걸 스스로 인정하는 게 아닌가 싶습니다. 그리고 민영화만 되면 모든 문제가 해결되는 것처럼 말씀하시는데요, 현실을 너무 안이하게 보고 있다는 생각이 듭니다.
>
> 사회자(남) : 말씀 중에 죄송합니다만, 수돗물 사업이 민영화되면 좀 더 효율적이고 전문적으로 운영된다는 생각에 동의할 분도 많을 것 같은데요.
>
> 김 박사(여) : 전 동의할 수 없습니다. 우선 정부도 수돗물 사업과 관련하여 충분히 전문성을 갖추고 있다고 봅니다. 현장에서 근무하는 분들의 기술 수준도 세계적이고요. 그리고 효율성 문제는요, 저희가 알아본 바에 의하면 시설 가동률이 50% 정도에 그치고 있고, 누수율도 15%나 된다는데, 이런 것들은 시설 보수나 철저한 관리를 통해 정부가 충분히 해결할 수 있다고 봅니다. 게다가 현재 상태로 민영화가 된다면 또 다른 문제가 생길 수 있습니다. 수돗물 가격의 인상을 피할 수 없다고 보는데요. 물 산업 강국이라는 프랑스도 민영화 이후에 물 값이 150%나 인상되었다고 하는데, 우리에게도 같은 일이 일어나지 않을까 걱정됩니다.
>
> 사회자(남) : 박 과장님, 김 박사님의 의견에 대해 어떻게 생각하십니까?
>
> 박 과장(남) : 민영화할 경우 아무래도 어느 정도 가격 인상 요인이 있겠습니다만 정부와 잘 협조하면 인상 폭을 최소화할 수 있으리라고 봅니다. 무엇보다도 수돗물 사업을 민간 기업이 운영하게 된다면, 수질도 개선될 것이고, 여러 가지 면에서 더욱 질 좋은 서비스를 받을 수 있을 겁니다. 또 시설 가동률과 누수율의 문제도 조속히 해결될 수 있을 겁니다.

① 민영화를 통해 수돗물의 가격을 안정시킬 수 있다.
② 수돗물 사업의 전문성을 위해 기술 교육을 강화해야 한다.
③ 종합적인 대책 마련으로 수돗물을 효율적으로 공급하고 있다.
④ 효율성을 높이기 위해 수돗물 사업을 민간 기업에 맡겨야 한다.
⑤ 거대한 규모의 사업을 민간 기업이 맡는 것은 쉬운 일이 아니다.

> **✔해설** ① 정책 담당자는 민영화할 경우 어느 정도 가격 상승 요인이 있을 것이라고 말하고 있다.
> ② 정책 담당자가 주장한 내용은 '기술 교육 강화'가 아니라 '수돗물 사업의 민영화'이므로 적절하지 않다.
> ③ 종합적인 대책 마련으로 수돗물을 효율적으로 공급하고 있다면 굳이 민영화할 필요가 없는 셈이므로 정책 담당자의 의견과 상반된다.
> ⑤ 민영화에 대해 부정적인 의견이므로 정책 담당자와 의견을 달리한다.

52 다음 글의 기술 방식 상 특징을 바르게 이해한 것은?

> 집을 나섰다. 리무진 버스를 타고 거대한 영종대교를 지나 인천공항에 도착해보니 사람들로 북적거렸다. 실로 많은 사람들이 해외를 오가고 있다고 생각하니 '세계화, 지구촌'이란 단어들이 새로운 느낌으로 다가왔다. 출국 수속을 마치고 비행기표를 받았다. 출발까지는 한참을 기다려야 했기에 공항 내 이곳저곳을 두루 살펴보면서 아들과 그동안 못 나눈 이야기로 시간을 보냈다.

① 객관적 정보와 사실들을 개괄하여 설명한다.
② 공항의 풍경과 사물들을 세밀하게 묘사한다.
③ 개인적 감정과 견해를 타인에게 설득시킨다.
④ 시간의 경과에 따른 체험과 행위를 서술한다.
⑤ 특징이 정반대인 대상 2개를 비교한다.

> ✔해설 집을 나섬 → 영종대교를 지남 → 인천공항에 도착 → 출국 수속을 마침 → 공항 구경으로 이어지고 있다. 따라서 정답은 ④ '시간의 경과에 따른 체험과 행위를 서술한다'가 된다.

53 다음 글의 논지전개과정으로 옳은 것은?

> 어떤 심리학자는 "언어가 없는 사고는 없다. 우리가 머릿속으로 생각하는 것은 소리 없는 언어일 뿐이다."라고 하여 언어가 없는 사고가 불가능하다는 이론을 폈으며, 많은 사람들이 이에 동조(同調)했다. 그러나 우리는 어떤 생각은 있되 표현할 적당한 말이 없는 경우가 얼마든지 있으며, 생각만은 분명히 있지만 말을 잊어서 표현에 곤란을 느끼는 경우도 있는 것을 경험한다. 이런 사실로 미루어 볼 때 언어와 사고가 불가분의 관계에 있는 것은 아니다.

① 전제 – 주지 – 부연   ② 주장 – 상술 – 부연
③ 주장 – 반대논거 – 반론   ④ 문제제기 – 논거 – 주장
⑤ 전제 – 부연 – 주장

> ✔해설 제시된 글은 "언어가 없는 사고는 불가능하다."는 주장을 하다가 '표현할 적당한 말이 없는 경우와 표현이 곤란한 경우'의 논거를 제시하면서 "언어와 사고가 불가분의 관계에 있는 것이 아니다."라고 반론을 제기하고 있다.

Answer 51.④ 52.④ 53.③

54 다음 글의 설명 방식으로 적절하지 않은 것은?

> 세월이 변해 아궁이는 보일러로 바뀌었다. 보일러는 아궁이에 불을 때는 방식보다 효율적이고 경제적이다. 최근에는 콘덴싱 보일러가 인기를 끌고 있는데, 과연 콘덴싱 보일러의 원리는 무엇일까?
>
> 일반적인 보일러는 송풍기를 통해 들어온 공기를 이용하여 버너에서 연료를 태워 고온의 배기가스를 발생시키고 열 교환기에서 이 가스를 사용하여 내부에 흐르는 물을 데우는 방식이다. 이때 물을 데우고 난 뒤의 배기가스를 그냥 밖으로 내보내는데, 가스의 온도가 180도나 된다.
>
> 콘덴싱 보일러는 이 고온의 배기가스를 다시 이용하는 보일러를 말한다. '콘덴싱'은 물리학적으로 기체가 액체로 응축되는 과정을 의미하는데, 배기가스의 뜨거운 기체가 차가운 물을 데운 뒤 액체로 바뀌기 때문에 콘덴싱 보일러라는 명칭이 붙은 것이다. 즉 콘덴싱 보일러는 일반 보일러의 열 교환기에, 배기가스가 가진 잠열을 다시 사용할 수 있도록 해주는 잠열 교환기를 하나 더 장착하고 있는 보일러이다.
>
> 연료로 많이 사용되는 도시가스의 주성분은 메탄(CH_4)으로, 공기 중의 산소와 결합해서 연소가 이루어진다. 이때 배기가스가 생성되는데, 이 배기가스 중의 수증기는 539kcal/kg의 잠열을 포함한다. 콘덴싱 보일러는 이 잠열을 잠열 교환기에서 회수하기 때문에 에너지 효율이 97%나 되며 이는 일반 보일러의 열효율인 평균 82%보다 높다. 따라서 콘덴싱 보일러의 배기가스의 온도는 50~60도밖에 되지 않는다.
>
> 여기에 콘덴싱 보일러는 첨단 안전 제어 기술인 공기비례제어기술을 채택하여, 과대 풍압 및 외부 악조건 등으로 연소가 어려운 경우가 발생해도 보일러에 최적화된 연소 상태를 만들어 유해 가스 배출을 줄이고 안전성과 효율성을 높일 수 있다. 물론 일반 보일러도 연료비례제어기술을 도입하고 있지만, 공기의 양과는 상관없이 설정한 온도가 높으면 연료의 양만을 많게 하기 때문에 연소 효율이 낮고 유해 가스도 많이 나오는 단점이 있다. 이러한 고효율과 친환경적인 측면이 바로 콘덴싱 보일러의 두 가지 강점이다.

① 보일러에서 일어나는 열전달 과정을 설명하고 있다.
② 콘덴싱 보일러의 명칭과 관련하여, 그 원리를 밝히고 있다.
③ 콘덴싱 보일러에서 잠열의 역할을 비유적으로 설명하고 있다.
④ 콘덴싱 보일러의 열효율을 구체적 수치를 통해 보여주고 있다.
⑤ 콘덴싱 보일러의 열효율이 높은 이유를 두 가지로 나누어 설명하고 있다.

> ✅**해설** 이 글은 일반적인 보일러와의 차이점을 중심으로 콘덴싱 보일러의 장점을 설명하고 있다. 일반 보일러에서 일어나는 열전달 현상을 '과정'에 의해 서술하고 있으며, 기체가 액체로 응축되는 현상에서 유래된 콘덴싱 보일러의 명칭을 설명하고 있다. 또한 콘덴싱 보일러의 효율성이 높은 이유에 대해 잠열 교환기와 공기비례제어기술을 들어 설명하고 있다. 구체적인 수치를 밝히면서 콘덴싱 보일러의 열효율을 설명하고 있기도 하다. 그러나 잠열의 역할은 과학적인 원리를 통해 밝히고 있으므로 비유적으로 설명한다는 진술은 적절하지 않다.

55

> ㉠ 진정한 지식인의 역할은 무엇인가.
>
> ㉡ 과거 지식인들은 현실을 올바로 인식하고 바람직한 가치기준을 제시하고 선도한다고 확신하면서 대중 앞에서 전혀 현실에 맞지 않는 기준을 쏟아내는 병폐를 보여 왔다.
>
> ㉢ 그 결과 대중은 현실을 제대로 파악하지 못했고 그로 인해 실제 삶에 맞는 올바른 가치판단을 내리지 못했다.
>
> ㉣ 그리고 실제 현실에 대해 연구도 하지 않고 현실을 제대로 파악하지도 못하면서 언론에 장단을 맞춰왔다.
>
> ㉤ 진정한 지식인은 과거 지식인의 병폐로부터 벗어나 무엇보다 실제 현실의 문제와 방향성, 가치기준에 대한 진지한 고민과 탐색을 게을리 하지 않아야 한다.
>
> ㉥ 이를 알기 위해서 먼저 지난 2세기 동안 나타난 지식인의 병폐를 지적해 보자.

① ㉠㉥㉡㉣㉢㉤

② ㉠㉥㉡㉣㉤㉢

③ ㉠㉤㉡㉢㉣㉥

④ ㉠㉤㉢㉡㉥㉣

⑤ ㉠㉣㉢㉥㉡㉤

✔ 해설 ㉠ 화제 제시→㉥ 화제 제시에 대한 세부 지적→㉡ 과거 지식인들의 병폐1→㉣ 과거 지식인들의 병폐2→㉢ 그에 대한 결과→㉤ 진정한 지식인의 역할

56

ⓐ 청과물의 거래 방식으로 밭떼기, 수의계약, 경매가 있고, 이 중 한 가지를 농가가 선택한다고 하자.

ⓑ 수의계약은 수확기에 농가가 도매시장 내 도매상과의 거래를 성사시킨 후 직접 수확하여 보내는 방식인데, 이때 운송 책임은 농가가 진다.

ⓒ 경매는 농가가 수확한 청과물을 도매시장에 보내서 경매를 위임하는 방식인데, 도매시장에 도착해서 경매가 끝날 때까지 최소 하루가 걸린다.

ⓓ 밭떼기는 재배 초기에 수집 상인이 산지에 와서 계약을 하고 대금을 지급한 다음, 수확기에 가져가 도매시장의 상인에게 파는 방식이다.

① ㉠㉡㉢㉣
② ㉠㉣㉡㉢
③ ㉡㉣㉢㉠
④ ㉡㉠㉢㉣
⑤ ㉢㉣㉡㉠

✔해설 ㉠ 도입부 → ㉣ 밭떼기 정의 → ㉡ 수의계약 정의 → ㉢ 경매 정의

57

㉠ 인체 구성성분의 60%는 물이다.

㉡ 반면 세포간질액과 혈액은 혈관이라는 장벽으로 구분되어 있다.

㉢ 세포외액은 다시 세포 사이의 공간에 있는 세포간질액과 혈관 안에 있는 혈액으로 구성된다.

㉣ 이 중에 대략 3분의 2는 세포 안의 공간에 있는 세포내액으로, 나머지는 세포 밖의 공간에 있는 세포외액으로 존재한다.

㉤ 세포내액과 세포외액은 세포막이라는 장벽으로 구분되어 있고, 세포막은 물만 통과할 수 있을 뿐 어떤 삼투질도 통과하지 못한다.

① ㉠㉡㉢㉣㉤
② ㉠㉣㉡㉢㉤
③ ㉠㉡㉣㉢㉤
④ ㉠㉣㉢㉤㉡
⑤ ㉠㉡㉤㉣㉢

✔해설 ㉠ 인체 구성성분의 60%는 물 → ㉣ 이 중에 3분의 2는 세포내액이고 나머지는 세포외액 → ㉢ 세포외액은 다시 세포간질액과 혈액으로 구성 → ㉤ 세포내액과 세포외액은 세포막이라는 장벽으로 구분됨 → ㉡ 반면, 세포간질액과 혈액은 혈관이라는 장벽으로 구분됨

('반면'이라는 접속어로 인해 ㉤ 다음에 ㉡이 온다는 것을 알 수 있다.)

58

> 고분 연구에서는 지금까지 설명한 매장시설 이외에도 함께 묻힌 피장자(被葬者)와 부장품이 그 대상이 된다. 부장품에는 일상품, 위세품, 신분표상품이 있다. 일상품은 일상생활에 필요한 물품들로 생산 및 생활 도구 등이 이에 해당한다. 위세품은 정치, 사회적 관계를 표현하기 위해 사용된 물품이다.

> ㈎ 우리나라의 고분, 즉 무덤은 크게 나누어 세 가지 요소로 구성되어 있다. 첫째는 목관(木棺), 옹관(甕棺)과 같이 시신을 넣어두는 용기이다. 둘째는 이들 용기를 수용하는 내부 시설로 광(壙), 곽(槨), 실(室) 등이 있다. 셋째는 매장시설을 감싸는 외부 시설로 이에는 무덤에서 지상에 성토한, 즉 흙을 쌓아 올린 부분에 해당하는 분구(墳丘)와 분구 주위를 둘러 성토된 부분을 보호하는 호석(護石) 등이 있다.
>
> ㈏ 일반적으로 고고학계에서는 무덤에 대해 '묘(墓)-분(墳)-총(塚)'의 발전단계를 상정한다. 이러한 구분은 성토의 정도를 기준으로 삼은 것이다. 매장시설이 지하에 설치되고 성토하지 않은 무덤을 묘라고 한다. 묘는 또 목관묘와 같이 매장시설, 즉 용기를 가리킬 때도 사용된다. 분은 지상에 분명하게 뚜렷하게 구분되는 대형 분구를 가리킨다. 이 중 성토를 높게 하여 뚜렷하게 구분되는 대형 분구를 가리켜 총이라고 한다.
>
> ㈐ 당사자 사이에만 거래되어 일반인이 입수하기 어려운 물건으로, 피장자가 착장(着裝)하여 위세를 드러내던 것을 착장형 위세품이라고 한다. 생산도구나 무기 및 마구 등은 일상품이기도 하지만 물자의 장악이나 군사력을 상징하는 부장품이기도 하다. 이것들은 피장자의 신분이나 지위를 상징하는 물건으로 일상품적 위세품이라고 한다. 이러한 위세품 중에 6세기 중엽 삼국의 국가체제 및 신분질서가 정비되어 관등(官等)이 체계화된 이후 사용된 물품을 신분표상품이라고 한다.

① ㈎ 앞
② ㈏ 앞
③ ㈐ 앞
④ ㈐ 뒤
⑤ 들어갈 자리가 없다.

> ✔해설 주어진 글에서 고분 연구에서 부장품도 그 대상이 된다고 하였고, 그 종류로는 일상품, 위세품, 신분표상품이 있다고 하였다. ㈐에서 위세품에 대해 설명하고 있으므로 주어진 글이 들어가기에 적당한 위치는 ㈐ 앞이다.

59

어떤 의미에서 인간을 복제하는 행위가 비자연적인가? 첫 번째 답변은 인간복제가 자연법칙을 위반한다는 것이다. 그러나 이와 같이 해석함으로써 인간복제에 대한 반대 입장을 취할 수는 없다. 자연법칙을 위반한다는 것이 인간 복제에 대한 반론이 될 수 있다는 것은 자연법칙을 위반하는 행위를 하지 말아야 한다는 의미이다. 그러나 자연법칙은 인간에 의해 만들어진 법칙과는 달리 의무를 부과하고 있지 않다. 따라서 그것을 위반하는 것도 불가능하다.

(가) 인간복제 반대론자는 인간을 복제하는 것이 비자연적이며 따라서 도덕적으로 옳지 못하다고 말한다. 그러나 이러한 입장을 취하기 위해서는 인간을 복제하는 행위가 비자연적인 이유와 비자연적인 행위가 도덕적으로 옳지 못한 이유를 설명해야 한다.

(나) 그렇다면 어떤 해석이 가능한가? 그 대안으로 '인위적'이라는 해석을 고려할 수 있다. 인간의 손에 의해 계획되고 통제된 것은 자연적이지 않다는 관점에서, 인간을 복제하는 것은 인위적이며 그런 의미로 비자연적이라는 것이다. 이렇게 해석한다면, 첫 번째 해석이 안고 있는 문제점은 사라진다. 그러나 이렇게 해석하더라도 비자연적 행위가 그 자체로 옳지 않다고 할 수 있는가 하는 문제는 여전히 남는다. 모든 인위적인 행위가 옳지 않다고 볼 수는 없기 때문이다.

(다) 비자연적이라는 것을 '생물학적으로 비자연적'이라는 의미로 해석하는 방법도 있을 수 있다. 정자를 제공한 측과 동일한 유전자를 가진 후세가 태어나는 일은 자연에서는 발생하지 않는다. 그러나 과연 그로부터 인간을 복제하는 것이 도덕적으로 옳지 않다는 결론이 도출되는가? 인간복제를 반대하는 논증에서 "인간을 복제하는 일이 자연에서는 발생하지 않는다."는 것은 사실을 기술하는 전제인 반면에, "인간을 복제해선 안된다."는 것은 윤리적 당위를 주장하는 결론이다. 하지만 타당한 논증의 결론이 윤리적인 주장이라면 그 결론을 지지하는 전제도 윤리적인 성격을 띠어야 한다. 따라서 비자연적이라는 데 의존해서는 인간복제에 대한 반대 논거를 마련할 수 없다.

① (가) 앞   ② (나) 앞
③ (다) 앞   ④ (다) 뒤
⑤ 들어갈 자리가 없다.

✔해설 제시된 문장에서 첫 번째 답변을 설명하고 있으며, (나)에서 첫 번째 해석이 안고 있는 문제점이 사라진다고 했으므로 제시된 글이 들어갈 자리는 (나) 앞이 적당하다.

60 다음 글의 내용이 참일 때, 반드시 참인 것은?

> 만일 A 정책이 효과적이라면, 부동산 수요가 조절되거나 공급이 조절된다. 만일 부동산 가격이 적정 수준에서 조절된다면, A 정책이 효과적이라고 할 수 있다. 그리고 만일 부동산 가격이 적정 수준에서 조절된다면, 물가 상승이 없다는 전제 하에서 서민들의 삶이 개선된다. 부동산 가격은 적정 수준에서 조절된다. 그러나 물가가 상승한다면, 부동산 수요가 조절되지 않고 서민들의 삶도 개선되지 않는다. 물론 물가가 상승한다는 것은 분명하다.

① 서민들의 삶이 개선된다.
② 부동산 공급이 조절된다.
③ A 정책이 효과적이라면, 물가가 상승하지 않는다.
④ A 정책이 효과적이라면, 부동산 수요가 조절된다.
⑤ A 정책이 효과적이라도, 부동산 가격은 적정 수준에서 조절되지 않는다.

✔ **해설**
- 부동산 가격은 적정 수준에서 조절된다.
- A 정책이 효과적이라면 부동산 수요가 조절된다.
- A 정책이 효과적이라면 부동산 공급이 조절된다.
- 부동산 가격이 적정수준에서 조절된다는 것은 A 정책이 효과적이란 것이다.
- 부동산 가격이 적정수준에서 조절되어 물가가 상승하지 않으면 서민들의 삶이 개선된다.
- 부동산 가격이 적정수준에서 조절되어 물가가 상승한다면 부동산 수요가 조절되지 않고 서민의 삶도 개선되지 않는다.

부동산 가격이 적정수준이라는 것은 부동산 수요가 조절되거나 부동산 공급이 조절되는 것이므로 부동산 수요가 조절되거나 부동산 공급이 조절된다.
→ 부동산 수요가 조절되지 않으면 서민의 삶은 개선되지 않는다.
즉, 부동산 공급이 조절된다는 것은 반드시 참이 된다.

Answer 59.② 60.②

수리력

┃1~4┃ 일정한 규칙을 찾아 빈칸에 들어갈 알맞은 숫자를 고르시오.

1

| 68   71   (   )   70   73   68   82   65 |

① 69
② 70
③ 72
④ 74
⑤ 76

> ✔해설 홀수항과 짝수항을 나누어서 생각해 보면
>
> 홀수항은 68 ( ) 73 82 → 73과 82 사이에는 9 → 3^3을 의미하므로 자연스럽게 1^2, 2^2, 3^2이 됨을 알 수 있다. 그러므로 ( ) 안의 수는 69이다.
>
> 짝수항은 71 70 68 65 → 각 항은 −1, −2, −3의 순서를 나타내고 있다.

2

| $\dfrac{1}{10}$ $\dfrac{4}{20}$ $\dfrac{7}{30}$ $\dfrac{(\ )}{40}$ $\dfrac{13}{50}$ $\dfrac{16}{60}$ |

① 8
② 9
③ 10
④ 11
⑤ 12

> ✔해설 분자의 경우는 3씩 증가하고 분모의 경우는 10씩 증가하고 있다.

3

| 21 7 32 | 18 20 22 | ( ) 7 10 | 17 35 8 |

① 41

② 42

③ 43

④ 44

⑤ 45

✔해설 $21+7+32=60$
$18+20+22=60$
$(43)+7+10=60$
$17+35+8=60$

4

$$4\otimes3=17 \qquad 7\otimes2=59 \qquad 9\otimes3=612 \qquad 8\otimes6=(\quad)$$

① 48

② 96

③ 142

④ 214

⑤ 428

✔해설 $4\otimes3=17$을 살펴보면 $4-3=1$, $4+3=7$
앞의 수와 뒤의 수를 더한 값이 뒤의 자리 수, 앞의 수에서 뒤의 수를 뺀 것이 앞의 자리 수가 된다.
$7\otimes2=59 \rightarrow 7-2=5$, $7+2=9$
$9\otimes3=612 \rightarrow 9-3=6$, $9+3=12$
$8\otimes6=(\quad) \rightarrow 8-6=2$, $8-6=14 \rightarrow 214$

▎5~6▎ 다음 제시된 A행과 B행 사이에는 일정한 규칙이 있다. B행에서 규칙에 어긋나는 것을 고르시오.

5

	①	②	③	④	⑤
A :	48	12	64	21	10
B :	10	6	7	7	4

✔해설 ④ B=A의 약수의 개수이다. 따라서 21의 약수의 개수는 4개이므로 ④가 옳지 않다.

6

	①	②	③	④	⑤
A :	17	2	10	51	21
B :	34	6	40	17	126

✔해설 ④ B = A×(2, 3, 4, 5 …)의 규칙이 적용된다. 따라서 51×5 = 255이므로 ④가 옳지 않다.

▎7~8▎ 다음 색칠된 곳의 숫자에서부터 반시계반향으로 진행하면서 숫자들의 관계를 고려하여 ? 표시된 곳에 들어갈 알맞은 숫자를 고르시오.

7

6	?	27
7		21
9	12	16

① 34 ② 35

③ 36 ④ 37

⑤ 38

✔해설 반시계방향으로 돌아가면서 +1, +2, +3, +4, +5, +6, +7로 커지고 있다.

8

2	2	10080
4		1440
12	?	240

① 30　　　　　　　　　② 48

③ 60　　　　　　　　　④ 72

⑤ 80

✔해설 반시계방향으로 1, 2, 3, 4, 5, 6, 7 순으로 곱해지고 있다. 따라서 12×4=48이다.

┃9～10┃ 다음 ? 표시된 부분에 들어갈 숫자를 고르시오.

9

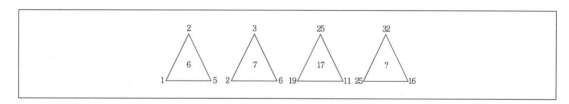

① 14　　　　　　　　　② 17

③ 20　　　　　　　　　④ 23

⑤ 25

㉠−㉡+㉢＝㉢

10

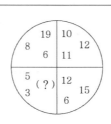

① 12

② 19

③ 25

④ 32

⑤ 35

✔ 해설 원의 나누어진 한 부분의 합이 33이 되어야 한다.

11 다음 식을 만족하는 서로 다른 양의 자연수 A, B, C가 최소가 되는 값을 구했을 때, A+B+C의 값을 구하면?

$$\frac{31}{70} = \frac{1}{A} + \frac{1}{B} + \frac{1}{C}$$

① 14

② 16

③ 18

④ 20

⑤ 22

✔ 해설 분자의 31을 분모의 숫자 70의 약수의 합으로 나타낼 수 있다면, 분모의 70과 약분이 되어 분자가 1인
단위 분수의 형태가 된다. 분모의 숫자 70의 약수는 1, 2, 5, 7, 10, 14, 35, 70이다.
이 수 중 세 수를 더해 분자의 숫자인 31이 되는 것을 만들면 7, 10, 14
이 세 수는 70의 약수이므로 분모를 70으로 하고 이 세 수를 분자로 하여 등식의 우측에 대입하면
$$\frac{31}{70} = \frac{14}{70} + \frac{10}{70} + \frac{7}{70} = \frac{1}{5} + \frac{1}{7} + \frac{1}{10}$$
그러므로 A, B, C이 값은 각각 5, 7, 10이 되며 이 세 수의 합은 $5+7+10=22$

12 두 명의 쇼트트랙 선수가 아이스링크를 일정한 속력으로 서로 반대 방향으로 돌고 있다. 두 선수의 속력의 비는 $4:3$으로 동일한 위치에서 서로 출발했다. 두 선수가 출발하여 다시 출발점에서 만날 때까지 중간에서 서로 마주친 횟수는 몇 번인가? (단, 처음과 마지막, 출발점에 함께 있는 것은 횟수에서 제외한다)

① 4번　　　　　　　　　　② 5번

③ 6번　　　　　　　　　　④ 7번

⑤ 8번

> ✔해설 두 선수를 각각 A, B로 놓고 이 두 선수의 속도를 각각 $4x$, $3x$라고 한 후 링크의 둘레를 y라고 하면
> 이 두 선수가 처음 만나는 시간은 $\dfrac{y}{4x+3x}$, 속도가 빠른 A선수가 처음 만났을 때의 링크 상에서의 위치는 출발점으로부터 도는 방향으로 $4x \times \dfrac{y}{7x} = \dfrac{4y}{7}$
> 두 번째 만날 때의 위치는 $2 \times \dfrac{4y}{7} = \dfrac{8y}{7}$
> 세 번째 만날 때의 위치는 $3 \times \dfrac{4y}{7} = \dfrac{12y}{7}$
> A, B가 출발점에서 다시 만났다는 것은 만나는 위치가 y의 정수배가 된다는 것을 의미하므로
> 7번째 만나면 $7 \times \dfrac{4y}{7} = 4y$
> 링크를 네 바퀴 돌면 B와 처음 출발했던 장소에서 7번째로 마주치게 되므로 마주치는 횟수는 두 선수의 속도의 비와 동일하게 $4+3=7$이 된다.
> 그러나 출발점에서 마주치는 횟수를 제외하여야 하므로 $7-1=6$회가 된다.

13 산과 들판 모임에서 등산을 가기 위해 1인당 18,000원씩 내어 버스를 빌렸다. 그런데 막상 당일 10명이 나타나지 않아 1인당 24,000원씩 부담해야 했다. 그날 버스를 타고 등산을 간 사람은 모두 몇 명인가?

① 20명　　　　　　　　　　② 25명

③ 30명　　　　　　　　　　④ 35명

⑤ 40명

> ✔해설 등산을 가기로 했던 사람의 수를 x, 실제 등산을 간 사람의 수를 y라 하면
> 회비와 인원 수를 곱한 총 금액이 같아야 한다.
> $x:y = 24,000k:18,000k$
> x, y의 차가 10명이므로 $x-y = 4k-3k = k = 10$
> y를 구하면 $3k = 30$

14

〈문제〉

6%의 소금물 150g에서 30g의 물을 증발시킨 후, 16%의 소금물 50g을 섞어 만든 소금물의 농도는?

〈풀이〉

소금물의 농도는 $\frac{\text{소금(g)}}{\text{소금물(g)}} \times 100$이므로 6%의 소금물 150g에 들어있는 소금의 양을 구하면

$\frac{150 \times (\text{㉮})}{100} = (\text{㉯})\text{g}$이다.

또한 16%의 소금물 50g에 들어있는 소금의 양은 (㉰)g이다.

따라서 6%의 소금물 150g에서 30g의 물을 증발시킨 후, 8%의 소금물 50g을 섞어 만든 소금물의 양은 (㉱)g이고, 그 안에 들어있는 소금의 양은 (㉲)g이므로 이 소금물의 농도는 10%이다.

〈보기〉

① 1	② 4	③ 5	④ 6
⑤ 7	⑥ 8	⑦ 9	⑧ 10
⑨ 12	⑩ 17	⑪ 120	⑫ 170

14-1 ㉮에 들어갈 부호로 알맞은 것은?

14-2 ㉯에 들어갈 수로 알맞을 것은?

14-3 ㉰에 들어갈 수로 알맞은 것은?

14-4 ㉱에 들어갈 부호로 알맞은 것은?

14-5 ㉲에 들어갈 부호로 알맞은 것은?

✔해설 소금물의 농도는 $\frac{\text{소금(g)}}{\text{소금물(g)}} \times 100$이므로 6%의 소금물 150g에 들어있는 소금의 양을 구하면 $\frac{150 \times 6}{100} = 9\text{g}$

이다.

또한 16%의 소금물 50g에 들어있는 소금의 양은 8g이다.

따라서 6%의 소금물 150g에서 30g의 물을 증발시킨 후, 8%의 소금물 50g을 섞어 만든 소금물의 양은 170g이고, 그 안에 들어있는 소금의 양은 17g이므로 이 소금물의 농도는 10%이다.

Answer 14-1.④ 14-2.⑦ 14-3.⑥ 14-4.⑫ 14-5.⑩

15

〈문제〉

서원랜드의 입장료는 어른이 9,000원, 어린이가 5,000원이고, 이번 달 서원랜드에서는 10명 이상의 단체손님에게는 20% DC를 해주는 행사를 진행 중이다. 어느 가족이 오늘 서원랜드에서 결제한 총 입장료가 80,000원일 때 이 가족의 어린이의 수는? (단, 이 가족의 어른과 어린이 모두 1명 이상이고, 어린이의 수는 어른의 수보다 많지 않다.)

〈풀이〉

이 가족의 어른의 수를 x, 어린이의 수를 y라고 할 때,

㉠ 할인을 받지 않은 경우(㈎) 입장료를 구하는 식은 $9,000x + 5,000y = 80,000$이고, 이 식을 만족하는 (x, y)는 (5, 7)뿐이다. 하지만 10명 미만인 경우이므로 이는 성립할 수 없다.

㉡ 할인을 받은 경우(㈏) 할인 전 입장료는 100,000원이고 이를 구하는 식은 $9,000x + 5,000y = 100,000$이고 이 식을 만족하는 (x, y)는 (5, 11), (㈐)이다. 따라서 이 가족의 어른은 (㈑)명, 어린이는 (㈒)명이다.

〈보기〉

① $x + y < 10$	② $x + y > 10$	③ $x + y \leq 10$	④ $x + y \geq 10$
⑤ (5, 7)	⑥ (10, 2)	⑦ (12, 1)	⑧ (0, 20)
⑨ 2	⑩ 5	⑪ 10	⑫ 11

15-1 ㈎에 알맞은 것은?①

15-2 ㈏에 알맞은 것은?④

15-3 ㈐에 알맞은 것은?⑥

15-4 ㈑에 알맞은 것은?⑪

15-5 ㈒에 알맞은 것은?⑨

✔해설 이 가족의 어른의 수를 x, 어린이의 수를 y라고 할 때,

㉠ 할인을 받지 않은 경우($x + y < 10$) 입장료를 구하는 식은 $9,000x + 5,000y = 80,000$이고, 이 식을 만족하는 (x, y)는 (5, 7)뿐이다. 하지만 10명 미만인 경우이므로 이는 성립할 수 없다.

㉡ 할인을 받은 경우($x + y \geq 10$) 할인 전 입장료는 100,000원이고 이를 구하는 식은 $9,000x + 5,000y = 100,000$이고 이 식을 만족하는 (x, y)는 (5, 11), (10, 2)이다. 어린이의 수가 어른의 수보다 많지 않다고 하였으므로 이 가족의 어른은 10명, 어린이는 2명이다.

Answer 15-1.① 15-2.④ 15-3.⑥ 15-4.⑪ 15-5.⑨

16 (A+5)cm×(A+3)cm인 직사각형 종이의 네 귀퉁이를 1.5cm 정사각형 모양으로 자른 뒤 접어 올렸을 때 상자의 부피는?

① 1.5(A+2)

② A(A+2)

③ 3(A+3)

④ 1.5A(A+2)

⑤ (A+1)(A+2)

 해설 $(A+5-3)\times(A+3-3)\times1.5 = 1.5A(A+2)$

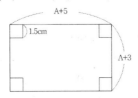

17 비가 온 다음날 비가 올 확률은 $\frac{2}{3}$이고, 비가 안 온 다음 날 비가 올 확률은 $\frac{1}{4}$이다. 어제 비가 왔다면, 내일 비가 올 확률은?

① $\frac{19}{36}$

② $\frac{27}{36}$

③ $\frac{1}{4}$

④ $\frac{7}{36}$

⑤ $\frac{1}{2}$

 해설

오늘＼내일	비가 옴	비가 안 옴
비가 옴	$\frac{2}{3}$	$\frac{1}{3}$
비가 안 옴	$\frac{1}{4}$	$\frac{3}{4}$

어제 비가 왔고, 내일 비가 오는 경우는 오늘 비가 오는 경우와, 비가 오지 않는 경우 두 가지가 있다.

어제	오늘	내일
비가 옴	비가 옴	비가 옴
	비가 안 옴	

㉠ 오늘 비가 오는 경우 : $\frac{2}{3}\times\frac{2}{3}=\frac{4}{9}$

㉡ 오늘 비가 안 오는 경우 : $\frac{1}{3}\times\frac{1}{4}=\frac{1}{12}$

두 가지 경우를 더하면, $\frac{4}{9}+\frac{1}{12}=\frac{19}{36}$ 이다.

18 정글에서 한 번도 본 적이 없는 이상한 동물을 목격했다는 사람들의 전언에 의하면 그 동물은 머리의 길이가 70cm이고, 꼬리의 길이는 머리의 길이와 몸통의 길이를 합한 것의 절반이고, 몸통의 길이는 전체 몸길이의 절반과 같다고 하였다. 이 동물의 전체 몸길이는 얼마인가?

① 360cm　　　　　　　　　　　② 420cm

③ 480cm　　　　　　　　　　　④ 540cm

⑤ 600cm

✔ 해설　머리는 70cm, 몸통의 길이를 x라 하면 전체 몸길이는 $2x$, 꼬리의 길이는 $\dfrac{70+x}{2}$

전체 몸길이는 머리, 몸통, 꼬리를 더한 것이므로

$2x = 70 + x + \dfrac{70+x}{2}$

$x = 210$

전체 몸길이를 구해야 하므로 $2x = 210 \times 2 = 420\text{cm}$

19 $a = \sqrt{xy}$ 와 $b = \dfrac{2xy}{x+y}$ 의 크기를 비교하면? (단, x, y는 양수)

① $a > b$　　　　　　　　　　　② $a < b$

③ $a \geq b$　　　　　　　　　　　④ $a \leq b$

⑤ 비교할 수 없다.

✔ 해설　$a - b = \sqrt{xy} - \dfrac{2xy}{x+y}$

$= \dfrac{\sqrt{xy}\,(x+y) - 2xy}{x+y}$

$= \dfrac{\sqrt{xy}\,(x - 2\sqrt{xy} + y)}{x+y}$

$= \dfrac{\sqrt{xy}\,(\sqrt{x} - \sqrt{y})^2}{x+y}$

x, y가 양수이므로 $a > b$인데 x, y 같을 때 등호가 성립하므로

∴ $a \geq b$

20 $a = \sqrt{x} + \sqrt{y}$ 와 $b = \sqrt{2(x+y)}$ 의 크기를 비교하면? (단, x, y는 양수)

① $a > b$ ② $a < b$

③ $a \geq b$ ④ $a \leq b$

⑤ 비교할 수 없다.

> ✔ 해설 $a - b = \sqrt{x} + \sqrt{y} - \sqrt{2(x+y)}$
>
> $a^2 - b^2 = (\sqrt{x} + \sqrt{y})^2 - (\sqrt{2(x+y)})^2 = x + 2\sqrt{xy} + y - 2x - 2y$
>
> $\qquad\quad = -x + 2\sqrt{xy} - y = -(x - 2\sqrt{xy} + y)$
>
> $\qquad\quad = -(\sqrt{x} - \sqrt{y})^2$
>
> $-(\sqrt{x} - \sqrt{y})^2 \leq 0$, ∴ $a^2 \leq b^2$
>
> x, y가 양수이므로 $a \leq b$가 되며 x, y가 같을 때 등호가 성립한다.

21 다음 식이 성립하는 □의 공통 숫자의 개수는?

56□ > 5□6   4□7 < □58

① 1개   ② 2개

③ 6개   ④ 8개

⑤ 9개

> ✔ 해설   ㉠ 56□ > 5□6의 경우 : 1 ~ 9까지 차례대로 대입한다.
>
> • 1일 경우 : 561 > 516
> • 2일 경우 : 562 > 526
> • 3일 경우 : 563 > 536
> • 4일 경우 : 564 > 546
> • 5일 경우 : 565 > 556
> • 6일 경우 : 566 > 566(두 수가 같으므로 주어진 등식이 성립하지 않음)
>
> ∴ 숫자 1 ~ 5까지 성립한다.
>
> ㉡ 4□7 < □58의 경우 : 1 ~ 9까지 차례대로 대입한다.
>
> • 1일 경우 : 417 < 158(등식이 성립하지 않음)
>   ⋮
> • 4일 경우 : 447 < 458(등식의 성립)
>
> ∴ 숫자 4부터 등식이 성립한다.
> ∴ 공통의 숫자는 4, 5가 된다.

22 숫자 1, 2, 3, 4, 5, 6을 동그라미에 채우되 삼각형 한 변 위에 있는 세수의 합이 9가 될 때, A+B의 값은?

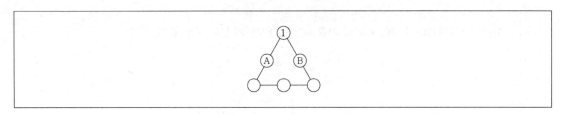

① 9   ② 11

③ 14   ④ 16

⑤ 17

A에 2를 넣어 보면 한 변의 합이 9가 되어야 하므로 C는 6이 된다. B에 3을 넣어 보면 E는 5가 되어야 하는데 C+D+E의 값이 9를 넘게 되므로 조건에 어긋나게 된다. 계속 수를 대입하다가 A에 5를 넣어 보면 C는 3이 되고 B에 6을 넣으면 E는 2, D는 4가 되어 조건에 맞게 된다. 그러므로 A+B의 값은 5+6=11이 된다.

23 다음의 조건에 알맞은 A의 값을 고르시오.

조건 : 1~9까지의 숫자를 채우되 가로, 세로, 대각선의 합이 모두 같다.

2		6
A		
		8

① 3   ② 5

③ 7   ④ 8

⑤ 9

✔️**해설** 1에서 9까지 더하면 45가 된다. 1에서 9까지 더한 수는 가로나 세로의 3개의 줄을 합한 것과 같으므로 45÷3=15, 즉 가로나 세로의 한 줄의 합은 15가 되어야 한다. 3×3 형태의 표에서 가로, 세로, 대각선의 합이 같기 위해서는 우선 가운데 위치할 수를 정해야 하는데, 만약 1이라 하면 1+5+9, 1+6+8의 2가지 경우 밖에 나오지 않는다. 가로, 세로, 2개의 대각선의 합이 15이어야 하므로 4가지 경우가 나올 수 있는 수를 찾는데 만약 5가 된다면 1+5+9, 2+5+8, 3+5+7, 4+5+6의 4가지 경우가 나오므로 5는 만족한다. 그러므로 가운데에 5를 위치시키고 위의 4가지 경우를 가로, 세로의 합이 15가 되도록 배열하면 A는 9가 들어간다.

※ 다른 풀이 … 점선의 칸을 더 만들어 대각선 방향으로 차례로 1, 2, 3 / 4, 5, 6 / 7, 8, 9를 적은 후 점선의 칸 숫자를 가운데 숫자 넘어 반대편으로 옮기면 가로, 세로, 대각선의 숫자의 합이 15로 일정하게 된다.

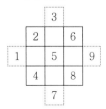   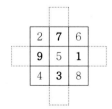

24 7개의 숫자 1, 2, 3, 4, 5, 6, 7 중에서 다른 3개를 골라 3자리의 정수를 만들 때 만들어지는 정수의 개수는?

① 190개

② 200개

③ 210개

④ 220개

⑤ 230개

> ✔해설 7개의 숫자에서 3개의 숫자를 택하여 이것을 순서 있게 늘어놓는 것이다.
>
> $$\therefore {}_7P_3 = 7 \times 6 \times 5 = 210(개)$$

25 일정한 속력으로 달리는 버스가 Am의 터널을 통과하는데 5초 걸리고, Bm의 철교를 지나는데 9초가 걸린다. 이때 버스의 길이는?

① $\dfrac{A+B}{13}$

② $\dfrac{5(A+B)}{4}$

③ $\dfrac{5B-9A}{4}$

④ $\dfrac{9B-5A}{4}$

⑤ $\dfrac{8B-3A}{4}$

> ✔해설 버스의 길이를 xm라 할 때, 버스가 터널을 통과할 때 가는 거리는 $(x+A)$m이고, 철교를 지날 때 가는 거리는 $(x+B)$이다.
>
> ㉠ 터널을 지날 때의 속력 : $\dfrac{x+A}{5}$ (m/s)
>
> ㉡ 철교를 지날 때의 속력 : $\dfrac{x+B}{9}$ (m/s)
>
> 버스의 속력이 일정하므로 $\dfrac{x+A}{5}$ (m/s) $= \dfrac{x+B}{9}$ (m/s)
>
> $$\therefore x = \dfrac{5B-9A}{4}$$

26 다음 그림에서 A에서 B에 도달할 수 있는 최단경로는 몇 가지인가? (단, ×는 통행금지)

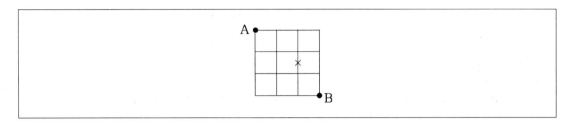

① 10가지　　　　　　　　　　② 14가지

③ 16가지　　　　　　　　　　④ 20가지

⑤ 22가지

✔해설　전체 방법의 수에서 통행금지 ×를 지나는 방법의 수를 빼면 된다.

　㉠ 전체 방법의 수 : $\dfrac{6!}{3! \times 3!} = 20$

　㉡ A → C : $\dfrac{3!}{2! \times 1!} = 3$

　㉢ D → B : $\dfrac{2!}{1! \times 1!} = 2$

　∴ $\dfrac{6!}{3! \times 3!} - \left(\dfrac{3!}{2! \times 1!} \times \dfrac{2!}{1! \times 1!} \right) = (㉠) - (㉡ \times ㉢) = 20 - (3 \times 2) = 14(가지)$

27 철수는 2010년 1월 말부터 매달 말에 20만 원씩 적금을 넣기로 하였다. 월이율 2%의 복리로 계산할 때, 2011년 12월 말에 철수가 모은 금액은?　(단, $1.02^{12} = 1.3$으로 계산한다)

① 900만 원　　　　　　　　　② 850만 원

③ 790만 원　　　　　　　　　④ 720만 원

⑤ 690만 원

✔해설　월 납입액을 a, 월이율을 r, 납입 월수를 n이라고 할 때
　　　　원리합계를 계산하면

$$S_n = \frac{a(r^n - 1)}{r - 1} = \frac{20(1.02^{24} - 1)}{1.02 - 1} = \frac{20(1.3^2 - 1)}{0.02}$$

$$= \frac{20 \times 0.69}{0.02} = 690$$

28 달리던 자동차가 브레이크를 밟으면 속도가 일정하게 줄어든다. 미경이는 앞에 사고가 난 것을 목격하고 브레이크를 밟아 10초 만에 100m를 미끄러진 후 멈추었다. 브레이크를 밟기 직전에 미경이가 탄 자동차의 속력은 몇 km/h인가?

① 78km/h

② 76km/h

③ 74km/h

④ 72km/h

⑤ 70km/h

✔해설 일정한 속력으로 움직이는 물체의 이동 거리는 (속력×시간)이다. 속도가 일정하게 줄어들기 시작하여 멈춘 물체의 총 이동거리는 ($\frac{1}{2}$×속력×시간)이므로 미경이가 탄 자동차의 속력을 x라고 하면 식은 $\frac{1}{2} \times x \times 10s = 100m$, 즉 $x = 20m/s$이다.

이를 km/h으로 변환하면 $x = \dfrac{\dfrac{20}{1,000}}{\dfrac{1}{3,600}} = 72km/h$이다.

29 A, B, C 세 사람이 한 시간 동안 일을 하는데, A와 B가 함께 일을 하면 X개의 제품을 생산하고, A와 C가 함께 일을 하면 Y개의 제품을 생산하며, B와 C가 함께 일을 하면 Z개의 제품을 생산한다고 한다. A, B, C가 같이 일을 한다면 한 시간 동안 생산하는 제품의 수는?

① $X + Y + Z$

② $\dfrac{(X + Y + Z)}{2}$

③ $\dfrac{(X + Y + Z)}{3}$

④ $\dfrac{(2X + 2Y + 2Z)}{3}$

⑤ $\dfrac{(X + 2Y + Z)}{3}$

✔해설 주어진 조건에 따라 작업량을 구해보면

$A + B = X, \ A + C = Y, \ B + C = Z$

$X + Y + Z = A + B + A + C + B + C$

$X + Y + Z = 2(A + B + C)$

$\therefore \ A + B + C = \dfrac{X + Y + Z}{2}$

30 KTX열차는 A지점에서 B지점까지 시속 200km, B지점에서 C지점까지 시속 100km로 달린다. A지점에서 C지점까지의 거리는 400km이다. 오전 9시에 A지점을 출발한 KTX열차가 2시간 30분 후에 C지점에 도착하였다면, B지점을 지날 때의 시각은?

① 오전 9시 40분　　　　　　　　　② 오전 10시

③ 오전 10시 20분　　　　　　　　　④ 오전 10시 30분

⑤ 오전 10시 40분

✔해설 거리＝시간×속력

A에서 B까지의 시간 : x

B에서 C까지 걸린 시간 : $\dfrac{5}{2} - x$ (2시간 30분을 시로 환산하면 $\dfrac{5}{2}$)

$400 = 200 \times x + 100 \times \left(\dfrac{5}{2} - x \right)$

$400 = 200x + 250 - 100x$

$100x = 150$

$x = \dfrac{3}{2} = 1.5$

A에서 B까지의 걸린 시간은 1시간 30분이며, 오전 9시에 A를 출발해 B지점을 지날 때 시각은 오전 10시 30분이다.

▮31~32▮ 다음은 연도별 대기오염물질 배출량 현황 자료이다. 이어지는 물음에 답하시오.

〈연도별 대기오염물질 배출량 현황〉

(단위 : 톤)

구분	황산화물	일산화탄소	질소산화물	미세먼지	유기화합물질
2016	401,741	766,269	1,061,210	116,808	866,358
2017	433,959	718,345	1,040,214	131,176	873,108
2018	417,645	703,586	1,075,207	119,980	911,322
2019	404,660	696,682	1,090,614	111,563	913,573
2020	343,161	594,454	1,135,743	97,918	905,803

31 다음 중 각 대기오염물질의 연도별 증감 추이가 같은 것끼리 짝지어진 것은?

① 일산화탄소, 유기화합물질　　　② 황산화물, 질소산화물

③ 미세먼지, 유기화합물질　　　④ 황산화물, 미세먼지

⑤ 일산화탄소, 질소산화물

> **해설** 각 대기오염물질의 연도별 증감 추이는 다음과 같다.
> • 황산화물 : 증가→감소→감소→감소
> • 일산화탄소 : 감소→감소→감소→감소
> • 질소산화물 : 감소→증가→증가→증가
> • 미세먼지 : 증가→감소→감소→감소
> • 유기화합물질 : 증가→증가→증가→감소
> 따라서 연도별 증감 추이가 같은 대기오염물질은 황산화물과 미세먼지이다.

32 다음 중 2016년 대비 2020년의 총 대기오염물질 배출량의 증감률로 올바른 것은?

① 약 4.2%　　　② 약 3.9%

③ 약 2.8%　　　④ 약 -3.9%

⑤ 약 -4.2%

> **해설** A에서 B로 변동된 수치의 증감률은 (B-A) ÷ A × 100의 산식에 의해 구할 수 있다. 따라서 2016년과 2020년의 총 대기오염물질 배출량을 계산해 보면 2016년이 3,212,386톤, 2020년이 3,077,079톤이므로 계산식에 의해 (3,077,079-3,212,386) ÷ 3,212,386 × 100＝약 -4.2%가 됨을 알 수 있다.

Answer 30.④ 31.④ 32.⑤

33 P회사 홍보부에서 근무하고 있는 Y씨는 선배들의 커피 심부름을 부탁받아 카페에 갔다 오려고 한다. Y씨는 자주 가는 카페에서 자신의 회원카드를 제시하려고 하며, 현재의 적립금은 2,050원으로 적립금을 최대한 사용할 예정이다. 다음 조건에 따라 계산할 경우 최종적으로 지불해야 하는 금액은 얼마인가?

〈선배들의 취향〉

• 김부장님 : 아메리카노 L
• 유과장님 : 휘핑크림 추가한 녹차라떼 R
• 신대리님 : 카페라떼 R
• 정대리님 : 카라멜 마끼야또 L
• Y씨 : 핫초코

〈메뉴〉

	R 사이즈(원)	L 사이즈(원)
아메리카노	2,500	2,800
카페라떼	3,500	3,800
카라멜 마끼야또	3,800	4,200
녹차라떼	3,000	3,500
핫초코	3,500	3,800

※ 휘핑크림 추가 : 800원

※ 오늘의 차 : 핫초코 균일가 3,000원

※ 카페 2주년 기념행사 : 총 금액 20,000원 초과 시 5% 할인

〈회원특전〉

• 10,000원 이상 결제 시 회원카드를 제시하면 총 결제 금액에서 1,000원 할인
• 적립금이 2,000점 이상인 경우, 현금처럼 사용가능(1점당 1원, 100원 단위로만 사용가능하며, 타 할인 혜택 적용 후 최종금액의 10%까지만 사용가능)
• 할인혜택은 중복적용 가능

① 14,300원
② 14,700원
③ 15,300원
④ 15,700원
⑤ 16,300원

✔해설 ㉠ 할인 전 금액 : 2,800원(김부장님)+3,800원(유과장님)+3,500원(신대리님)+4,200원(정대리님)+ 3,000원(Y씨)=17,300원

㉡ 할인된 금액 : 금액이 10,000원 이상이므로 회원카드 제시하고 1,000원 할인하면 16,300원이다. 적립금이 2,000점 이상인 경우 현금처럼 사용가능하다고 했으나, 타 할인 적용 후 최종금액의 10%까지만 사용가능하다고 했으므로 16,300원의 10%는 1,630원이다. 100원 단위로만 사용가능하므로 16,300원에서 1,600원을 할인 받으면 14,700원을 지불해야 한다.

34 다음은 쥐 A ~ E의 에탄올 주입량별 렘(REM) 수면시간을 측정한 결과이다. 이에 대한 설명으로 옳은 것만을 모두 고른 것은?

에탄올 주입량별 쥐의 렘 수면시간

(단위 : 분)

에탄올 주입량(g) 〵 쥐	A	B	C	D	E
0.0	88	73	91	68	75
1.0	64	54	70	50	72
2.0	45	60	40	56	39
4.0	31	40	46	24	24

ㄱ 에탄올 주입량이 0.0g일 때 쥐 A ~ E 렘 수면시간 평균은 에탄올 주입량이 40g일 때 쥐 A ~ E 렘 수면시간 평균의 2배 이상이다.
ㄴ 에탄올 주입량이 2.0g일 때 쥐 B와 쥐 E의 렘 수면시간 차이는 20분 이하이다.
ㄷ 에탄올 주입량이 0.0g일 때와 에탄올 주입량이 1.0g일 때의 렘 수면시간 차이가 가장 큰 쥐는 A 이다.
ㄹ 쥐 A ~ E는 각각 에탄올 주입량이 많을수록 렘 수면시간이 감소한다.

① ㄱㄴ
② ㄱㄷ
③ ㄴㄷ
④ ㄴㄹ
⑤ ㄷㄹ

 해설 ㄱ 에탄올 주입량이 0.0g일 때와 4.0g일 때의 평균을 직접 구하면 비교할 수 있으나 그보다는 4.0g일 때 각 쥐의 렘 수면시간의 2배와 0.0g일 때 각 쥐의 렘 수면시간을 서로 비교하는 것이 좋다. 이 값 들을 비교해보면, 전체적으로 0.0g일 때의 렘 수면시간이 4.0g일 때의 렘 수면시간의 2배 보다 훨 씬 더 크게 나타나고 있으므로 평균 역시 0.0g일 때가 4.0g일 때의 2배 보다 클 것이다.
ㄴ 에탄올 주입량이 2.0g일 때 쥐 B의 렘 수면시간은 60분, 쥐 E의 렘 수면시간은 39분이므로 둘의 차 이는 21분이다.
ㄷ 쥐 A의 경우 에탄올 주입량이 0.0g일 때와 1.0g일 때의 렘 수면시간 차이는 24분으로 가장 크다.
ㄹ 쥐 C의 경우 에탄올 주입량이 4.0g일 때 렘 수면시간은 46분으로 이는 2.0g일 때 렘 수면시간은 40 분보다 더 길다.

35 다음은 로봇 시장현황과 R&D 예산의 분야별 구성비에 대한 자료이다. 이에 대한 설명 중 옳은 것만을 모두 고른 것은?

용도별 로봇 시장현황(2021년)

구분 / 용도	시장규모 (백만 달러)	수량(천개)	평균단가 (천 달러/개)
제조용	9,719	178	54.6
전문 서비스용	3,340	21	159.0
개인 서비스용	1,941	4,000	0.5
전체	15,000	4,199	3.6

분야별 로봇 시장규모

(단위 : 백만 달러)

용도	분야	2019년	2020년	2021년
제조용	제조	8,926	9,453	9,719
전문	건설	879	847	883
	물류	166	196	216
	의료	1,356	1,499	1,449
	국방	748	818	792
개인 서비스용	가사	454	697	799
	여가	166	524	911
	교육	436	279	231

※ 로봇의 용도 및 분야는 중복되지 않음

로봇 R&D 예산의 분야별 구성비(2021년)

(단위 : %)

분야	제조	건설	물류	의료	국방	가사	여가	교육	합계
구성비	21	13	3	22	12	12	14	3	100

㉠ 2021년 전체 로봇 시장규모 대비 제조용 로봇 시장 규모의 비중은 70% 이상이다.
㉡ 2021년 전문 서비스용 로봇 평균단가는 제조용 로봇 평균단가의 3배 이하이다.
㉢ 2021년 전체 로봇 R&D 예산 대비 전문 서비스용 로봇 R&D 예산의 비중은 50%이다.
㉣ 개인 서비스용 로봇 시장규모는 각 분야에서 매년 증가하였다.

① ㄱㄴ   ② ㄱㄹ

③ ㄴㄷ   ④ ㄴㄹ

⑤ ㄱㄴㄷ

✔ 해설   ㉠ 2021년 전체 로봇 시장규모는 15,000백만 달러이며, 이 중 70%는 10,500백만 달러이다. 2021년 제조용 로봇 시장규모는 9,719백만 달러에 불과하여 전체 규모 대비 70%에 미치지 못하고 있다.

㉡ 2021년 제조용 로봇 평균단가(54.6천 달러/개)의 3배는 160천 달러가 넘는 반면, 2021년 전문 서비스용 로봇 평균단가는 159.0천 달러/개로 이에 미치지 못하고 있다.

㉢ 전문 서비스용 로봇은 건설, 물류, 의료, 국방 분야에 사용되고 있음을 알 수 있다. 이들 분야에서의 전체 로봇 R&D 예산 대비 비중의 합을 구하면 50%이므로 옳은 설명이다.

㉣ 분야별 로봇 시장규모를 보면 개인 서비스용 로봇 중 교육 분야의 경우에는 매년 시장규모가 감소하고 있다.

36 다음은 ○○발전회사의 연도별 발전량 및 신재생에너지 공급현황에 대한 자료이다. 이에 대한 설명으로 옳은 것만을 바르게 짝지은 것은?

○○발전회사의 연도별 발전량 및 신재생에너지 공급 현황

구분 / 연도		2018	2019	2020
발전량(GWh)		55,000	51,000	52,000
신재생에너지	공급의무율(%)	1.4	2.0	3.0
	자체공급량(GWh)	75	380	690
	인증서구입량(GWh)	15	70	160

※ 공급의무율 $= \dfrac{\text{공급의무량}}{\text{발전량}} \times 100$

※ 이행량(GWh) = 자체공급량 + 인증서구입량

㉠ 공급의무량은 매년 증가한다.

㉡ 2018년 대비 2020년 자체공급량의 증가율은 2018년 대비 2020년 인증서구입량의 증가율보다 작다.

㉢ 공급의무량과 이행량의 차이는 매년 증가한다.

㉣ 이행량에서 자체공급량이 차지하는 비중은 매년 감소한다.

① ㉠㉡

② ㉠㉢

③ ㉢㉣

④ ㉠㉡㉣

⑤ ㉠㉡㉢㉣

✔해설 ㉠ 2019년부터 2020년에는 발전량과 공급의무율 모두 증가하였으므로 공급의무량 역시 증가하였을 것이다. 2018년과 2019년만 비교해보면 2018년의 공급의무량은 770이고 2019년의 공급의무량은 1,020이므로 2019년의 공급의무량이 더 많다.

㉡ 인증서구입량은 2018년 15GWh에서 2020년에 160GWh로 10배 넘었지만, 같은 기간 자체공급량은 75GWh에서 690GWh로 10배를 넘지 못하였다. 따라서, 자체공급량의 증가율이 인증서구입량의 증가율보다 작다.

㉢ 각 연도별로 공급의무량과 이행량 및 이 둘의 차이를 계산하면
* 공급의무량 = 공급의무율 × 발전량
  - 2018년 = 55,000 × 0.014 = 770
  - 2019년 = 51,000 × 0.02 = 1,020
  - 2020년 = 52,000 × 0.03 = 1,560
* 이행량 = 자체공급량 + 인증서구입량
  - 2018년 = 75 + 15 = 90
  - 2019년 = 380 + 70 = 450
  - 2020년 = 690 + 160 = 850

• 공급의무량과 이행량의 차이

−2018년＝ 770 − 90 ＝ 680

−2019년＝ 1,020 − 450 ＝ 570

−2020년＝ 1,560 − 850 ＝ 710

2019년의 경우 전년에 비하여 공급의무량과 이행량의 차이가 감소한다.

ⓔ 이행량은 자체공급량과 인증서구입량의 합으로 구하므로 이행량에서 자체공급량이 차지하는 비중 대신에 인증서구입량 대비 자체공급량의 배율로 바꾸어 생각해보면

$2018년 = \dfrac{75}{15} = 5$, $2019년 = \dfrac{380}{70} = 5.4$, $2020년 = \dfrac{690}{160} = 4.3$

2019년에는 값이 5를 초과하지만 2020년에는 5 미만이 된다. 그러므로 2019년에서 2020년으로 갈 때 이행량에서 자체공급량이 차지하는 비중은 2019년에는 증가, 2020년에는 감소하였다.

Answer 36.①

37 다음은 2012 ~ 2021년 5개 자연재해 유형별 피해금액에 관한 자료이다. 이에 대한 설명으로 옳은 것만을 모두 고른 것은?

5개 자연재해 유형별 피해금액

(단위 : 억 원)

연도 유형	2012	2013	2014	2015	2016	2017	2018	2019	2020	2021
태풍	3,416	1,385	118	1,609	9	0	1,725	2,183	8,765	17
호우	2,150	3,520	19,063	435	581	2,549	1,808	5,276	384	1,581
대설	6,739	5,500	52	74	36	128	663	480	204	113
강풍	0	93	140	69	11	70	2	0	267	9
풍랑	0	0	57	331	0	241	70	3	0	0
전체	12,305	10,498	19,430	2,518	637	2,988	4,268	7,942	9,620	1,720

㉠ 2012 ~ 2021년 강풍 피해금액 합계는 풍랑 피해금액 합계보다 적다.

㉡ 2020년 태풍 피해금액은 2020년 5개 자연재해 유형 전체 피해금액의 90% 이상이다.

㉢ 피해금액이 매년 10억 원보다 큰 자연재해 유형은 호우 뿐이다.

㉣ 피해금액이 큰 자연재해 유형부터 순서대로 나열하면 2018년과 2019년의 순서는 동일하다.

---

① ㉠㉡

② ㉠㉢

③ ㉢㉣

④ ㉠㉡㉣

⑤ ㉠㉡㉢㉣

✔해설 ㉠ 주어진 기간 동안 강풍 피해금액과 풍랑 피해금액의 합계를 각각 계산하여 비교하기 보다는 소거법을 이용하여 비교하는 것이 좋다. 비슷한 크기의 값들을 서로 비교하여 소거한 뒤 남은 값들의 크기를 비교해주는 것으로 2017년 강풍과 2018년 풍랑 피해금액이 70억 원으로 동일하고 2013, 2014, 2016년 강풍 피해금액의 합 244억 원과 2017년 풍랑 피해금액 241억 원이 비슷하다. 또한 2015, 2020년 강풍 피해금액의 합 336억 원과 2015년 풍랑 피해금액 331억 원이 비슷하다. 이 값들을 소거한 뒤 남은 값들을 비교해보면 강풍 피해금액의 합계가 풍랑 피해금액의 합계보다 더 작다는 것을 알 수 있다.

㉡ 2020년 태풍 피해금액이 2020년 5개 자연재해 유형 전체 피해금액의 90% 이상이라는 것은 즉, 태풍을 제외한 나머지 4개 유형 피해금액의 합이 전체 피해금액의 10% 미만이라는 것을 의미한다. 2020년 태풍을 제외한 나머지 4개 유형 피해금액의 합을 계산하면 전체 피해금액의 10% 밖에 미치지 못함을 알 수 있다.

㉢ 피해금액이 매년 10억 원보다 큰 자연재해 유형은 호우, 대설이 있다.

㉣ 피해금액이 큰 자연재해 유형부터 순서대로 나열하면 2018년 호우, 태풍, 대설, 풍랑, 강풍이며 이 순서는 2019년의 순서와 동일하다.

38 다음은 '갑'국의 복지종합지원센터, 노인복지관, 자원봉사자, 등록노인 현황에 대한 자료이다. 이에 대한 설명 중 옳은 것들로만 바르게 짝지어진 것은?

(단위 : 개소, 명)

지역 \ 구분	복지종합지원센터	노인복지관	자원봉사자	등록노인
A	20	1,336	8,252	397,656
B	2	126	878	45,113
C	1	121	970	51,476
D	2	208	1,388	69,395
E	1	164	1,188	59,050
F	1	122	1,032	56,334
G	2	227	1,501	73,825
H	3	362	2,185	106,745
I	1	60	529	27,256
전국	69	4,377	30,171	1,486,980

ⓐ 전국의 노인복지관, 자원봉사자 중 A 지역의 노인복지관, 자원봉사자의 비중은 각각 25% 이상이다.
ⓑ A ~ I 지역 중 복지종합지원센터 1개소당 노인복지관 수가 100개소 이하인 지역은 A, B, D, I이다.
ⓒ A ~ I 지역 중 복지종합지원센터 1개소당 자원봉사자 수가 가장 많은 지역과 복지종합지원센터 1개소당 등록노인 수가 가장 많은 지역은 동일하다.
ⓓ 노인복지관 1개소당 자원봉사자 수는 H 지역이 C 지역보다 많다.

---

① ⓐⓑ
② ⓐⓒ
③ ⓐⓓ
④ ⓑⓒ
⑤ ⓐⓑⓒ

✔해설 ⓐ A 지역의 노인복지관, 자원봉사자 수를 각각 4배할 경우 전국의 노인복지관, 자원봉사자 수를 초과한다. 그러므로 A 지역의 노인복지관, 자원봉사자 수는 각각 전국의 25% 이상이다.

ⓑ D 지역의 경우 복지종합지원센터 1개소당 노인복지관 수는 104개로 100개소를 초과한다.

ⓒ 복지종합지원센터 1개소당 자원봉사자 수 또는 등록노인 수가 가장 많으려면 분모에 해당하는 복지종합지원센터의 수는 작고, 자원봉사자 수 또는 등록노인의 수가 많아야 한다. E 지역의 경우 복지종합지원센터의 수가 1개소인 지역(C, E, F, I) 중 자원봉사자 수와 등록노인 수 각각에서 가장 많은 수를 차지하고 있으며, 그 외 지역과 비교해보아도 상대적으로 많은 자원봉사자 수와 등록노인 수를 보유하고 있어 복지종합지원센터 1개소당 자원봉사자 및 등록노인 수 각각에서 가장 많은 지역에 해당한다.

ⓓ H 지역과 C 지역의 노인복지관 1개소당 자원봉사자 수를 비교하면 C 지역은 $\frac{970}{121}$ ≒ 8명, H 지역은 $\frac{2,185}{362}$ ≒ 6명이므로 H 지역이 더 적다.

39 A ~ D에 해당하는 국가를 순서대로 바르게 나열한 것은?

'갑'국의 8개국 대상 해외직구 반입동향

(단위 : 건, 천 달러)

연도 \ 국가 (반입방법)	목록통관		EDI 수입		전체	
	건수	금액	건수	금액	건수	금액
2020 미국	3,254,813	305,070	5,149,901	474,807	8,404,714	779,877
중국	119,930	6,162	1,179,373	102,315	1,299,303	108,477
독일	71,687	3,104	418,403	37,780	490,090	40,884
영국	82,584	4,893	123,001	24,806	205,585	29,699
프랑스	172,448	6,385	118,721	20,646	291,169	27,031
일본	53,055	2,755	138,034	21,028	191,089	23,783
뉴질랜드	161	4	90,330	4,082	90,491	4,086
호주	215	14	28,176	2,521	28,391	2,535
2021 미국	5,659,107	526,546	5,753,634	595,206	11,412,741	1,121,752
A	170,683	7,798	1,526,315	156,352	1,696,998	164,150
독일	170,475	7,662	668,993	72,509	839,468	80,171
프랑스	231,857	8,483	336,371	47,456	568,228	55,939
B	149,473	7,874	215,602	35,326	365,075	43,200
C	87,396	5,429	131,993	36,963	219,389	42,392
뉴질랜드	504	16	108,282	5,283	108,786	5,299
D	2,089	92	46,330	3,772	48,419	3,864

- 2021년 중국 대상 해외직구 반입 전체 금액은 같은 해 독일 대상 해외직구 반입 전체 금액의 2배 이상이다.
- 2021년 영국과 호주 대상 EDI 수입 건수 합은 같은 해 뉴질랜드 대상 EDI 수입 건수의 2배보다 작다.
- 2021년 호주 대상 해외직구 반입 전체 금액은 2020년 호주 대상 해외직구 반입 전체 금액의 10배 미만이다.
- 2021년 일본 대상 목록통관 금액은 2020년 일본 대상 목록통관 금액의 2배 이상이다.

	A	B	C	D
①	중국	일본	영국	호주
②	중국	일본	호주	영국
③	중국	영국	일본	호주
④	일본	영국	중국	호주
⑤	일본	중국	호주	영국

✔ 해설
⊙ 2021년 해외직구 반입 전체 금액이 독일(80,171천 달러)의 2배 이상인 국가는 미국와 A 밖에 없으므로 A는 중국에 해당한다.

ⓒ 영국과 호주 대상 EDI 수입 건수 합은 131,993 + 46,330 = 178,323건으로 뉴질랜드 대상 EDI 수입 건수인 108,282건의 2배 보다 작다.

ⓒ 2021년 해외직구 반입 전체 금액이 2020년 호주 대상 해외직구 반입 전체 금액(2,535천 달러)의 10배 미만인 국가는 뉴질랜드와 D 밖에 없으므로 D는 호주에 해당한다.

ⓔ 2021년 목록통관 금액이 2020년 일본 대상 목록통관 금액(2,755천 달러)의 2배 이상인 국가는 미국, A, 독일, 프랑스, B인데 A는 중국이므로 B는 일본에 해당한다. 그럼 C는 영국에 해당된다.

40 다음은 2018 ～ 2020년 설날연휴 교통사고에 관한 자료이다. 이에 대한 〈뉴스기사〉의 설명으로 옳은 것만을 모두 고른 것은?

설날연휴 및 평소 주말교통사고 현황

(단위 : 건, 명)

구분	설날연휴 하루 평균			평소 주말 하루 평균		
	사고	부상자	사망자	사고	부상자	사망자
전체 교통사고	487.4	885.1	11.0	581.7	957.3	12.9
졸음운전사고	7.8	21.1	0.6	8.2	17.1	0.3
어린이사고	45.4	59.4	0.4	39.4	51.3	0.3

※ 2018 ～ 2020년 동안 평균 설날연휴기간은 4.7일이었으며, 설날연휴에 포함된 주말의 경우 평소 주말 통계에 포함시키지 않음

설날 전후 일자별 하루 평균 전체교통사고 현황

(단위 : 건, 명)

구분	설날연휴전날	설날전날	설날당일	설날다음날
사고	822.0	505.3	448.0	450.0
부상자	1,178.0	865.0	1,013.3	822.0
사망자	17.3	15.3	10.0	8.3

〈뉴스기사〉

　2018 ～ 2020년 설날 전후 발생한 교통사고를 분석한 결과, 설날연휴전날에 교통사고가 많이 발생한 것으로 나타났다. ㉠ 설날연휴전날에는 평소 주말보다 하루 평균 사고건수는 240.3건, 부상자 수는 220.7명 많았고, 사망자 수는 30% 이상 많은 것으로 나타났다. ㉡ 교통사고 건당 부상자 수와 교통사고 건당 사망자 수는 각각 설날당일이 설날전날보다 많았다.

　㉢ 졸음운전사고를 살펴보면, 설날연휴 하루 평균 사고건수는 평소 주말보다 적었으나 설날연휴 하루 평균 부상자 수와 사망자 수는 평소 주말보다 각각 많았다. 특히 ㉣ 졸음운전사고의 경우 평소 주말 대비 설날연휴 하루 평균 사망자의 증가율은 하루 평균 부상자의 증가율의 10배 이상이었다. 시간대별로는 졸음운전사고가 14시 ～ 16시에 가장 많이 발생했다.

　㉤ 어린이사고의 경우 평소 주말보다 설날연휴 하루 평균 사고건수는 6.0건, 부상자 수는 8.1명, 사망자 수는 0.1명 많은 것으로 나타났다.

① ㉠㉡㉣

② ㉠㉢㉣

③ ㉠㉢㉤

④ ㉡㉢㉤

⑤ ㉠㉡㉢㉣

✔해설 ㉠

구분	설날연휴전날	평소 주말	비교
사고건수	822.0	581.7	240.3건 증가
부상자 수	1,178.0	957.3	220.7명 증가
사망자 수	17.3	12.9	4.4명 증가(34% 증가)

㉡

구분	설날전날	설날당일	비교
건당 부상자 수	$\frac{865}{505.3}=1.71$	$\frac{1,013.3}{448}=2.26$	설날당일이 더 많음
건당 사망자 수	$\frac{15.3}{505.3}=0.03$	$\frac{10}{448}=0.02$	설날전날이 더 많음

㉢

구분	설날연휴	평소 주말	비교
사고건수	7.8	8.2	평소 주말이 더 많음
부상자 수	21.1	17.1	설날연휴가 더 많음
사망자 수	0.6	0.3	설날연휴가 더 많음

㉣

구분	설날연휴	평소 주말	비교
부상자 수	21.1	17.1	$\frac{21.1}{17.1}=1.234$이므로 설날 연휴 부상자 증가율 23.4% 증가
사망자 수	0.6	0.3	설날 연휴 하루 평균 사망자 증가율 100% 증가

㉤

구분	설날연휴	평소 주말	비교
사고건수	45.4	39.4	6건 증가
부상자 수	59.4	51.3	8.1명 증가
사망자 수	0.4	0.3	0.1명 증가

Answer 40.③

41 다음 글을 근거로 판단할 때 A팀이 최종적으로 선택하게 될 이동수단의 종류와 그 비용을 바르게 연결한 것은?

　　총 4명으로 구성된 A팀은 해외출장을 계획하고 있다. A팀은 출장지에서의 이동수단 한 가지를 결정하려고 한다. 이 때 A팀은 경제성, 용이성, 안전성의 총 3가지 요소를 고려하여 최종점수가 가장 높은 이동수단을 선택한다.

- 각 고려요소의 평가결과 '상' 등급을 받으면 3점을, '중' 등급을 받으면 2점을, '하' 등급을 받으면 1점을 부여한다. 단, 안전성을 중시하여 안전성 점수를 2배로 계산한다. (예를 들어, 안전성 '하' 등급은 2점)
- 경제성은 각 이동수단별 최소비용이 적은 것부터 상, 중, 하로 계산한다.
- 각 고려요소의 평가점수를 합하여 최종점수를 구한다.

〈평가표〉

이동수단	경제성	용이성	안전성
헨터카	?	상	하
택시	?	중	중
대중교통	?	하	중

〈이동수단별 비용계산식〉

이동수단	비용계산식
렌터카	(렌트비＋유류비)×이용 일수 －렌트비＝$50/1일(4인승 차량) －유류비＝$10/1일(4인승 차량)
택시	거리당 가격($1/1마일)×이동거리(마일)－최대 4명가지 탑승가능
대중교통	대중교통패스 3일권($40/1인)×인원 수

〈해외출장 일정〉

출장일정	이동거리(마일)
10월 1일	100
10월 2일	50
10월 3일	50

① 렌터카 – $180   ② 택시 – $20

③ 택시 – $400   ④ 대중교통 – $160

⑤ 대중교통 – $180

✔ 해설 경제성을 먼저 계산해 보면

- 렌터카 $= (50+10) \times 3 = \$180$
- 택시 $= 1 \times (100+50+50) = \$200$
- 대중교통 $= 40 \times 4 = \$160$

위 결과를 평가표에 반영하면

이동수단	경제성	용이성	안전성	합계
헨터카	중 → 2	상 → 3	하 → 2	7
택시	하 → 1	중 → 2	중 → 4	7
대중교통	상 → 3	하 → 1	중 → 4	8

대중교통으로 비용은 $160이다.

Answer 41.④

42 다음의 내용을 근거로 할 때 유추할 수 있는 옳은 내용만을 바르게 짝지은 것은?

갑과 을은 ○×퀴즈를 풀었다. 문제는 총 8문제(100점 만점)이고, 분야별 문제 수와 문제당 배점은 다음과 같다.

분야	문제 수	문제당 배점
한국사	6	10점
경제	1	20점
예술	1	20점

문제 순서는 무작위로 정해지고, 갑과 을이 각 문제에 대해 ○ 또는 ×를 다음과 같이 선택하였다.

문제	갑	을
1	○	○
2	×	○
3	○	○
4	○	×
5	×	×
6	○	×
7	×	○
8	○	○
총점	80점	70점

㉠ 갑과 을은 모두 경제 문제를 틀린 경우가 있을 수 있다.
㉡ 갑만 경제 문제를 틀렸다면, 예술 문제는 갑과 을 모두 맞혔다.
㉢ 갑이 역사 문제 두 문제를 틀렸다면, 을은 예술 문제와 경제 문제를 모두 맞혔다.

① ㉡
② ㉢
③ ㉠㉡
④ ㉠㉢
⑤ ㉠㉡㉢

✔ 해설 ㉠ 갑과 을 모두 경제 문제를 틀린 경우

- 갑과 을의 답이 갈리는 경우만 생각하면 되므로 2, 4, 6, 7번만 생각하면 된다.
- 2, 4, 6, 7번을 제외한 나머지 항목에 경제 문제가 있는 게 되므로 경제 문제는 20점 이므로 갑은 나머지 문제를 틀리게 되면 80점을 받을 수 없다.
- 을은 2, 4, 6, 7번을 모두 맞췄다면 모두 10점짜리라고 하더라도 최대 점수는 60점이 되므로 갑과 을 모두 경제 문제를 틀린 경우는 있을 수 없다.

㉡ 갑만 경제 문제를 틀렸다면 나머지는 다 맞춰야 한다.

- 2, 4, 6, 7번 중 하나가 경제일 경우 갑은 정답이 되고 을은 3개가 틀리게 된다. 3개를 틀려서 70점을 받으려면 각 배점은 10점짜리이어야 하므로 예술 문제를 맞춘 게 된다.
- 2, 4, 6, 7번 중 하나가 경제가 아닌 경우 을은 4문제를 틀린 게 되므로 70점을 받을 수 없다.
  그러므로 갑이 경제 문제를 틀렸다면 갑과 을은 모두 예술 문제를 맞춘 것이 된다.

㉢ 갑이 역사 문제 두 문제를 틀렸다면

- 2, 4, 6, 7번 문항에서 모두 틀린 경우 을은 2, 4, 6, 7번에서 2문제만 틀리고 나머지는 정답이 되므로 을은 두 문제를 틀리고 30점을 잃었으므로 경제 또는 예술에서 1문제, 역사에서 1문제를 틀린 게 된다.
- 2, 4, 6, 7번 문항에서 1문제만 틀린 경우 을은 역사 1문제를 틀리고, 2, 4, 6, 7번에서 3문제를 틀리게 된다. 그러면 70점이 안되므로 불가능하다.
- 2, 4, 6, 7번 문항에서 틀린 게 없는 경우 을은 역사 2문제를 틀리고, 2, 4, 6, 7번에서도 틀리게 되므로 40점이 된다.

Answer 42.①

43 다음은 S-OIL의 TV 광고모델 후보 5명에 대한 자료이다. 조건을 적용하여 광고모델을 선정할 경우 총 광고효과가 가장 큰 모델은 누구인가?

광고모델별 1년 계약금 및 광고 1회당 광고효과

(단위 : 만 원)

광고모델	1년 계약금	1회당 광고효과	
		수익 증대 효과	브랜드 가치 증대 효과
지현	1,000	100	100
유미	600	60	100
슬기	700	60	110
현아	800	50	140
지은	1,200	110	110

〈조건〉
• 광고효과는 수익 증대 효과와 브랜드 가치 증대 효과로만 구성된다.
– 총 광고효과＝1회당 광고효과×1년 광고 횟수
– 1회당 광고효과＝1회당 수익 증대 효과＋1회당 브랜드 가치 증대 효과
• 1회당 광고비는 20만 원으로 고정되어 있다.
• 1년 광고 횟수＝$\dfrac{1년\ 광고비}{1회당\ 광고비}$
• 1년 광고비는 3,000만 원(고정값)에서 1년 계약금을 뺀 금액이다.

※ 광고는 TV를 통해서만 1년 내에 모두 방송된다.

① 지현   ② 유미
③ 슬기   ④ 현아
⑤ 지은

✔**해설** 총 광고효과＝(1회당 수익 증대 효과＋1회당 브랜드 가치 증대 효과)×(3,000만 원－1년 계약금)/20만 원

① 지현＝$(100+100)\times\dfrac{3,000-1,000}{20}=20,000$만 원

② 유미＝$(60+100)\times\dfrac{3,000-600}{20}=19,200$만 원

③ 슬기＝$(60+110)\times\dfrac{3,000-700}{20}=19,550$만 원

④ 현아＝$(50+140)\times\dfrac{3,000-800}{20}=20,900$만 원

⑤ 지은＝$(110+110)\times\dfrac{3,000-1,200}{20}=19,800$만 원

44 다음은 맛집 정보와 평가 기준을 정리한 표이다. 이 자료를 바탕으로 판단할 때 총점이 가장 높은 음식점은 어디인가?

평가항목 음식점	음식 종류	이동거리	1인분 가격	평점 (★ 5개 만점)	예약 가능 여부
중화반점	중식	150m	7,500원	★★☆	○
로즈가든	양식	170m	8,000원	★★★	○
경복궁	한식	80m	10,000원	★★★★	×
아사이타워	일식	350m	9,000원	★★★★☆	×
전주옥	한식	300m	12,000원	★★★★★	×

※ ☆은 ★의 반개다.

- 평가항목 중 이동거리, 가격, 맛평점에 대하여 각 항목별로 5, 4, 3, 2, 1점을 각각의 음식점에 하나씩 부여한다.
- 이동거리가 짧은 음식점일수록 높은 점수를 준다.
- 가격이 낮은 음식점일수록 높은 점수를 준다.
- 맛평점이 높은 음식점일수록 높은 점수를 준다.
- 평가 항목 중 음식종류에 대하여 일식 5점, 한식 4점, 양식 3점, 중식 2점을 부여한다.
- 예약이 가능한 경우 가점 1점을 부여한다.
- 총점은 음식종류, 이동거리, 가격, 맛 평점의 4가지 평가 항목에서 부여받은 점수와 가점을 합산하여 산출한다.

① 중화반점 ② 로즈가든
③ 경복궁 ④ 아사이타워
⑤ 전주옥

 해설

평가항목 음식점	음식 종류	이동거리	1인분 가격	평점 (★ 5개 만점)	예약 가능 여부	총점
중화반점	2	4	5	1	1	13
로즈가든	3	3	4	2	1	13
경복궁	4	5	2	3	0	14
아사이타워	5	1	3	4	0	13
전주옥	4	2	1	5	0	12

45 다음은 화재손해 발생 시 지급 보험금 산정방법과 피보험물건의 보험금액 및 보험가액에 대한 자료이다. 다음 조건에 따를 때, 지급 보험금이 가장 많은 피보험물건은?

〈표1〉 지급 보험금 산정방법

피보험물건의 유형	조건	지급 보험금
일반물건, 창고물건, 주택	보험금액 ≥ 보험가액의 80%	손해액 전액
	보험금액 < 보험가액의 80%	손해액 $\times \dfrac{\text{보험금액}}{\text{보험가액의 }80\%}$
공장물건, 동산	보험금액 ≥ 보험가액	손해액 전액
	보험금액 < 보험가액	손해액 $\times \dfrac{\text{보험금액}}{\text{보험가액}}$

※ 보험금액은 보험사고가 발생한 때에 보험회사가 피보험자에게 지급해야 하는 금액의 최고한도를 말한다.
※ 보험가액은 보험사고가 발생한 때에 피보험자에게 발생 가능한 손해액의 최고한도를 말한다.

〈표2〉 피보험물건의 보험금액 및 보험가액

피보험물건	피보험물건 유형	보험금액	보험가액	손해액
甲	동산	7천만원	1억원	6천만원
乙	일반물건	8천만원	1억원	8천만원
丙	창고물건	6천만원	7천만원	9천만원
丁	공장물건	9천만원	1억원	6천만원
戊	주택	6천만원	8천만원	8천만원

① 甲   ② 乙
③ 丙   ④ 丁
⑤ 戊

✔해설
① 甲 : 6천만원 $\times \dfrac{\text{7천만원}}{\text{1억원}} = 4,200$만원

② 乙 : 손해액 전액이므로 8,000만원

③ 丙 : 손해액 전액이므로 9,000만원

④ 丁 : 6천만원 $\times \dfrac{\text{9천만원}}{\text{1억원}} = 5,400$만원

⑤ 戊 : 8천만원 $\times \dfrac{\text{6천만원}}{\text{6,400만원}} = 7,500$만원

46 ㄴ그룹은 직원들의 인문학 역량 향상을 위하여 독서 캠페인을 진행하고 있다. 다음 〈표〉는 인사팀 사원 6명의 지난달 독서 현황을 보여주는 자료이다. 이 자료를 바탕으로 할 때, 〈보기〉의 설명 가운데 옳지 않은 것을 모두 고르면?

〈표〉 인사팀 사원별 독서 현황

구분 \ 사원	준호	영우	나현	준걸	주연	태호
성별	남	남	여	남	여	남
독서량(권)	0	2	6	4	8	10

〈보기〉
ㄱ 인사팀 사원들의 평균 독서량은 5권이다.
ㄴ 남자 사원인 동시에 독서량이 5권 이상인 사원수는 남자 사원수의 50% 이상이다.
ㄷ 독서량이 2권 이상인 사원 가운데 남자 사원의 비율은 인사팀에서 여자 사원 비율의 2배이다.
ㄹ 여자 사원이거나 독서량이 7권 이상인 사원수는 전체 인사팀 사원수의 50% 이상이다.

① ㄱㄴ   ② ㄱㄷ
③ ㄱㄹ   ④ ㄴㄷ
⑤ ㄴㄹ

✔해설 ㄴ 남자 사원인 동시에 독서량이 5권 이상인 사람은 남자 사원 4명 가운데 '태호' 한 명이다. 1/4=25(%)이므로 옳지 않은 설명이다.
ㄷ 독서량이 2권 이상인 사원 가운데 남자 사원의 비율 : 3/5
인사팀에서 여자 사원 비율 : 2/6
전자가 후자의 2배 미만이므로 옳지 않은 설명이다.
ㄱ $\frac{독서량}{전체\ 사원\ 수} = \frac{30}{6} = 5$(권)이므로 옳은 설명이다.
ㄹ 해당되는 사람은 '나현, 주연, 태호'이므로 3/6=50(%)이다. 따라서 옳은 설명이다.

Answer 45.③ 46.④

47 다음은 학생들의 시험성적에 관한 자료이다. 순위산정방식을 이용하여 순위를 산정할 경우 옳은 설명만으로 바르게 짝지어진 것은?

학생들의 시험성적

(단위 : 점)

학생 \ 과목	국어	영어	수학	과학
미연	75	85	90	97
수정	82	83	79	81
대현	95	75	75	85
상민	89	70	91	90

〈순위산정방식〉
- A방식 : 4개 과목의 총점이 높은 학생부터 순서대로 1, 2, 3, 4위로 하되, 4개 과목의 총점이 동일한 학생의 경우 국어 성적이 높은 학생을 높은 순위로 한다.
- B방식 : 과목별 등수의 합이 작은 학생부터 순서대로 1, 2, 3, 4위로 하되, 과목별 등수의 합이 동일한 학생의 경우 A방식에 따라 산정한 순위가 높은 학생을 높은 순위로 한다.
- C방식 : 80점 이상인 과목의 수가 많은 학생부터 순서대로 1, 2, 3, 4위로 하되, 80점 이상인 과목의 수가 동일한 학생의 경우 A방식에 따라 산정한 순위가 높은 학생은 높은 순위로 한다.

㉠ A방식과 B방식으로 산정한 대현의 순위는 동일하다.
㉡ C방식으로 산정한 상민의 순위는 2위이다.
㉢ 상민의 과학점수만 95점으로 변경된다면, B방식으로 산정한 미연의 순위는 2위가 된다.

① ㉠

② ㉡

③ ㉢

④ ㉠㉡

⑤ ㉠㉡㉢

✔ 해설 A방식

구분	미연	수정	대현	상민
총점	347	325	330	340
순위	1	4	3	2

B방식

구분	미연	수정	대현	상민
등수의 합	8	12	11	9
순위	1	4	3	2

C방식

구분	미연	수정	대현	상민
80점 이상 과목 수	3	3	2	3
순위	1	3	4	2

Answer 47.④

48 다음 〈표〉는 2018~2020년 동안 어느 지역의 용도별 물 사용량 현황을 나타낸 자료이다. 다음 표에 대한 설명으로 옳지 않은 것은?

(단위 : m^3, %, 명)

용도 \ 연도 구분	2018 사용량	2018 비율	2019 사용량	2019 비율	2020 사용량	2020 비율
생활용수	136,762	56.2	162,790	56.2	182,490	56.1
가정용수	65,100	26.8	72,400	25.0	84,400	26.0
영업용수	11,000	4.5	19,930	6.9	23,100	7.1
업무용수	39,662	16.3	45,220	15.6	47,250	14.5
욕탕용수	21,000	8.6	25,240	8.7	27,740	8.5
농업용수	45,000	18.5	49,050	16.9	52,230	16.1
공업용수	61,500	25.3	77,900	26.9	90,300	27.8
총 사용량	243,262	100.0	289,740	100.0	325,020	100.0
사용인구	379,300		430,400		531,250	

① 생활용수의 사용량은 계속 증가하고 있다.

② 2019년에는 생활용수의 사용량은 증가했지만 비율은 2018년과 같다.

③ 매년 생활용수 중 가장 비중이 높은 것은 가정용수이다.

④ 매년 생활용수의 비율은 농업용수와 공업용수의 비율을 합친 것보다 높다.

⑤ 욕탕용수의 비율은 매년 증가하고 있다.

✔해설 ⑤ 욕탕용수의 비율은 2020년에 하락했다.

49 다음은 A~E기업의 재무 자료이다. 다음 자료에서 재고자산 회전율이 가장 높은 기업과 매출채권 회전율이 가장 높은 기업을 바르게 짝지은 것은?

(단위 : 억 원)

기업	매출액	재고자산	매출채권	매입채무
A	1,000	50	30	20
B	2,000	40	80	50
C	1,500	80	30	50
D	2,500	60	90	25
E	3,000	80	30	20

※ 재고자산 회전율(회) $= \dfrac{\text{매출액}}{\text{재고자산}}$

※ 매출채권 회전율(회) $= \dfrac{\text{매출액}}{\text{매출채권}}$

① A, B

② C, D

③ B, E

④ E, A

⑤ D, A

 해설

	재고자산 회전율(회)	매출채권 회전율(회)
A	$\dfrac{1,000}{50} = 20$	$\dfrac{1,000}{30} = 33.34$
B	$\dfrac{2,000}{40} = 50$	$\dfrac{2,000}{80} = 25$
C	$\dfrac{1,500}{80} = 18.75$	$\dfrac{1,500}{30} = 50$
D	$\dfrac{2,500}{60} = 41.67$	$\dfrac{2,500}{90} = 27.78$
E	$\dfrac{3,000}{80} = 37.5$	$\dfrac{3,000}{30} = 100$

Answer 48.⑤ 49.③

50 다음은 '갑'국의 2008 ~ 2021년 알코올 관련 질환 사망자 수에 대한 자료이다. 이에 대한 설명으로 옳은 것은?

(단위 : 명)

구분 / 연도	남성		여성		전체	
	사망자 수	인구 10만 명당 사망자 수	사망자 수	인구 10만 명당 사망자 수	사망자 수	인구 10만 명당 사망자 수
2008	2,542	10.7	156	0.7	2,698	5.9
2009	2,870	11.9	199	0.8	3,069	6.3
2010	3,807	15.8	299	1.2	4,106	8.4
2011	4,400	18.2	340	1.4	4,740	9.8
2012	4,674	19.2	374	1.5	5,048	10.2
2013	4,289	17.6	387	1.6	4,676	9.6
2014	4,107	16.8	383	1.6	4,490	9.3
2015	4,305	17.5	396	1.6	4,701	9.5
2016	4,243	17.1	400	1.6	4,643	9.3
2017	4,010	16.1	420	1.7	4,430	8.9
2018	4,111	16.5	424	1.7	( )	9.1
2019	3,996	15.9	497	2.0	4,493	9.0
2020	4,075	16.2	474	1.9	( )	9.1
2021	3,955	15.6	521	2.1	4,476	8.9

※ 인구 10만 명당 사망자 수는 소수점 아래 둘째 자리에서 반올림한 값이다.

① 2018년과 2020년의 전체 사망자 수는 같다.

② 여성 사망자 수는 매년 증가한다.

③ 매년 남성 인구 10만 명당 사망자 수는 여성 인구 10만 명당 사망자 수의 8배 이상이다.

④ 남성 인구 10만 명당 사망자 수가 가장 많은 해의 전년대비 남성 사망자 수 증가율은 5% 이상 이다.

⑤ 전체 사망자 수의 전년대비 증가율은 2009년이 2011년보다 높다.

✔ 해설 ① 2018년 전체 사망자 수는 4,111+424＝4,535명이고, 2020년 전체 사망자 수는 4,075+474＝4,549명이다.

② 2014년과 2020년에는 전년대비 감소하였다.

③ 2019년과 2021년에는 각각 7.95배, 7.43배 차이가 난다.

④ 남성 인구 10만 명당 사망자 수가 가장 많은 해는 2011년으로 전년대비 사망자 수 증가율은 6.2%이다.

⑤ 2009년 증가율은 13.7%이고, 2011년 증가율은 15.4%이다.

※ 전년대비 증가율＝(후년÷전년－1)×100(%)

51 다음은 국내 학술지 분야별 발간 현황에 관한 자료이다. 이에 대한 설명으로 옳은 것은?

주제분야	학술지수(권)	총 논문수(편)	총 저자수(명)	총 참고문헌수(권)
인문학	513	108,973	115,703	1,251,003
사회과학	676	139,277	216,282	1,942,674
자연과학	126	74,457	241,436	668,564
공학	256	145,311	450,782	916,807
의약학	241	102,952	489,842	1,133,622
농수해양	76	35,491	145,127	351,794
예술체육	112	39,001	69,446	450,126
복합학	100	16,986	30,608	213,072
합계	2,100	662,448	1,759,226	6,927,662

① 논문당 평균 저자수가 4명을 넘는 분야는 3개 뿐이다.

② 학술지 수가 가장 많은 분야는 총 논문수도 가장 많다.

③ 총 참고문헌수 합계에서 복합학 참고문헌수가 차지하는 비중은 4%를 넘는다.

④ 학술지당 평균 저자수가 가장 적은 분야는 인문학이다.

⑤ 의약학 총 참고문헌수는 농수해양 총 참고문헌수의 3배 이하이다.

✔ 해설 ① 논문당 평균 저자수가 4명을 넘는 분야는 의약학과 농수해양 2개 뿐이다.
② 학술지 수가 가장 많은 분야는 사회과학 분야이며, 총 논문 수가 가장 많은 분야는 공학이다.
③ 총 참고문헌수 합계에서 복합학 참고문헌수가 차지하는 비중은 약 3%이다.
⑤ 의약학 총 참고문헌수는 농수해양 총 참고문헌수의 3배를 넘는다.

52 다음은 갑 회사 5개 품목(A~E)별 매출액, 시장점유율 및 이익률을 나타내는 그래프이다. 다음 중 이익이 가장 큰 품목은?

〈그림〉 A~E의 매출액, 시장점유율, 이익률

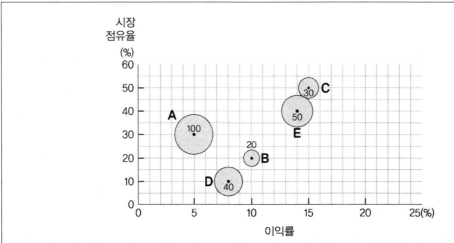

※ 1) 원의 중심좌표는 각각 이익률과 시장점유율을 나타내고, 원 내부 값은 매출액(억 원)을 의미하며, 원의 면적은 매출액에 비례함.

2) 이익률(%) = $\dfrac{\text{이익}}{\text{매출액}} \times 100$

① A   ② B

③ C   ④ D

⑤ E

✔ 해설   A : $100 \times 0.05 = 5$

B : $20 \times 0.1 = 2$

C : $30 \times 0.15 = 4.5$

D : $40 \times 0.08 = 3.2$

E : $50 \times 0.14 = 7$

53 다음은 서울특별시가 추진하는 사업의 비용 – 편익분석을 수행해본 잠정적 결과를 표로 나타낸 것이다. 사업의 기대이익은 얼마인가? (단, 손해가 예상되는 사업은 시행하지 않는다)

사업명	예상이익	확률
청계천 복원사업	1,000억 원	0.1
한강 수질개선사업	300억 원	0.3
아리수 홍보사업	250억 원	0.2
여의도 요트장 건설	−500억 원	0.4

① 24억 원   ② 40억 원

③ 240억 원   ④ 400억 원

⑤ 440억 원

✔해설 여의도 요트장 건설 사업은 손해가 예상되므로 시행하지 않는다. 따라서 나머지 세 사업의 예상이익과 확률의 곱을 모두 더한 값을 구하면 된다.
(1,000억 원 × 0.1) + (300억 원 × 0.3) + (250억 원 × 0.2) = 240억 원

54 다음은 'A'국의 4대 범죄 발생건수 및 검거건수에 대한 자료이다. 이에 대한 설명으로 옳지 않은 것은?

2017 ~ 2021년 4대 범죄 발생건수 및 검거건수

(단위 : 건, 천명)

연도 \ 구분	발생건수	검거건수	총인구	인구 10만 명당 발생건수
2017	15,693	14,492	49,194	31.9
2018	18,258	16,125	49,346	( )
2019	19,498	16,404	49,740	39.2
2020	19,670	16,630	50,051	39.3
2021	22,310	19,774	50,248	44.4

2021년 4대 범죄 유형별 발생건수 및 검거건수

(단위 : 건)

범죄 유형 \ 구분	발생건수	검거건수
강도	5,753	5,481
살인	132	122
절도	14,778	12,525
방화	1,647	1,646
합계	22,310	19,774

① 인구 10만 명당 4대 범죄 발생건수는 매년 증가한다.

② 2018년 이후, 전년대비 4대 범죄 발생건수 증가율이 가장 낮은 연도와 전년대비 4대 범죄 검거건수 증가율이 가장 낮은 연도는 동일하다.

③ 2021년 발생건수 대비 검거건수 비율이 가장 낮은 범죄 유형의 발생건수는 해당 연도 4대 범죄 발생건수의 60% 이상이다.

④ 4대 범죄 발생건수 대비 검거건수 비율은 매년 80% 이상이다.

⑤ 2021년 강도와 살인 발생건수의 합이 4대 범죄 발생건수에서 차지하는 비율은 2021년 강도와 살인 검거건수의 합이 4대 범죄 검거건수에서 차지하는 비율보다 높다.

✔ **해설** 2021년 강도와 살인의 발생건수 합은 $5,753 + 132 = 5,885$건으로 4대 범죄 발생건수의 26.4% $\left(\frac{5,885}{22,310} \times 100 = 26.37\right)$를 차지하고 검거건수의 합은 $5,481 + 122 = 5,603$건으로 4대 범죄 검거건수의 28.3%$\left(\frac{5,603}{19,771} \times 100 = 28.3\right)$를 차지한다.

① 2018년 인구 10만 명당 발생건수는 $\frac{18,258}{49,346} \times 100 = 36.99 \fallingdotseq 37$이므로 매년 증가한다.

② 발생건수와 검거건수가 가장 적게 증가한 연도는 2020년으로 동일하다. 발생건수 증가율은 2019년 6.8%, 2020년 0.9%, 2021년 13.4%, 검거건수 증가율은 2019년 1.73%, 2020년 1.38%, 2021년 18.9%이다.

③ 2021년 발생건수 대비 검기건수 비율이 가장 낮은 범죄 유형의 발생건수는 강도 95%, 살인 92%, 절도 85%, 방화 99%에서 절도이다. 2021년 4대 범죄 유형별 발생건수 총 22,310건이고 60%는 13,386건이 된다. 절도의 발생건수는 14,778건이므로 60%가 넘는다.

④ 2017년 92.3%, 2018년 88.3%, 2019년 84.1%, 2020년 84.5%, 2021년 88.6%로 매년 80% 이상이다.

55 다음은 음식가격에 따른 연령별 만족지수를 나타낸 그래프이다. 그래프에 대한 설명으로 옳은 것을 모두 고르면?

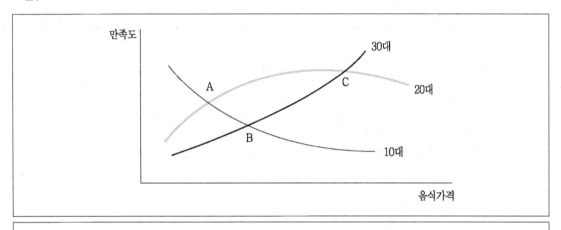

⊙ 10대, 20대, 30대 모두 음식가격이 높을수록 만족도가 높아진다.
ⓒ 20대는 음식의 가격이 일정 가격 이상을 초과할 경우 오히려 만족도가 떨어진다.
ⓒ 20대의 언니와 10대의 동생이 외식을 할 경우 만족도가 가장 높은 음식가격은 A이다.
ⓔ 10대는 양이 많은 음식점에 대해 만족도가 높을 것이다.

① ⊙ⓒ
② ⊙ⓒ
③ ⓒⓒ
④ ⓒⓔ
⑤ ⓒⓔ

✔ **해설** ⊙ 10대, 20대의 경우 해당하지 않는다.
ⓔ 그래프의 결과만으로는 10대가 양이 많은 음식점을 선호하는지 알 수 없다.

56 다음은 A도서관에서 특정시점에 구입한 도서 10,000권에 대한 5년간의 대출현황을 조사한 자료이다. 이에 대한 아래 설명 중 옳지 않은 것을 모두 고르면?

〈도서 10,000권의 5년간 대출현황〉

대출횟수＼조사대상 기간	구입~1년	구입~3년	구입~5년
0	5,302	4,021	3,041
1	2,912	3,450	3,921
2	970	1,279	1,401
3	419	672	888
4	288	401	519
5	109	177	230
계	10,000	10,000	10,000

㉠ 구입 후 1년 동안 도서의 절반 이상이 대출되었다.
㉡ 도서의 약 40%가 구입 후 3년 동안 대출되지 않았으며, 도서의 약 30%가 구입 후 5년 동안 대출 되지 않았다.
㉢ 구입 후 1년 동안 1회 이상 대출된 도서의 70% 이상이 단 1회 대출되었다.
㉣ 구입 후 1년 동안 도서의 평균 대출횟수는 약 0.78이다.
㉤ 구입 후 5년 동안 적어도 2회 이상 대출된 도서의 비율은 전체 도서의 약 30%이다.

① ㉠㉢
② ㉠㉣
③ ㉡㉣
④ ㉡㉤
⑤ ㉢㉣

✔해설 ㉠ 대출되지 않은 도서가 5,302권으로 50% 이상이다.
㉢ 구입 후 1년 동안 1회 이상 대출된 도서의 약 62% 이상이 단 1회 대출되었다.

$$\frac{2,912}{2,912+970+419+288+109} \times 100 \fallingdotseq 62(\%)$$

57 다음 자료는 예능프로 'K-POP 가수 왕'에 참가한 5명의 가수의 심사결과와 최종점수 계산법이다. 주어진 자료에 대한 설명으로 옳지 않은 것은?

〈자료1〉 'K-POP 가수 왕' 심사결과

구분 \ 가수	갑	을	병	정	무
심사단 점수(점)	78	72	64	81	70
시민평가단 득표수(표)	178	184	143	169	129

※ 현장평가단의 총 인원수는 200명임

〈자료2〉 최종심사 점수 계산법

ㄱ 최종심사 점수 = (심사단 최종반영점수) + (시민평가단 최종반영점수)

ㄴ 심사단 최종반영점수

순위	1위	2위	3위	4위	5위
최종반영점수(점)	50	45	40	35	30

※ 순위는 심사단 점수가 높은 순서임

ㄷ 시민평가단 최종반영점수

득표율	90% 이상	80% 이상 90% 미만	70% 이상 80% 미만	60% 이상 70% 미만	60% 미만
최종반영점수(점)	50	40	30	20	10

※ 득표율(%) = $\dfrac{\text{시민평가단 득표수}}{\text{시민평가단 총 인원수}} \times 100$

① 갑이 시민평가단 득표수가 2표 이상 더 받으면 최종심사 점수가 가장 높다.
② 을과 정의 최종심사 점수는 90점으로 동일하다.
③ 심사단 최종반영점수가 가장 높은 사람은 시민평가단 최종반영점수도 가장 높다.
④ 심사단 최종반영점수와 시민평가단 최종반영점수 간의 차이가 가장 큰 가수는 무이다.
⑤ 갑과 정의 시민평가단 최종반영점수는 같다.

✔ 해설 가수별 최종심사 점수

구분 \ 가수	갑	을	병	정	무
심사단 최종반영점수	45	40	30	50	35
시민평가단 최종반영점수	40	50	30	40	20
합계	85	90	60	90	55

③ 심사단 최종반영점수가 가장 높은 사람은 '정'이고, 시민평가단 최종반영점수가 가장 높은 사람은 '을'이다.

Answer 56.① 57.③

58 다음은 주식회사 서원의 연도별 임직원 현황에 관한 자료이다. 이에 대한 설명으로 옳은 것만 모두 고른 것은?

(단위 : 명)

구분	연도	2019	2020	2021
국적	한국	9,566	10,197	9,070
	중국	2,636	3,748	4,853
	일본	1,615	2,353	2,749
	대만	1,333	1,585	2,032
	기타	97	115	153
	계	15,247	17,998	18,857
고용형태	정규직	14,173	16,007	17,341
	비정규직	1,074	1,991	1,516
	계	15,247	17,998	18,857
연령	20대 이하	8,914	8,933	10,947
	30대	5,181	7,113	6,210
	40대 이상	1,152	1,952	1,700
	계	15,247	17,998	18,857
직급	사원	12,365	14,800	15,504
	간부	2,801	3,109	3,255
	임원	81	89	98
	계	15,247	17,998	18,857

> ㉠ 매년 일본, 대만 및 기타 국적 임직원 수의 합은 중국 국적 임직원 수보다 많다.
> ㉡ 매년 전체 임직원 중 20대 이하 임직원이 차지하는 비중은 50% 이상이다.
> ㉢ 2020년과 2021년에 전년대비 임직원 수가 가장 많이 증가한 국적은 모두 중국이다.
> ㉣ 국적이 한국이면서 고용형태가 정규직이고 직급이 사원인 임직원은 2020년에 5,000명 이상이다.

① ㉠㉡
② ㉠㉢
③ ㉡㉣
④ ㉠㉢㉣
⑤ ㉡㉢㉣

✔해설 ㉠ 임직원 수 비교

연도＼국적	일본, 대만, 기타 국적	대소 비교	중국 국적
2019	$1,615 + 1,333 + 97 = 3,045$	$>$	2,636
2020	$2,353 + 1,585 + 115 = 4,053$	$>$	3,748
2021	$2,749 + 2,032 + 153 = 4,853$	$>$	4,853

㉡ 2019년 전체 임직원의 50% 비중 $= 15,247 \times 0.5 = 7,623.5$

2019년 20대 이하 임직원 비중 8,914

2020년 전체 임직원의 50% 비중 $= 17,998 \times 0.5 = 8,999$

2020년 20대 이하 임직원 비중 8,933

2021년 전체 임직원의 50% 비중 $= 18,857 \times 0.5 = 9,428.5$

2021년 20대 이하 임직원 비중 10,947

㉢ 중국, 일본, 대만의 전년대비 증가한 임직원 수

연도＼국적	2020	2021
중국	$3,748 - 2,636 = 1,112$	$4,853 - 3,748 = 1,105$
일본	$2,535 - 1,615 = 738$	$2,749 - 2,535 = 396$
대만	$1,585 - 1,333 = 252$	$2,032 - 1,585 = 447$

㉣ 국적이 한국이면서 고용형태가 정규직인 2020년 임직원의 수는 $10,197 - 1,991 = 8,206$명

직급이 사원인 임직원의 수는 $8,206 - 3,109 - 89 = 5,008$명

Answer 58.④

59 다음 그림을 바탕으로 가능한 해석과 추론으로 알맞은 것은?

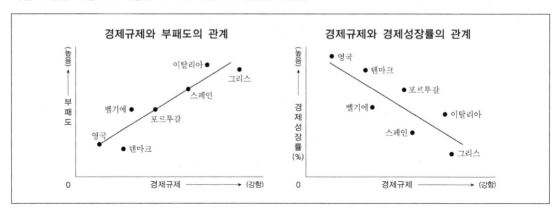

① 조사대상 국가들을 보면 경제규제 수준은 부패도와 강한 상관관계를 갖고 있다.

② 조사 대상 국가들의 부패도와 경제성장률은 강한 양의 상관관계를 보일 것이다.

③ 모든 정부는 경제에 규제를 가할수록 부패도를 향상시키고 경제성장률은 둔화시키므로, 경제에 대한 규제를 하지 말아야 한다.

④ 영국은 부패도가 가장 낮고 경제성장률은 가장 높다.

⑤ 경제규제는 부패도나 경제성장률과는 관련이 없다.

✔ 해설 ① 경제규제 수준과 부패도는 양의 상관관계를 보인다.

60 다음 표는 갑, 을, 병 세 학생의 국어와 수학 과목 점수이다. ㉠~㉢의 조건에 맞는 학생 1, 2, 3의 이름을 순서대로 나열한 것은?

	학생 1	학생 2	학생 3
국어	85	75	70
수학	75	70	85

㉠ 갑은 을보다 수학점수가 높다.
㉡ 을과 병의 국어점수 평균은 갑과 병의 수학점수 평균보다 높다.
㉢ 병은 국어점수가 수학점수보다 높다.

① 갑 – 병 – 을
② 을 – 병 – 갑
③ 을 – 갑 – 병
④ 병 – 을 – 갑
⑤ 갑 – 병 – 을

✔해설 ㉠에서 수학 점수는 갑 > 을, 학생 3 > 학생 1 > 학생 2로 쓸 수 있다. ㉢에서 병은 학생 3이 아님을 알 수 있으므로 두 가지 경우의 수가 발생한다. 각 경우의 수에 대하여 ㉡을 적용해보면,

- 학생 1 – 병, 학생 2 – 을, 학생 3 – 갑인 경우 : $\dfrac{75+85}{2}=80=\dfrac{85+75}{2}$

- 학생 1 – 을, 학생 2 – 병, 학생 3 – 갑인 경우 : $\dfrac{85+75}{2}=80>\dfrac{85+70}{2}=77.5$

∴ 학생 1 : 을, 학생 2 : 병, 학생 3 : 갑에 해당한다.

61 다음 표는 대기업 A의 각 부서별 매년 매출결과를 기록한 표이다. 다음 표를 보고 바르게 해석한 것을 고르면?

(단위 : 억 원)

구분	2015	2016	2017	2018	2019	2020
건축부서	1,242	1,424	2,514	2,854	3,365	3,984
통신부서	2,154	2,321	2,412	2,541	2,645	2,745
전자부서	1,124	1,164	1,188	1,211	3,654	5,547
기계부서	845	994	1,090	1,112	1,214	1,412

㉠ 각 부서는 매년 꾸준히 성장되었음을 알 수 있다.
㉡ 통신부서는 2015년에 비해 2020년에 50% 이상 성장되었다.
㉢ 전자부서는 2019년에 급성장을 이루어 그해 최고의 부서가 되었다.
㉣ 기계부서는 매년 꾸준히 성장을 하여 다른 부서보다 월등한 성장률을 보여주고 있다.

① ㉠㉡　　　　　　　　　　② ㉠㉢
③ ㉠㉣　　　　　　　　　　④ ㉡㉣
⑤ ㉢㉣

✔해설　㉡ 통신부서는 2015년에 비해 2020년에 50% 미만으로 성장하였다.
　　　　㉣ 기계부서는 매년 꾸준히 성장하긴 하였으나, 매년 다른 부서보다 저조한 성장률을 보여주고 있다.

62 다음은 우리나라 도시가구 연평균 지출 구성비 일부를 나타낸 것이다. 이에 대한 분석 중 적절하지 않은 것은?

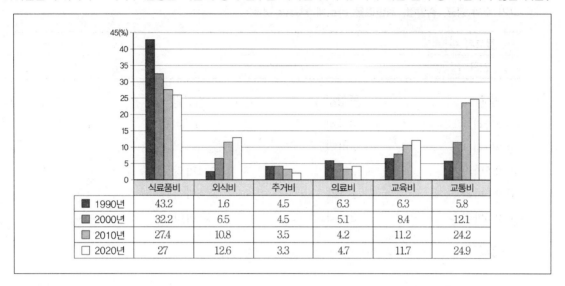

	식료품비	외식비	주거비	의료비	교육비	교통비
■ 1990년	43.2	1.6	4.5	6.3	6.3	5.8
■ 2000년	32.2	6.5	4.5	5.1	8.4	12.1
▨ 2010년	27.4	10.8	3.5	4.2	11.2	24.2
□ 2020년	27	12.6	3.3	4.7	11.7	24.9

① 2020년에는 2010년보다 주거비의 구성비가 감소하였다.

② 2020년의 교육비의 구성비는 2000년보다 3.3%p 증가하였다.

③ 2010년에는 20년 전보다 식료품비와 의료비의 구성비가 감소하였다.

④ 1990년부터 2000년까지 외식비의 구성비가 증가하였기 때문에 주거비의 구성비는 감소하였다.

⑤ 1990년에 비해 2020년 지출 구성비가 가장 큰 %p 증가한 영역은 교통비이다.

✔해설 ④ 주거비는 1990년과 2000년이 4.5%로 동일하다.

63 다음 그래프는 어느 낚시 대회에서 낚아 올린 물고기수를 표시한 것이다. 이 그래프에서 1인당 낚아 올린 물고기 수의 평균, 중앙값, 최빈값을 바르게 연결한 것은?

물고기 수	1	2	3	4	5
인원 수	12	10	8	6	4

	평균	중앙값	최빈값
①	2마리	3마리	5마리
②	2마리	5마리	1마리
③	2.5마리	2마리	1마리
④	2.5마리	1마리	2마리
⑤	2.5마리	3마리	1마리

✔ 해설 평균 : $\dfrac{1\times12+2\times10+3\times8+4\times6+5\times4}{40}=\dfrac{100}{40}=2.5$

중앙값 : $\dfrac{2+2}{2}=2$

최빈값 : 1

| 64~65 | 다음은 어느 학급 학생 25명의 수학 성적과 과학 성적에 대한 상관표이다. 물음에 답하시오.

과학(점) \ 수학(점)	60	70	80	90	100	합계
100				A	1	2
90			1	B		C
80		2	D	3	1	11
70	1	2	3	2		8
60	1					1
합계	2	4	E	8	2	25

64 다음 중 A~E에 들어갈 수로 옳지 않은 것은?

① A=1 ② B=2

③ C=3 ④ D=4

⑤ E=9

✔ 해설 $11 - 2 - 3 - 1 = 5$

65 수학 성적과 과학 성적 중 적어도 한 과목의 성적이 80점 이상인 학생은 몇 명인가?

① 11명 ② 14명

③ 16명 ④ 19명

⑤ 21명

✔ 해설 $1 + 1 + 1 + 2 + 2 + 5 + 3 + 1 + 3 + 2 = 21$

| 66~67 | 다음은 원양어업 주요 어종별 생산량에 관한 자료이다. 이를 보고 물음에 답하시오.

(단위 : 톤, 백만원)

구분		2016년	2017년	2018년	2019년	2020년
가다랑어	생산량	216,720	173,334	211,891	200,866	229,588
	생산금액	321,838	334,770	563,027	427,513	329,163
황다랑어	생산량	67,138	45,736	60,436	44,013	63,971
	생산금액	201,596	168,034	170,733	133,170	163,068
명태	생산량	46,794	48,793	39,025	24,341	31,624
	생산금액	64,359	67,307	45,972	36,662	49,479
새꼬리 민태	생산량	10,852	12,447	10,100	8,261	8,681
	생산금액	19,030	25,922	21,540	14,960	18,209
민대구	생산량	4,139	4,763	4,007	3,819	3,162
	생산금액	10,072	13,136	11,090	10,912	8,689

※ 생산금액＝생산량×톤당 생산가격

66 위의 표에 대한 설명으로 옳지 않은 것은?

① 5개의 어종 가운데 매년 생산량이 가장 많은 어종은 가다랑어이다.

② 2018년 민대구의 생산량이 전년대비 감소한 이후로 2020년까지 계속 감소하고 있다.

③ 가다랑어와 황다랑어는 생산량의 전년대비 증감방향이 일치한다.

④ 2017년 새꼬리 민태 생산량의 전년대비 증가율은 10% 이하이다.

⑤ 2017년 가다랑어의 생산량은 전년대비 감소하였지만 생산금액은 증가하였다.

 ④ 2017년 새꼬리 민태 생산량의 전년대비 증가율 : $\frac{12,447-10,852}{10,852}\times100=14.7\%$

따라서 10%를 초과한다.

67 2020년 톤당 생산가격이 가장 높은 어종은 무엇인가?

① 가다랑어　　　　　　　　　② 황다랑어

③ 명태　　　　　　　　　　　④ 새꼬리 민태

⑤ 민대구

✔ 해설　톤당 생산가격 = $\dfrac{생산금액}{생산량}$ 으로 구한다(단위는 생략).

① 가다랑어 : $\dfrac{329,163}{229,588} = 1.43$

② 황다랑어 : $\dfrac{163,068}{63,971} = 2.55$

③ 명태 : $\dfrac{49,479}{31,624} = 1.56$

④ 새꼬리 민태 : $\dfrac{18,209}{8,681} = 2.10$

⑤ 민대구 : $\dfrac{8,689}{3,162} = 2.75$

|68~69| 다음 표는 2017년부터 2021년까지 5년간 손해보험과 생명보험의 전체 수지실적에 관한 자료이다. 이를 보고 물음에 답하시오.

〈표1〉 5년간 손해보험의 수지실적

(단위 : 십억 원)

연도	경과보험료	발생손해액	순사업비
2017년	23,712	18,671	5,351
2018년	27,413	21,705	6,377
2019년	32,253	24,867	7,402
2020년	36,682	28,300	8,967
2021년	42,475	33,312	9,614

〈표2〉 5년간 생명보험의 수지실적

(단위 : 십억 원)

연도	경과보험료	발생손해액	순사업비
2017년	61,472	35,584	10,989
2018년	66,455	35,146	12,084
2019년	75,096	44,877	13,881
2020년	73,561	47,544	13,715
2021년	76,957	47,379	12,796

※ 손해율(%)＝(총지출액/경과보험료)×100

※ 손해율은 보험사의 수지실적을 나타내는 대표적인 지표이다.

※ 총지출액＝발생손해액＋순사업비

68 위의 자료에 대한 설명으로 옳은 것은?

① 5년간 손해보험과 생명보험 모두 경과보험료는 매년 증가하고 있다.

② 2017년 손해보험의 손해율은 105%가 넘는다.

③ 2020년 생명보험의 경과보험료는 손해보험 경과보험료의 2배 이상이다.

④ 2018년 경과보험료 대비 순사업비의 비중은 손해보험이 생명보험보다 낮다.

⑤ 5년간 손해보험과 생명보험 모두 총지출액은 매년 증가하고 있다.

 ① 2020년 생명보험의 경과보험료는 전년대비 감소하였다.
　② 2017년 손해보험의 손해율은 101.3%이다.
　④ 손해보험이 생명보험보다 높다.
　⑤ 2021년 생명보험의 총지출액은 전년대비 감소하였다.

69 다음 중 생명보험의 손해율이 가장 컸던 해는? (단, 소수점 둘째짜리에서 반올림한다)

① 2017년 　　　　　　　　　　② 2018년
③ 2019년 　　　　　　　　　　④ 2020년
⑤ 2021년

 ① 2017년 : $\dfrac{35,584+10,989}{61,472} \times 100 = 75.8\%$

　② 2018년 : $\dfrac{35,146+12,084}{66,455} \times 100 = 71.1\%$

　③ 2019년 : $\dfrac{44,877+13,881}{75,096} \times 100 = 78.2\%$

　④ 2020년 : $\dfrac{47,544+13,715}{73,561} \times 100 = 83.3\%$

　⑤ 2021년 : $\dfrac{47,379+12,796}{76,957} \times 100 = 78.2\%$

70 ㈜한국은 직원들의 창의력을 증진시키기 위하여 '창의 테마파크'를 운영하고자 한다. 다음의 프로그램들을 대상으로 전문가와 사원들이 평가를 실시하여 가장 높은 점수를 받은 프로그램을 최종 선정하여 운영한다고 할 때, '창의 테마파크'에서 운영할 프로그램은?

분야	프로그램명	전문가 점수	사원 점수
미술	내 손으로 만드는 집	26	32
인문	세상을 바꾼 생각들	31	18
무용	스스로 창작	37	25
인문	역사랑 놀자	36	28
음악	연주하는 사무실	34	34
연극	연출노트	32	30
미술	예술캠프	40	25

※ 전문가와 사원은 후보로 선정된 프로그램을 각각 40점 만점제로 우선 평가하였다.

※ 전문가 점수와 사원 점수의 반영 비율을 3 : 2로 적용하여 합산한 후, 하나밖에 없는 분야에 속한 프로그램에는 취득점수의 30%를 가산점으로 부여한다.

① 연주하는 사무실 ② 스스로 창작
③ 연출노트 ④ 예술캠프
⑤ 역사랑 놀자

✅ 해설 각각의 프로그램이 받을 점수를 계산하면 다음과 같다.

분야	프로그램명	점수
미술	내 손으로 만드는 집	$\{(26 \times 3) + (32 \times 2)\} = 142$
인문	세상을 바꾼 생각들	$\{(31 \times 3) + (18 \times 2)\} = 129$
무용	스스로 창작	$\{(37 \times 3) + (25 \times 2)\}$ + 가산점 30% = 209.3
인문	역사랑 놀자	$\{(36 \times 3) + (28 \times 2)\} = 164$
음악	연주하는 사무실	$\{(34 \times 3) + (34 \times 2)\}$ + 가산점 30% = 221
연극	연출노트	$\{(32 \times 3) + (30 \times 2)\}$ + 가산점 30% = 202.8
미술	예술캠프	$\{(40 \times 3) + (25 \times 2)\} = 170$

따라서 가장 높은 점수를 받은 연주하는 사무실이 최종 선정된다.

CHAPTER 03

도형추리

▍1~3▍ 다음 각 기호가 일정한 규칙에 따라 문자들을 변화시킬 때, 각 문제의 괄호에 들어갈 알맞은 것을 고르시오.

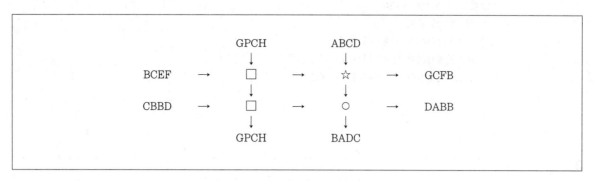

1

| BCEF → □ → ○ → ? |

① SEWM   ② EACA

③ ABCB   ④ BEFG

⑤ OKWP

> **✔해설** BBCE → EBCB → EACA
> ※ 각 기호의 규칙
> □ : 첫째자리와 넷째자리 자리바꿈
> ☆ : 첫째자리와 셋째자리에 +1 적용
> ○ : 둘째자리와 넷째자리에 −1 적용

Answer 70.① / 1.②

2

$$BCED \rightarrow ☆ \rightarrow ○ \rightarrow ?$$

① CBFC   ② ACED

③ CBCF   ④ BCCF

⑤ EFCB

       BCED → CCFD → CBFC

       ※ 각 기호의 규칙

         □ : 첫째자리와 넷째자리 자리바꿈

         ☆ : 첫째자리와 셋째자리에 +1 적용

         ○ : 둘째자리와 넷째자리에 −1 적용

3

$$CDBE \rightarrow ○ \rightarrow □ \rightarrow ☆ \rightarrow ?$$

① EBAC   ② CABE

③ BCED   ④ ABEC

⑤ ECCC

       CDBE → CCBD → DCBC → ECCC

       ※ 각 기호의 규칙

         □ : 첫째자리와 넷째자리 자리바꿈

         ☆ : 첫째자리와 셋째자리에 +1 적용

         ○ : 둘째자리와 넷째자리에 −1 적용

| 4~8 | 다음 제시된 도식 기호들(☺, ☻, ◼, ✿)은 일정한 규칙에 따라 문자들을 변화시킨다. 각 물음에 따라 (   ) 안에 들어갈 것을 고르시오.

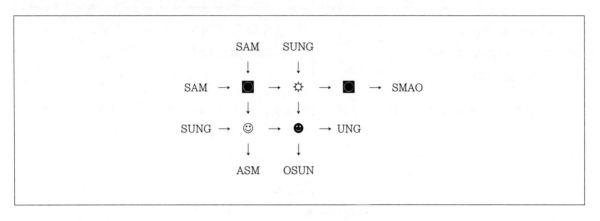

4

$$KIMM \to ☺ \to ☺ \to (\quad)$$

① IMMK   ② MMKI

③ MMIK   ④ KMMI

⑤ IMKM

> ✔해설 ㉠ ☺ : 맨 앞자리의 문자를 맨 뒤로 보낸다.
> ㉡ ☻ : 맨 끝자리 문자를 삭제한다.
> ㉢ ◼ : 맨 앞자리의 문자와 맨 끝자리의 문자를 바꾼다.
> ㉣ ✿ : 맨 앞자리 문자에 O를 더한다.
> ② KIMM→IMMK→MMKI의 과정을 거친다.

5

$$JLPOKKI \to ◼ \to ☻ \to (\quad)$$

① ILPOKKJ   ② POKKJI

③ JLPOKKI   ④ ILPOKK

⑤ KKOPLI

> ✔해설 ④ JLPOKKI→ILPOKKJ→ILPOKK의 과정을 거친다.

6

BOURGEOIS → ☼ → ◉ → ☺ → (　　)

① BOURGEOIOS

② SBOURGEOIO

③ OBOURGEOIS

④ RGEOIOSBOU

⑤ SIOEGRUOBO

> ✔해설 ① BOURGEOIS→OBOURGEOIS→SBOURGEOIO→BOURGEOIOS의 과정을 거친다.

7

YOUI → ☻ → (　　) → UOY

① ☺

② ☻

③ ◉

④ ☼

⑤ ☀

> ✔해설 ③ YOUI→YOU의 과정을 거쳐 UOY이 되기 위해서는 맨 앞자리의 문자와 맨 끝자리의 문자를 바꾸는 도식 ◉가 들어가야 한다.

8

PPONGGJ → ☼ → ◉ → ☺ → (　　)

① JPPONGG

② PPONGGOJ

③ PPONGG

④ OPPONGGJ

⑤ JOGGNOPP

> ✔해설 ② PPONGGJ→OPPONGGJ→JPPONGGO→PPONGGOJ의 과정을 거친다.

┃9~13┃ 다음 제시된 기호들(&, ♌, Ⅱ, ♋)은 일정한 규칙에 따라 문자 또는 숫자들을 변화시킨다. 물음에 따라 괄호 안에 들어갈 것을 고르시오.

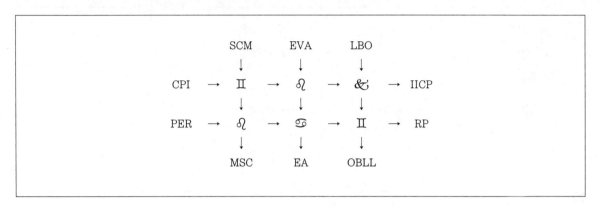

9

$$ACE → ♋ → \& → (\quad)$$

① AECC
② ACE
③ ECA
④ AAC
⑤ CAA

> ✔해설 ④ ACE→AC →AAC의 과정을 거친다.
> ㉠ & : 맨 앞자리 문자를 처음에 추가한다.
> ㉡ ♌ : 두 번째 문자를 맨 마지막으로 이동시킨다.
> ㉢ Ⅱ : 문자를 끝에서부터 차례대로 정렬한다.
> ㉣ ♋ : 맨 뒷자리 문자를 삭제한다.

10

$$FRIDAY → \& → (\quad) → ♋ → YADIRF$$

① ♋
② ♌
③ &
④ Ⅱ
⑤ ☻

> ✔해설 ④ FRIDAY→FFRIDAY→YADIRFF→YADIRF의 과정을 거친다.

Answer 6.① 7.③ 8.② 9.④ 10.④

11

$$PSYU \rightarrow \amalg \rightarrow \text{♋} \rightarrow \text{♌} \rightarrow \amalg \rightarrow (\quad)$$

① SYUU
② UUYS
③ PSYY
④ UYSS
⑤ SSYU

✔해설 ① PSYU→UYSP→UYS→UUYS→SYUU의 과정을 거친다.

12

$$MS1583 \rightarrow \text{♌} \rightarrow \amalg \rightarrow \text{♋} \rightarrow (\quad)$$

① MMS158
② M1583S
③ 3851SM
④ 3851SMM
⑤ 583MSM1

✔해설 ③ MS1583→MMS1583→3851SMM→3851SM의 과정을 거친다.

13

$$1723 \rightarrow (\quad) \rightarrow 1237$$

① ♌
② ♌(♌)
③ ♊
④ ♋
⑤ ☻

✔해설 ② 1723이 1237이 되기 위해서는 두 번째 문자가 맨 뒤로 이동해야 한다.

▌14~18▐ 다음에 제시된 정사각형들은 한 부분은 단독으로 회전이 가능하고, 나머지 세 부분은 고정되어 있다. 이 정사각형들을 자유롭게 결합해 큰 정사각형 하나로 만든다고 할 때, 나올 수 없는 것을 고르시오. (단, 제시된 정사각형들은 결합 시 회전시킬 수 있다)

14

① ②

③ ④

⑤

✔해설 ④ 제시된 네 개의 정사각형을 왼쪽부터 1, 2, 3, 4라고 할 때, 2번 정사각형의 2, 3사분면이 둘 다 회전하였다.

① 1, 2, 3번 정사각형의 3사분면이 회전하였다.

② 1번 정사각형이 180°회전하여 결합하였으며, 1번 정사각형의 2사분면, 2번 정사각형의 4사분면, 3번 정사각형의 2사분면, 4번 정사각형의 4사분면이 회전하였다.

③ 2번 정사각형은 시계방향으로 90°, 3번 정사각형은 반시계방향으로 90°, 4번 정사각형은 180°회전하여 결합하였으며, 1번 정사각형의 3사분면, 2번 정사각형의 4사분면, 3번 정사각형의 4사분면이 회전하였다.

⑤ 3번 정사각형이 반시계방향으로 90°회전하여 결합하였으며, 1번 정사각형의 3사분면, 2번 정사각형의 4사분면, 3번 정사각형의 4사분면이 회전하였다.

15

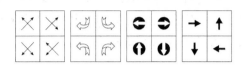

①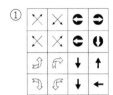

②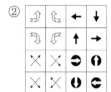

③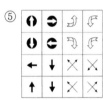

④

⑤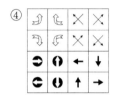

✓ 해설 ② 제시된 네 개의 정사각형을 왼쪽부터 1, 2, 3, 4라고 할 때, 2, 3, 4번 정사각형이 시계방향으로 90°
회전하여 결합하였다. 단, 3번 정사각형의 3, 4사분면이 둘 다 회전하였다.

① 1, 2번 정사각형이 반시계방향으로 90° 회전하여 결합하였으며, 2번 정사각형은 1사분면, 3번 정사
각형은 3사분면, 4번 정사각형은 2사분면이 회전하였다.

③ 1번 정사각형은 180°, 4번 정사각형은 시계방향으로 90° 회전하여 결합하였으며, 2, 4번 정사각형의
2사분면이 회전하였다.

④ 1, 2, 3, 4번 정사각형 모두 시계방향으로 90° 회전하여 결합하였다.

⑤ 1, 2, 3, 4번 정사각형 모두 반시계방향으로 90° 회전하여 결합하였으며, 2번 정사각형의 1사분면,
3번 정사각형의 4사분면이 회전하였다.

16

①
②
③
④
⑤

✔해설 ③ 제시된 네 개의 정사각형을 왼쪽부터 1, 2, 3, 4라고 할 때, 1번 정사각형은 반시계방향으로 90°, 4번 정사각형은 시계방향으로 90° 회전하여 결합하였다. 단, 3번 정사각형의 2, 3사분면이 둘 다 회전하였다.

① 1, 2번 정사각형은 180°, 4번 정사각형은 시계방향으로 90° 회전하여 결합하였으며, 2번 정사각형의 2사분면, 3번 정사각형의 3사분면, 4번 정사각형의 4사분면이 회전하였다.

② 1번 정사각형은 반시계방향으로 90°, 2, 3번 정사각형은 180° 회전하여 결합하였으며, 4번 정사각형의 3사분면이 회전하였다.

④ 1, 2, 3, 4번 정사각형 모두 180° 회전하여 결합하였다.

⑤ 1, 2, 3, 4번 정사각형 모두 180° 회전하여 결합하였으며, 2번 정사각형의 3사분면, 3번 정사각형의 2사분면이 회전하였다.

Answer 15.② 16.③

17

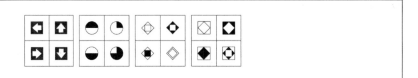

①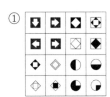

②

③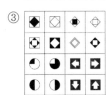

④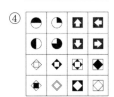

⑤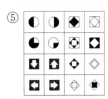

✔ 해설 ⑤ 제시된 네 개의 정사각형을 왼쪽부터 1, 2, 3, 4라고 할 때, 1, 2, 4번 정사각형은 시계방향으로 90˚, 3번 정사각형은 반시계방향으로 90˚ 회전하여 결합하였다. 단, 3번 정사각형의 2사분면의 모양은 어떻게 회전시키더라도 나올 수 없는 모양이다.

① 1, 2번 정사각형은 시계방향으로 90˚, 3, 4번 정사각형은 반시계방향으로 90˚ 회전하여 결합하였으며, 1, 2번 정사각형의 1사분면이 회전하였다.

② 1, 2번 정사각형의 3사분면이 회전하였다.

③ 1, 2번 정사각형은 반시계방향으로 90˚, 3, 4번 정사각형은 시계방향으로 90˚ 회전하여 결합하였으며, 2번 정사각형의 1사분면이 회전하였다.

④ 1, 4번 정사각형이 180˚ 회전하여 결합하였으며, 2번 정사각형의 3사분면이 회전하였다.

18

①

②

③

④

⑤

✔해설 ① 제시된 네 개의 정사각형을 왼쪽부터 1, 2, 3, 4라고 할 때, 2번 정사각형은 시계방향으로 90°, 3번 정사각형은 반시계방향으로 90° 회전하여 결합하였다. 단, 4번 정사각형의 1사분면과 3사분면의 모양이 바뀌었다.

② 1번 정사각형은 시계방향으로 90°, 2번 정사각형은 180° 회전하여 결합하였으며, 3번 정사각형의 2사분면, 4번 정사각형의 4사분면이 회전하였다.

③ 1, 2, 3, 4번 정사각형이 반시계방향으로 90° 회전하여 결합하였다.

④ 1번 정사각형의 1사분면, 3번 정사각형의 4사분면, 4번 정사각형의 3사분면이 회전하였다.

⑤ 1, 2, 3, 4번 정사각형이 180° 회전하여 결합하였다.

Answer 17.⑤ 18.①

│19~23│ 다음 제시된 큐브를 그림에서 지시하는 방향에 따라 순서대로 회전한 후 색칠된 면의 단면으로 알맞은 것을 고르시오. (단, 보이지 않는 면은 무늬가 없다)

19

〈90° 회전〉 → 〈180° 회전〉 → 〈270° 회전〉 → 〈?〉

① ② ③ ④ ⑤

✔해설 첫 번째 회전 후 모양은

두 번째 회전 후 모양은

세 번째 회전 후 모양은

이므로 색칠된 면의 단면은 ②이다.

20

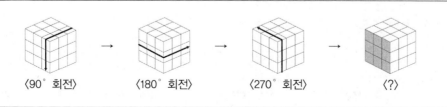

〈90° 회전〉 → 〈180° 회전〉 → 〈270° 회전〉 → 〈?〉

① 　　　②

③ 　　　④

⑤

✔해설 첫 번째 회전 후 모양은

두 번째 회전 후 모양은

세 번째 회전 후 모양은

이므로 색칠된 면의 단면은 ③이다.

21

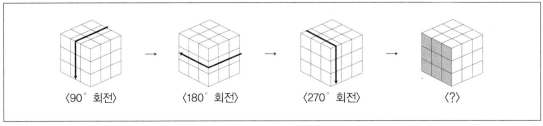

①

②

③

④

⑤

✔ 해설 첫 번째 회전 후 모양은

두 번째 회전 후 모양은

세 번째 회전 후 모양은

이므로 색칠된 면의 단면은 ⑤이다.

22

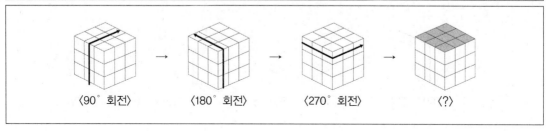

① 　　　　　　②

③ 　　　　　　④

⑤

✔ 해설　첫 번째 회전 후 모양은

두 번째 회전 후 모양은

세 번째 회전 후 모양은

이므로 색칠된 면의 단면은 ③이다.

23

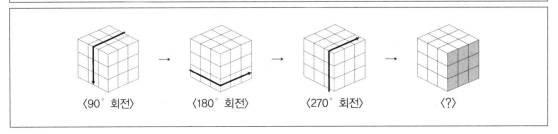

①

②

③

④

⑤

✔ 해설 첫 번째 회전 후 모양은

두 번째 회전 후 모양은

세 번째 회전 후 모양은

이므로 색칠된 면의 단면은 ④이다.

	A	B	C
A			
B			
C			

전체 시계 방향 90° 회전

전체 180° 회전

전체 시계 방향 270° 회전

도형만 시계 방향 90° 회전

도형만 180° 회전

도형만 시계 방향 270° 회전

A→n   A행 칸을 화살표 방향으로 n만큼 이동(A행에 속한 도형, 배경색 모두 이동하며, C열 오른쪽으로 벗어난 도형은 A열로 이동함)

A↓n   A열 칸을 화살표 방향으로 n만큼 이동(A열에 속한 도형, 배경색 모두 이동하며, C행 아래로 벗어난 도형은 A행로 이동함)

[비교규칙]

변환된 도형과 표시된 위치의 도형 모양 및 방향이 일치하면 Yes, 그렇지 않으면 No로 이동

변환된 도형과 표시된 위치의 배경색이 일치하면 Yes, 그렇지 않으면 No로 이동

24

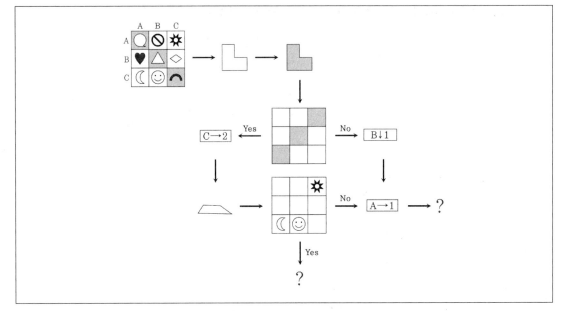

①

②

③

④

⑤

✔ 해설

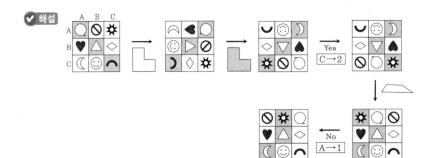

25

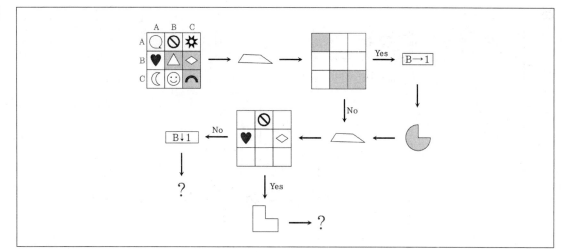

①

②

③

④

⑤

✔ 해설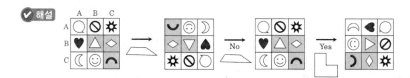

Answer 24.② 25.①

26

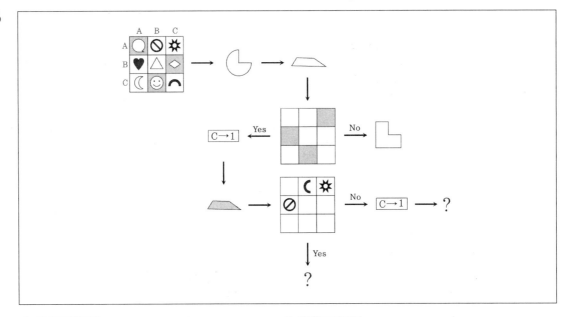

①

②

③

④

⑤

✔ 해설

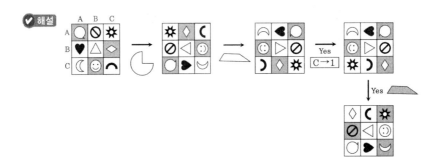

27

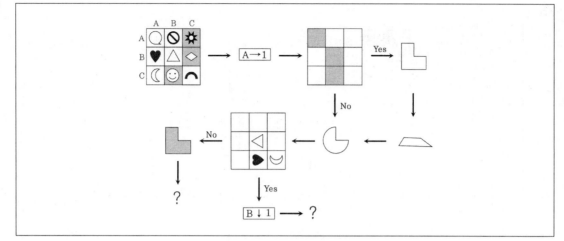

①

②

③

④

⑤

✔해설

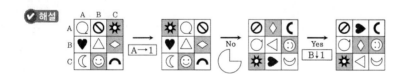

28

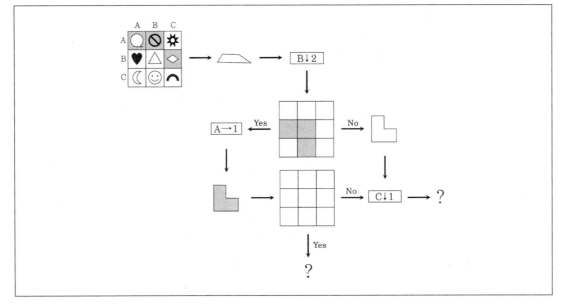

✔ 해설
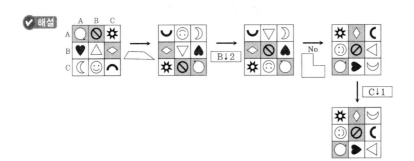

29 다음 등호의 왼쪽과 오른쪽 그림은 동일한 성질을 갖는 도형이다. ( ) 안에 들어갈 도형의 모양으로 옳은 것은?

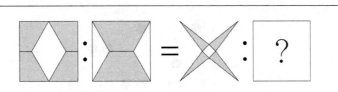

①
②
③
④
⑤

✔해설 왼쪽 그림의 좌측 반면을 잘라 오른쪽 반면의 우측에 붙이면 대응되는 도형이 만들어진다.

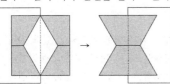 →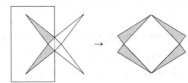

30 다음 그림에서 검은 색 점들이 일정한 규칙으로 배열되어 있을 때, ( ) 안에 들어갈 모양으로 가장 알맞은 것은?

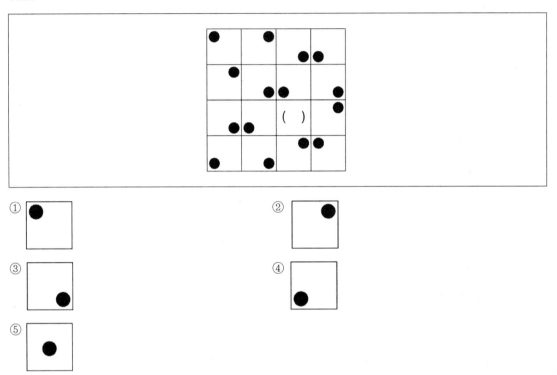

① ⬤

② ⬤

③ ⬤

④ ⬤

⑤ ⬤

해설 정사각형을 상하좌우 네 개의 분면으로 구획해서 검은 점이 배열되어 있다. 이를 토대로 1사분면의 수를 1로 정하면 왼쪽 위에서부터 오른쪽으로 시계방향으로 나선 형태로 움직이면서 행 방향으로는 시계방향(4 → 1 → 2 → 3), 열 방향으로는 반시계방향(3 → 2 → 1 → 4)으로 검은 점이 움직인다는 것을 알 수 있다. 그러므로 ( ) 안에 들어올 검은 점은 2사분면에 있어야 한다.

4	1	2	3
1	2	3	2
2	3	2	1
3	2	1	4

31 다음과 같이 정사각형 내부의 각 칸에는 숫자가 적혀져 있다. 문자 A, B, C는 이들 숫자를 일정한 규칙으로 변화시키는 코드이다. 위 변환규칙에 따라 아래 숫자가 적혀져 있는 정사각형을 코드에 따라 변화시켰을 때 결과로 옳은 것은?

1	2
3	4

→ A →

2	3
4	1

→ B →

4	1
2	3

→ C →

1	1
3	3

1	3
2	3

→ A →   C →   B →

①
3	2
4	2

②
1	3
1	3

③
3	1
3	1

④
2	4
3	4

⑤
2	3
4	2

✔해설 숫자 1-2-3-4는 서로 순환을 한다. 코드를 잘 살펴보면 코드 A는 각 숫자에 +1을 부여하며, 코드 B는 각 숫자에 +2를 부여하고, 코드 C는 짝수에만 +1을 부여함을 알 수 있다.
문제를 살펴보면 A → C → B이므로

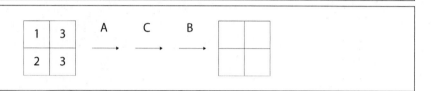

32 일정한 규칙에 의해 다음과 같이 도형이 나열되었을 때 ( ) 안에 알맞은 것은?

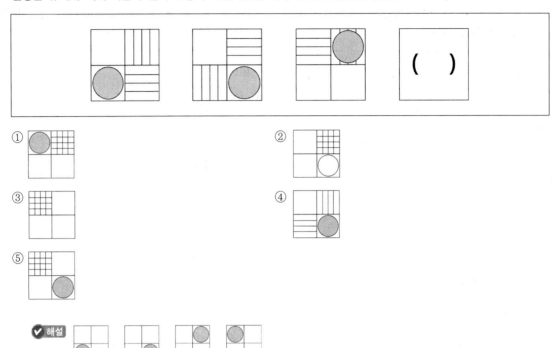

① ② ③ ④ ⑤

✔ 해설

33 화살표에 의한 일정한 규칙에 의해 다음과 같이 도형이 변화될 때, ( ) 안에 들어갈 알맞은 모양을 고르면?

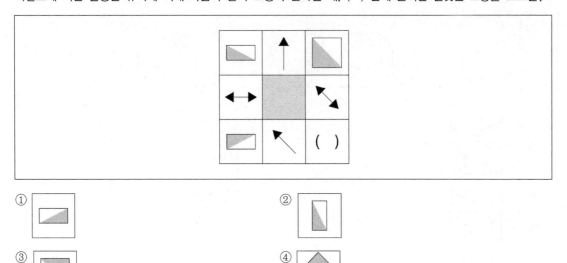

①
②
③
④
⑤

✔해설 화살표의 모양과 그에 따른 도형의 변화를 살펴보면

↑의 경우 직사각형이던 좌측의 도형이 우측의 정사각형 형태로 위쪽 방향으로 늘렸다고 볼 수 있으며,

↔의 경우 좌우 대칭임을 알 수 있다. 그렇다면 ↖은 45도 방향으로 늘리라는 의미로 볼 수 있으

며, ↙의 경우는 45도 방향으로 좌우 대칭임을 알 수 있다. 정답은 ④가 된다.

34 다음 왼쪽에 있는 두 도형과 같은 관계가 되도록 오른쪽 ( ) 안에 들어갈 도형을 고르면?

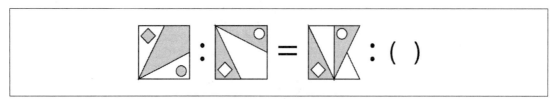

①

②

③

④

⑤

✔해설 그림의 도형을 각각 나누어 생각해보면

도형 전체는 90도 시계 방향으로 회전을 하였으며, 모든 도형의 색이 반전됨을 알 수 있다. 또한 작은 도형의 위치가 서로 바뀌어 있음을 알 수 있다.

그러므로 도형의 전체적인 모양을 보면 시계 방향으로 90도 회전하고 도형의 색이 반전되고 작은 도형의 위치가 바뀐 ③이 답이 된다.

|35~39| 다음 제시된 도형들 사이에는 일정한 규칙이 적용되고 있다. 도형의 규칙을 찾아 A와 B에 들어갈 알맞은 도형을 고르시오.

35

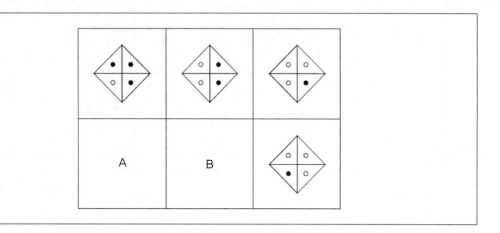

① A B ② A B

③ ④

⑤

✔해설 1행에서 1→2→3열 순서로 왼쪽 하단부터 시계방향으로 원의 색칠이 없어지고 있다. 2행은 1행의 도형을 Y축 대칭 시킨 것이다.

36

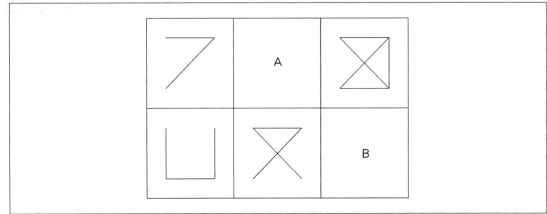

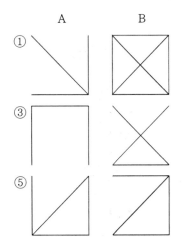

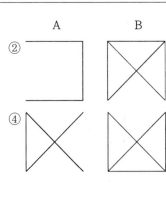

	A	B
①		
②		
③		
④		
⑤		

✔ 해설 각 행의 1열 도형＋2열 도형＝3열 도형

37

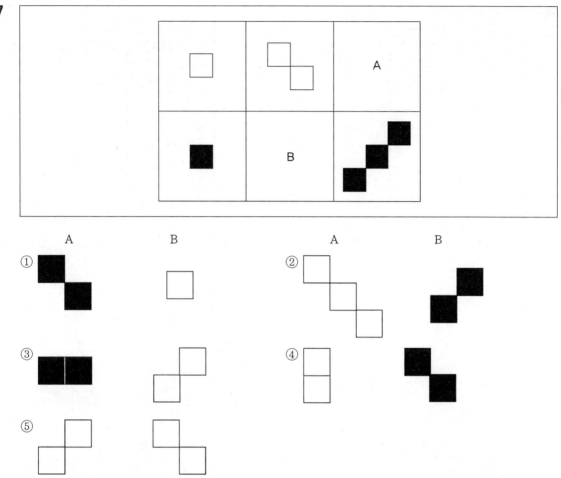

✔해설 1행 1열은 사각형 1개, 2열 2개, 3열은 3개로 이루어진다. 2행은 1행의 도형을 X축 대칭시키고 색 반전 시킨다.

38

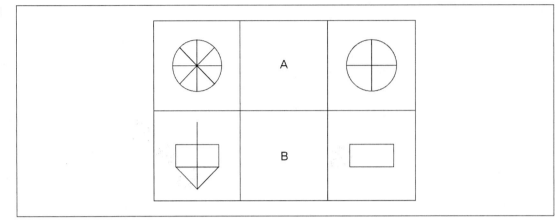

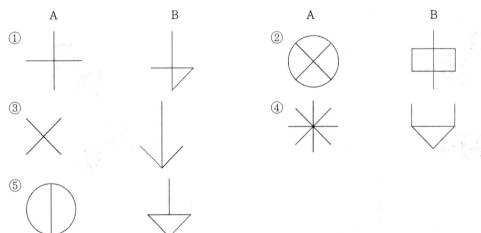

① A ＋ B

② A ⊗ B

③ A ✕ B

④ A ✳ B

⑤ A ⬭ B

✔ 해설 1열의 도형에서 2열의 선을 삭제하면 3열의 도형이 나온다.

39

A   B   A   B

①   ②

③   ④

⑤

✔ 해설 1행에서 1→2→3열로 갈수록 위쪽에 사각형이 추가되고 있다. 2행은 1행의 도형을 반시계방향으로 90°
회전시킨 것이다.

▎40~44▎ 다음 도형들의 일정한 규칙을 찾아 ? 표시된 부분에 들어갈 도형을 고르시오.

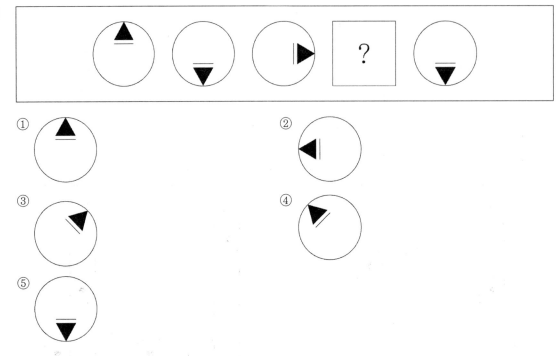

40

✔해설 180도 회전과 반시계방향으로의 90도 회전을 반복하고 있다.

41

①

②

③

④

⑤

✔️ 해설 밖의 도형은 동그라미와 네모 순서로 바뀌고 있으며, 안쪽 네모 안에서는 색칠된 부분이 시계방향으로 한간씩 이동하며 색칠되고 있다.

42

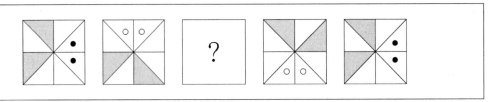

①

②

③

④

⑤

✔해설 반시계방향으로 90도 회전하면서 동그라미 색 반전이 일어나고 있다.

43

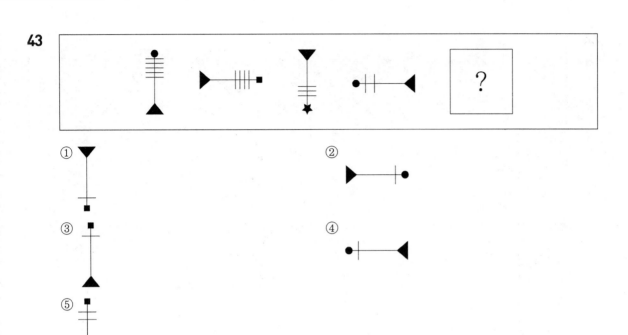

①

②

③

④

⑤

✔️ 해설 시계방향으로 90도 회전하면서 직선이 하나씩 없어지고, 동그라미→네모→별 모양으로 변하고 있다.

44

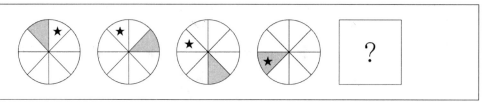

①

②

③

④

⑤

✔해설 색칠된 부분은 시계방향으로 두칸씩 이동하고 있으며, 별모양은 반시계반향으로 한칸씩 이동하고 있다.

▎45~49▎ 다음 주어진 도형들의 일정한 규칙을 찾아, '?'에 들어갈 알맞은 도형을 고르시오.

45

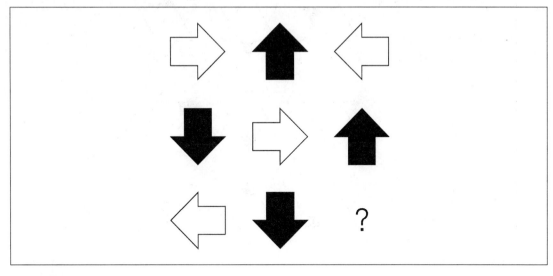

①

②

③

④

⑤

✔ 해설 화살표의 모양이 반시계 방향으로 90°씩 회전하고 있으며, 흰색과 검정색의 화살표가 반복되고 있다.

Answer 44.④ 45.②

46

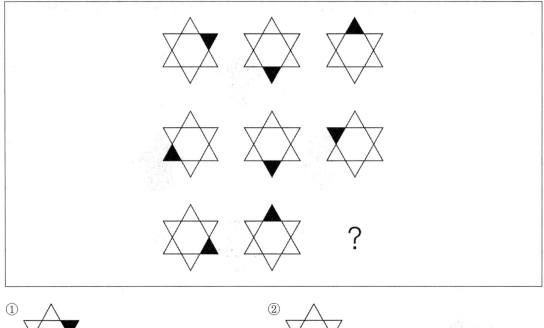

①

②

③

④

⑤

✔해설 색칠된 부분의 위치가 한 칸, 두 칸, 세 칸, 네 칸씩 건너뛰면서 이동하고 있다. 네 칸을 건너뛰고 난 뒤에는 다시 한 칸, 두 칸, 세 칸, 네 칸씩 건너뛰는 것이 반복된다.

47

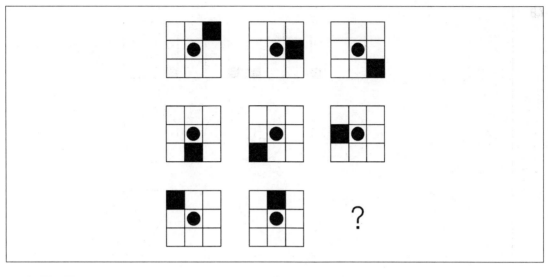

①

②

③

④

⑤

✔️ **해설** 색칠된 네모 칸이 시계 방향으로 한 칸씩 이동하고 있다. 따라서 '?'에 들어가는 도형은 ③이 된다.

48

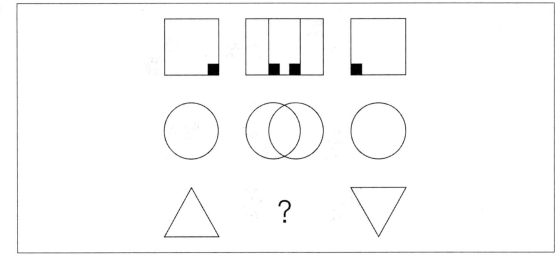

?

①

②

③

④

⑤

✔ 해설 1열과 3열의 도형이 겹쳐서 2열의 도형이 된다.

49

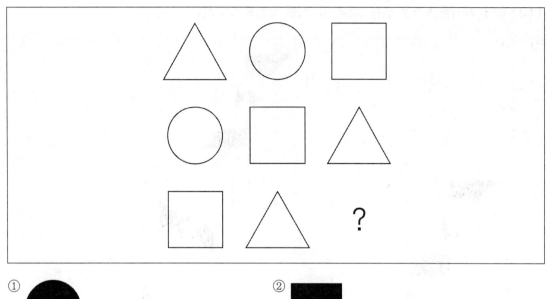

①

②

③

④

⑤

✔해설 가로, 세로를 살펴보면 동그라미, 세모, 네모 모양이 모두 한 번씩 겹치지 않게 들어가 있다. 따라서 '?'에는 동그라미 모양이 들어가야 한다.

┃50~52┃ 제시된 도형을 회전시켰을 때, 다른 도형을 찾으시오.

50

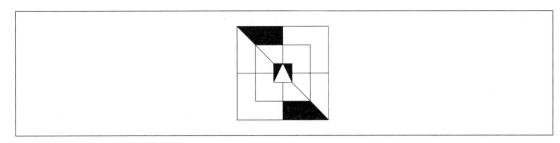

①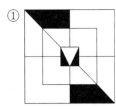

②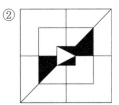

③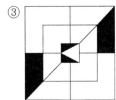

④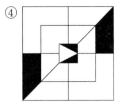

⑤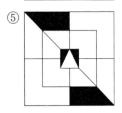

✔ 해설 ① 180° 회전
③ 반시계방향으로 90° 회전
④ 시계방향으로 90° 회전
⑤ 제시된 그림과 일치

51

①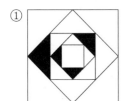
②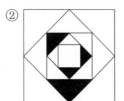
③
④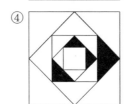
⑤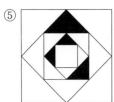

✔ 해설 ① 180° 회전
② 시계방향으로 90° 회전
④ 제시된 그림과 일치
⑤ 반시계방향으로 90° 회전

52

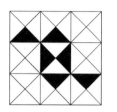

①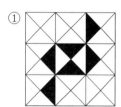

②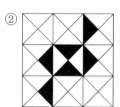

③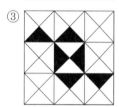

④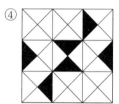

⑤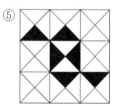

✔ 해설 ① 시계방향으로 90° 회전
② 반시계방향으로 90° 회전
③ 180° 회전
⑤ 제시된 그림과 일치

53~55 다음 제시된 도형의 관계를 파악하여 '?'에 들어갈 도형을 고르시오.

53

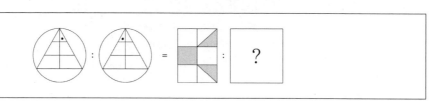

①

②

③

④

⑤

✔ 해설   제시된 도형은 좌우대칭의 관계이다.

54

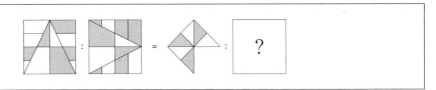

①

②

③

④

⑤

✔ 해설 제시된 도형은 시계방향으로 $90°$ 회전하면서 색이 반전되는 관계이다.

55

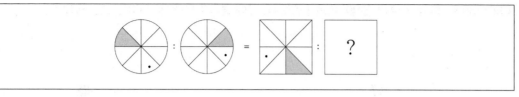

①

②

③

④

⑤

✔ 해설 제시된 도형은 색칠된 부분은 시계방향으로 세칸 이동하고, 까만 점은 반시계방향으로 한칸 이동하는 관계이다.

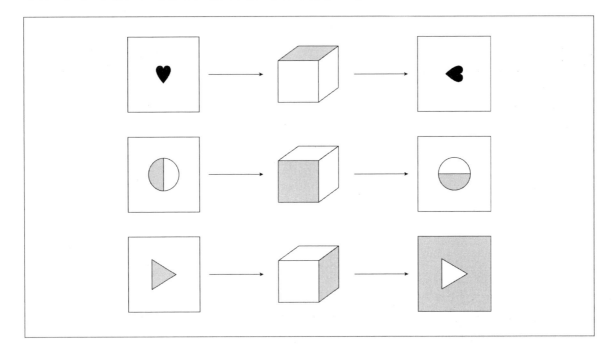

56

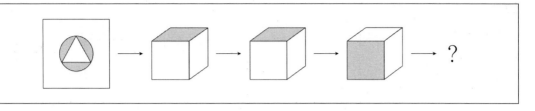

①

②

③

④

⑤

✔ 해설

 오른쪽 90° 오른쪽 90° 왼쪽 90°

57

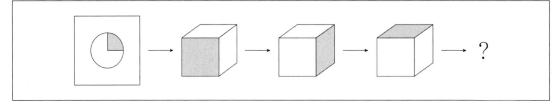

①

②

③

④

⑤

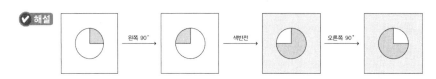

58

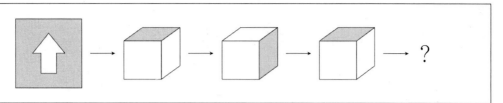

① 　　　②

③ 　　　④

⑤

✔ 해설

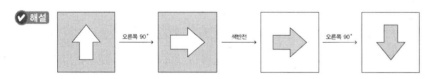

59

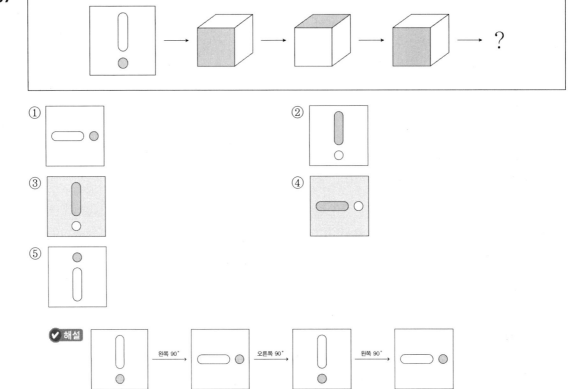

①

②

③

④

⑤

✔ 해설

왼쪽 90°　→　오른쪽 90°　→　왼쪽 90°

60

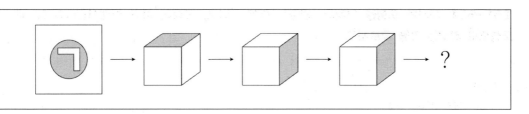

①

②

③

④

⑤

✔ 해설

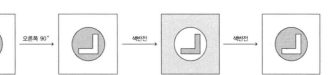

┃61~65┃ 제시된 도형을 아래의 [변환] 규칙과 [비교] 규칙에 따라 변형시킨다고 할 때, ?에 들어갈 도형으로 알맞은 것을 고르시오.

[변환]

▷▷ 1열과 3열을 교환

▽▽ 1행과 3행을 교환

◉ 가운데를 기준으로 시계방향으로 한칸씩 이동

▶◀ 1열을 3열로 복제

[비교]

☆ 해당 칸의 최초 도형과 '모양'을 비교

▼ 해당 칸의 최초 도형과 모양이 같으면 1행씩 아래로 이동

▶ 해당 칸의 최초 도형과 모양이 다르면 1열씩 오른쪽으로 이동

★ 해당 칸의 최초 도형과 '색깔'을 비교

● 해당 칸의 최초 도형과 색깔이 같으면 해당 행 색 반전

◎ 해당 칸의 최초 도형과 색깔이 다르면 해당 열 색 반전

61

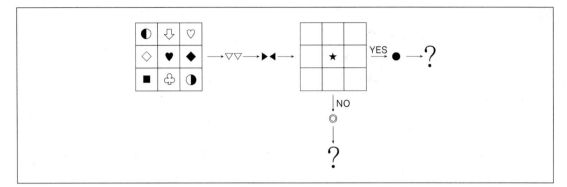

①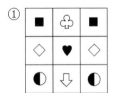

②

③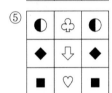

④

⑤

✔ 해설
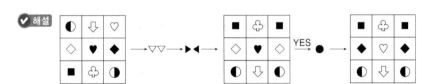

62

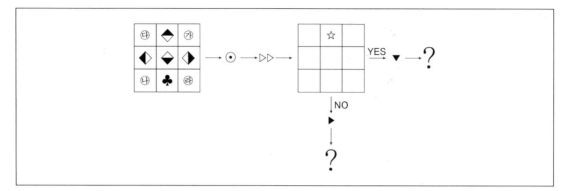

①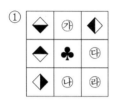

② (table)

③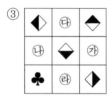

④ (table)

⑤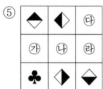

✔ 해설

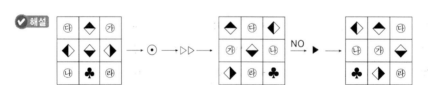

63

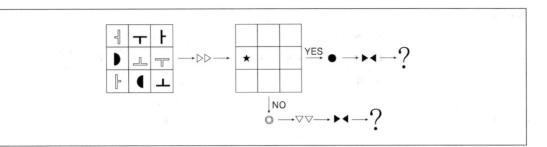

①

②

③

④

⑤

✔ 해설

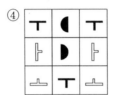

64

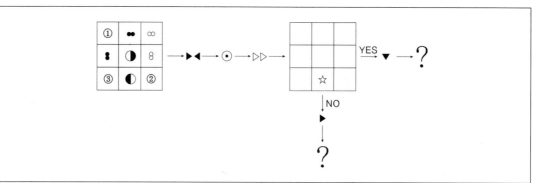

①
🔔	••	①
③	①	◑
◐	🔔	③

②
①	••	①
🔔	◑	🔔
③	◑	③

③
🔔	①	••
③	◑	①
◐	③	🔔

④
••	①	🔔
①	◑	③
🔔	③	◑

⑤
🔔	①	🔔
①	◑	③
③	🔔	◑

✔ 해설

①	••	∞
🔔	◑	8
③	◑	②

→ ▶◀ → ⊙ → ▷▷ →

••	①	🔔
①	◑	③
🔔	③	◐

NO ▶ →

🔔	••	①
③	①	◑
◐	🔔	③

65

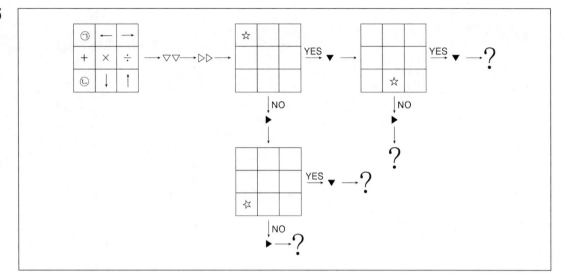

① ② ③ ④ ⑤

✔ 해설

PART

03

인성검사

인성검사의 개요

1 인성(성격)검사의 개념과 목적

인성(성격)이란 개인을 특징짓는 평범하고 일상적인 사회적 이미지, 즉 지속적이고 일관된 공적 성격(Public – personality)이며, 환경에 대응함으로써 선천적 · 후천적 요소의 상호작용으로 결정화된 심리적 · 사회적 특성 및 경향을 의미한다.

인성검사는 직무적성검사를 실시하는 대부분의 기업체에서 병행하여 실시하고 있으며, 인성검사만 독자적으로 실시하는 기업도 있다.

기업체에서는 인성검사를 통하여 각 개인이 어떠한 성격 특성이 발달되어 있고, 어떤 특성이 얼마나 부족한지, 그것이 해당 직무의 특성 및 조직문화와 얼마나 맞는지를 알아보고 이에 적합한 인재를 선발하고자 한다. 또한 개인에게 적합한 직무 배분과 부족한 부분을 교육을 통해 보완하도록 할 수 있다.

인성검사의 측정요소는 검사방법에 따라 차이가 있다. 또한 각 기업체들이 사용하고 있는 인성검사는 기존에 개발된 인성검사방법에 각 기업체의 인재상을 적용하여 자신들에게 적합하게 재개발하여 사용하는 경우가 많다. 그러므로 기업체에서 요구하는 인재상을 파악하여 그에 따른 대비책을 준비하는 것이 바람직하다. 본서에서 제시된 인성검사는 크게 '특성'과 '유형'의 측면에서 측정하게 된다.

2 성격의 특성

(1) 정서적 측면

정서적 측면은 평소 마음의 당연시하는 자세나 정신상태가 얼마나 안정하고 있는지 또는 불안정한지를 측정한다.

정서의 상태는 직무수행이나 대인관계와 관련하여 태도나 행동으로 드러난다. 그러므로 정서적 측면을 측정하는 것에 의해, 장래 조직 내의 인간관계에 어느 정도 잘 적응할 수 있을까(또는 적응하지 못할까)를 예측하는 것이 가능하다.

그렇기 때문에, 정서적 측면의 결과는 채용 시에 상당히 중시된다. 아무리 능력이 좋아도 장기적으로 조직 내의 인간관계에 잘 적응할 수 없다고 판단되는 인재는 기본적으로는 채용되지 않는다.

일반적으로 인성(성격)검사는 채용과는 관계없다고 생각하나 정서적으로 조직에 적응하지 못하는 인재는 채용단계에서 가려내지는 것을 유의하여야 한다.

① **민감성(신경도)** … 꼼꼼함, 섬세함, 성실함 등의 요소를 통해 일반적으로 신경질적인지 또는 자신의 존재를 위협받는다는 불안을 갖기 쉬운지를 측정한다.

질문	그렇다	약간 그렇다	그저 그렇다	별로 그렇지 않다	그렇지 않다
• 배려적이라고 생각한다.					
• 어지러진 방에 있으면 불안하다.					
• 실패 후에는 불안하다.					
• 세세한 것까지 신경쓴다.					
• 이유 없이 불안할 때가 있다.					

▶ 측정결과
㉠ '그렇다'가 많은 경우(상처받기 쉬운 유형) : 사소한 일에 신경 쓰고 다른 사람의 사소한 한마디 말에 상처를 받기 쉽다.
• 면접관의 심리 : '동료들과 잘 지낼 수 있을까?', '실패할 때마다 위축되지 않을까?'
• 면접대책 : 다소 신경질적이라도 능력을 발휘할 수 있다는 평가를 얻도록 한다. 주변과 충분한 의사소통이 가능하고, 결정한 것을 실행할 수 있다는 것을 보여주어야 한다.
㉡ '그렇지 않다'가 많은 경우(정신적으로 안정적인 유형) : 사소한 일에 신경 쓰지 않고 금방 해결하며, 주위 사람의 말에 과민하게 반응하지 않는다.
• 면접관의 심리 : '계약할 때 필요한 유형이고, 사고 발생에도 유연하게 대처할 수 있다.'
• 면접대책 : 일반적으로 '민감성'의 측정치가 낮으면 플러스 평가를 받으므로 더욱 자신감 있는 모습을 보여준다.

② **자책성(과민도)** … 자신을 비난하거나 책망하는 정도를 측정한다.

질문	그렇다	약간 그렇다	그저 그렇다	별로 그렇지 않다	그렇지 않다
• 후회하는 일이 많다.					
• 자신이 하찮은 존재라 생각된다.					
• 문제가 발생하면 자기의 탓이라고 생각한다.					
• 무슨 일이든지 끙끙대며 진행하는 경향이 있다.					
• 온순한 편이다.					

▶ 측정결과
㉠ '그렇다'가 많은 경우(자책하는 유형) : 비관적이고 후회하는 유형이다.
• 면접관의 심리 : '끙끙대며 괴로워하고, 일을 진행하지 못할 것 같다.'
• 면접대책 : 기분이 저조해도 항상 의욕을 가지고 생활하는 것과 책임감이 강하다는 것을 보여준다.
㉡ '그렇지 않다'가 많은 경우(낙천적인 유형) : 기분이 항상 밝은 편이다.
• 면접관의 심리 : '안정된 대인관계를 맺을 수 있고, 외부의 압력에도 흔들리지 않는다.'
• 면접대책 : 일반적으로 '자책성'의 측정치가 낮아야 좋은 평가를 받는다.

③ **기분성(불안도)** … 기분의 굴곡이나 감정적인 면의 미숙함이 어느 정도인지를 측정하는 것이다.

질문	그렇다	약간 그렇다	그저 그렇다	별로 그렇지 않다	그렇지 않다
• 다른 사람의 의견에 자신의 결정이 흔들리는 경우가 많다. • 기분이 쉽게 변한다. • 종종 후회한다. • 다른 사람보다 의지가 약한 편이라고 생각한다. • 금방 싫증을 내는 성격이라는 말을 자주 듣는다.					

▶ 측정결과

㉠ '그렇다'가 많은 경우(감정의 기복이 많은 유형) : 의지력보다 기분에 따라 행동하기 쉽다.

• 면접관의 심리 : '감정적인 것에 약하며, 상황에 따라 생산성이 떨어지지 않을까?'

• 면접대책 : 주변 사람들과 항상 협조한다는 것을 강조하고 한결같은 상태로 일할 수 있다는 평가를 받도록 한다.

㉡ '그렇지 않다'가 많은 경우(감정의 기복이 적은 유형) : 감정의 기복이 없고, 안정적이다.

• 면접관의 심리 : '안정적으로 업무에 임할 수 있다.'

• 면접대책 : 기분성의 측정치가 낮으면 플러스 평가를 받으므로 자신감을 가지고 면접에 임한다.

④ **독자성(개인도)** … 주변에 대한 견해나 관심, 자신의 견해나 생각에 어느 정도의 속박감을 가지고 있는지를 측정한다.

질문	그렇다	약간 그렇다	그저 그렇다	별로 그렇지 않다	그렇지 않다
• 창의적 사고방식을 가지고 있다. • 융통성이 없는 편이다. • 혼자 있는 편이 많은 사람과 있는 것보다 편하다. • 개성적이라는 말을 듣는다. • 교제는 번거로운 것이라고 생각하는 경우가 많다.					

▶ 측정결과

㉠ '그렇다'가 많은 경우 : 자기의 관점을 중요하게 생각하는 유형으로, 주위의 상황보다 자신의 느낌과 생각을 중시한다.

• 면접관의 심리 : '제멋대로 행동하지 않을까?'

• 면접대책 : 주위 사람과 협조하여 일을 진행할 수 있다는 것과 상식에 얽매이지 않는다는 인상을 심어준다.

㉡ '그렇지 않다'가 많은 경우 : 상식적으로 행동하고 주변 사람의 시선에 신경을 쓴다.

• 면접관의 심리 : '다른 직원들과 협조하여 업무를 진행할 수 있겠다.'

• 면접대책 : 협조성이 요구되는 기업체에서는 플러스 평가를 받을 수 있다.

⑤ **자신감**(자존심도) … 자기 자신에 대해 얼마나 긍정적으로 평가하는지를 측정한다.

질문	그렇다	약간 그렇다	그저 그렇다	별로 그렇지 않다	그렇지 않다
• 다른 사람보다 능력이 뛰어나다고 생각한다. • 다소 반대의견이 있어도 나만의 생각으로 행동할 수 있다. • 나는 다른 사람보다 기가 센 편이다. • 동료가 나를 모욕해도 무시할 수 있다. • 대개의 일을 목적한 대로 헤쳐나갈 수 있다고 생각한다.					

▶ 측정결과

㉠ '그렇다'가 많은 경우 : 자기 능력이나 외모 등에 자신감이 있고, 비판당하는 것을 좋아하지 않는다.

• 면접관의 심리 : '자만하여 지시에 잘 따를 수 있을까?'

• 면접대책 : 다른 사람의 조언을 잘 받아들이고, 겸허하게 반성하는 면이 있다는 것을 보여주고, 동료들과 잘 지내며 리더의 자질이 있다는 것을 강조한다.

㉡ '그렇지 않다'가 많은 경우 : 자신감이 없고 다른 사람의 비판에 약하다.

• 면접관의 심리 : '패기가 부족하지 않을까?', '쉽게 좌절하지 않을까?'

• 면접대책 : 극도의 자신감 부족으로 평가되지는 않는다. 그러나 마음이 약한 면은 있지만 의욕적으로 일을 하겠다는 마음가짐을 보여준다.

⑥ **고양성(분위기에 들뜨는 정도)** ··· 자유분방함, 명랑함과 같이 감정(기분)의 높고 낮음의 정도를 측정한다.

질문	그렇다	약간 그렇다	그저 그렇다	별로 그렇지 않다	그렇지 않다
• 침착하지 못한 편이다. • 다른 사람보다 쉽게 우쭐해진 다. • 모든 사람이 아는 유명인사가 되고 싶다. • 모임이나 집단에서 분위기를 이끄는 편이다. • 취미 등이 오랫동안 지속되지 않는 편이다.					

▶ 측정결과

㉠ **'그렇다'가 많은 경우** : 자극이나 변화가 있는 일상을 원하고 기분을 들뜨게 하는 사람과 친밀하게 지내는 경향이 강하다.
• **면접관의 심리** : '일을 진행하는 데 변덕스럽지 않을까?'
• **면접대책** : 밝은 태도는 플러스 평가를 받을 수 있지만, 착실한 업무능력이 요구되는 직종에서는 마이너스 평가가 될 수 있다. 따라서 자기조절이 가능하다는 것을 보여준다.

㉡ **'그렇지 않다'가 많은 경우** : 감정이 항상 일정하고, 속을 드러내 보이지 않는다.
• **면접관의 심리** : '안정적인 업무 태도를 기대할 수 있겠다.'
• **면접대책** : '고양성'의 낮음은 대체로 플러스 평가를 받을 수 있다. 그러나 '무엇을 생각하고 있는지 모르겠다' 등의 평을 듣지 않도록 주의한다.

⑦ **허위성(진위성)** … 필요 이상으로 자기를 좋게 보이려 하거나 기업체가 원하는 '이상형'에 맞춘 대답을 하고 있는지, 없는지를 측정한다.

질문	그렇다	약간 그렇다	그저 그렇다	별로 그렇지 않다	그렇지 않다
• 약속을 깨뜨린 적이 한 번도 없다. • 다른 사람을 부럽다고 생각해 본 적이 없다. • 꾸지람을 들은 적이 없다. • 사람을 미워한 적이 없다. • 화를 낸 적이 한 번도 없다.					

▶ 측정결과

㉠ **'그렇다'가 많은 경우** : 실제의 자기와는 다른, 말하자면 원칙으로 해답할 가능성이 있다.

• **면접관의 심리** : '거짓을 말하고 있다.'

• **면접대책** : 조금이라도 좋게 보이려고 하는 '거짓말쟁이'로 평가될 수 있다. '거짓을 말하고 있다.'는 마음 따위가 전혀 없다 해도 결과적으로는 정직하게 답하지 않는다는 것이 되어 버린다. '허위성'의 측정 질문은 구분되지 않고 다른 질문 중에 섞여 있다. 그러므로 모든 질문에 솔직하게 답하여야 한다. 또한 자기 자신과 너무 동떨어진 이미지로 답하면 좋은 결과를 얻지 못한다. 그리고 면접에서 '허위성'을 기본으로 한 질문을 받게 되므로 당황하거나 또다른 모순된 답변을 하게 된다. 겉치레를 하거나 무리한 욕심을 부리지 말고 '이런 사회인이 되고 싶다.'는 현재의 자신보다, 조금 성장한 자신을 표현하는 정도가 적당하다.

㉡ **'그렇지 않다'가 많은 경우** : 냉정하고 정직하며, 외부의 압력과 스트레스에 강한 유형이다. '대쪽 같음'의 이미지가 굳어지지 않도록 주의한다.

(2) 행동적인 측면

행동적 측면은 인격 중에 특히 행동으로 드러나기 쉬운 측면을 측정한다. 사람의 행동 특징 자체에는 선도 악도 없으나, 일반적으로는 일의 내용에 의해 원하는 행동이 있다. 때문에 행동적 측면은 주로 직종과 깊은 관계가 있는데 자신의 행동 특성을 살려 적합한 직종을 선택한다면 플러스가 될 수 있다.

행동 특성에서 보여 지는 특징은 면접장면에서도 드러나기 쉬운데 본서의 모의 TEST의 결과를 참고하여 자신의 태도, 행동이 면접관의 시선에 어떻게 비치는지를 점검하도록 한다.

① **사회적 내향성** … 대인관계에서 나타나는 행동경향으로 '낯가림'을 측정한다.

질문	선택
A : 파티에서는 사람을 소개받은 편이다. B : 파티에서는 사람을 소개하는 편이다.	
A : 처음 보는 사람과는 어색하게 시간을 보내는 편이다. B : 처음 보는 사람과는 즐거운 시간을 보내는 편이다.	
A : 친구가 적은 편이다. B : 친구가 많은 편이다.	
A : 자신의 의견을 말하는 경우가 적다. B : 자신의 의견을 말하는 경우가 많다.	
A : 사교적인 모임에 참석하는 것을 좋아하지 않는다. B : 사교적인 모임에 항상 참석한다.	

▶ 측정결과

㉠ 'A'가 많은 경우 : 내성적이고 사람들과 접하는 것에 소극적이다. 자신의 의견을 말하지 않고 조심스러운 편이다.
- 면접관의 심리 : '소극적인데 동료와 잘 지낼 수 있을까?'
- 면접대책 : 대인관계를 맺는 것을 싫어하지 않고 의욕적으로 일을 할 수 있다는 것을 보여준다.

㉡ 'B'가 많은 경우 : 사교적이고 자기의 생각을 명확하게 전달할 수 있다.
- 면접관의 심리 : '사교적이고 활동적인 것은 좋지만, 자기주장이 너무 강하지 않을까?'
- 면접대책 : 협조성을 보여주고, 자기주장이 너무 강하다는 인상을 주지 않도록 주의한다.

② 내성성(침착도) ··· 자신의 행동과 일에 대해 침착하게 생각하는 정도를 측정한다.

질문	선택
A : 시간이 걸려도 침착하게 생각하는 경우가 많다. B : 짧은 시간에 결정을 하는 경우가 많다.	
A : 실패의 원인을 찾고 반성하는 편이다. B : 실패를 해도 그다지(별로) 개의치 않는다.	
A : 결론이 도출되어도 몇 번 정도 생각을 바꾼다. B : 결론이 도출되면 신속하게 행동으로 옮긴다.	
A : 여러 가지 생각하는 것이 능숙하다. B : 여러 가지 일을 재빨리 능숙하게 처리하는 데 익숙하다.	
A : 여러 가지 측면에서 사물을 검토한다. B : 행동한 후 생각을 한다.	

▶ 측정결과

㉠ 'A'가 많은 경우 : 행동하기 보다는 생각하는 것을 좋아하고 신중하게 계획을 세워 실행한다.
• 면접관의 심리 : '행동으로 실천하지 못하고, 대응이 늦은 경향이 있지 않을까?'
• 면접대책 : 발로 뛰는 것을 좋아하고, 일을 더디게 한다는 인상을 주지 않도록 한다.

㉡ 'B'가 많은 경우 : 차분하게 생각하는 것보다 우선 행동하는 유형이다.
• 면접관의 심리 : '생각하는 것을 싫어하고 경솔한 행동을 하지 않을까?'
• 면접대책 : 계획을 세우고 행동할 수 있는 것을 보여주고 '사려깊다'라는 인상을 남기도록 한다.

③ **신체활동성** … 몸을 움직이는 것을 좋아하는가를 측정한다.

질문	선택
A : 민첩하게 활동하는 편이다. B : 준비행동이 없는 편이다.	
A : 일을 척척 해치우는 편이다. B : 일을 더디게 처리하는 편이다.	
A : 활발하다는 말을 듣는다. B : 얌전하다는 말을 듣는다.	
A : 몸을 움직이는 것을 좋아한다. B : 가만히 있는 것을 좋아한다.	
A : 스포츠를 하는 것을 즐긴다. B : 스포츠를 보는 것을 좋아한다.	

▶ 측정결과

㉠ 'A'가 많은 경우 : 활동적이고, 몸을 움직이게 하는 것이 컨디션이 좋다.

• 면접관의 심리 : '활동적으로 활동력이 좋아 보인다.'

• 면접대책 : 활동하고 얻은 성과 등과 주어진 상황의 대응능력을 보여준다.

㉡ 'B'가 많은 경우 : 침착한 인상으로, 차분하게 있는 타입이다.

• 면접관의 심리 : '좀처럼 행동하려 하지 않아 보이고, 일을 빠르게 처리할 수 있을까?'

④ **지속성(노력성)** … 무슨 일이든 포기하지 않고 끈기 있게 하려는 정도를 측정한다.

질문	선택
A : 일단 시작한 일은 시간이 걸려도 끝까지 마무리한다. B : 일을 하다 어려움에 부딪히면 단념한다.	
A : 끈질긴 편이다. B : 바로 단념하는 편이다.	
A : 인내가 강하다는 말을 듣는다. B : 금방 싫증을 낸다는 말을 듣는다.	
A : 집념이 깊은 편이다. B : 담백한 편이다.	
A : 한 가지 일에 구애되는 것이 좋다고 생각한다. B : 간단하게 체념하는 것이 좋다고 생각한다.	

▶ 측정결과

㉠ 'A'가 많은 경우 : 시작한 것은 어려움이 있어도 포기하지 않고 인내심이 높다.

- 면접관의 심리 : '한 가지의 일에 너무 구애되고, 업무의 진행이 원활할까?'
- 면접대책 : 인내력이 있는 것은 플러스 평가를 받을 수 있지만 집착이 강해 보이기도 한다.

㉡ 'B'가 많은 경우 : 뒤끝이 없고 조그만 실패로 일을 포기하기 쉽다.

- 면접관의 심리 : '질리는 경향이 있고, 일을 정확히 끝낼 수 있을까?'
- 면접대책 : 지속적인 노력으로 성공했던 사례를 준비하도록 한다.

⑤ **신중성**(주의성) … 자신이 처한 주변상황을 즉시 파악하고 자신의 행동이 어떤 영향을 미치는지를 측정한다.

질문	선택
A : 여러 가지로 생각하면서 완벽하게 준비하는 편이다. B : 행동할 때부터 임기응변적인 대응을 하는 편이다.	
A : 신중해서 타이밍을 놓치는 편이다. B : 준비 부족으로 실패하는 편이다.	
A : 자신은 어떤 일에도 신중히 대응하는 편이다. B : 순간적인 충동으로 활동하는 편이다.	
A : 시험을 볼 때 끝날 때까지 재검토하는 편이다. B : 시험을 볼 때 한 번에 모든 것을 마치는 편이다.	
A : 일에 대해 계획표를 만들어 실행한다. B : 일에 대한 계획표 없이 진행한다.	

▶ 측정결과

㉠ 'A'가 많은 경우 : 주변 상황에 민감하고, 예측하여 계획 있게 일을 진행한다.
• **면접관의 심리** : '너무 신중해서 적절한 판단을 할 수 있을까?', '앞으로의 상황에 불안을 느끼지 않을까?'
• **면접대책** : 예측을 하고 실행을 하는 것은 플러스 평가가 되지만, 너무 신중하면 일의 진행이 정체될 가능성을 보이므로 추진력이 있다는 강한 의욕을 보여준다.

㉡ 'B'가 많은 경우 : 주변 상황을 살펴보지 않고 착실한 계획 없이 일을 진행시킨다.
• **면접관의 심리** : '사려 깊지 않고, 실패하는 일이 많지 않을까?', '판단이 빠르고 유연한 사고를 할 수 있을까?'
• **면접대책** : 사전준비를 중요하게 생각하고 있다는 것 등을 보여주고, 경솔한 인상을 주지 않도록 한다. 또한 판단력이 빠르거나 유연한 사고 덕분에 일 처리를 잘 할 수 있다는 것을 강조한다.

(3) 의욕적인 측면

의욕적인 측면은 의욕의 정도, 활동력의 유무 등을 측정한다. 여기서의 의욕이란 우리들이 보통 말하고 사용하는 '하려는 의지'와는 조금 뉘앙스가 다르다. '하려는 의지'란 그 때의 환경이나 기분에 따라 변화하는 것이지만, 여기에서는 조금 더 변화하기 어려운 특징, 말하자면 정신적 에너지의 양으로 측정하는 것이다.

의욕적 측면은 행동적 측면과는 다르고, 전반적으로 어느 정도 점수가 높은 쪽을 선호한다. 모의검사의 의욕적 측면의 결과가 낮다면, 평소 일에 몰두할 때 조금 의욕 있는 자세를 가지고 서서히 개선하도록 노력해야 한다.

① **달성의욕** … 목적의식을 가지고 높은 이상을 가지고 있는지를 측정한다.

질문	선택
A : 경쟁심이 강한 편이다. B : 경쟁심이 약한 편이다.	
A : 어떤 한 분야에서 제1인자가 되고 싶다고 생각한다. B : 어느 분야에서든 성실하게 임무를 진행하고 싶다고 생각한다.	
A : 규모가 큰일을 해보고 싶다. B : 맡은 일에 충실히 임하고 싶다.	
A : 아무리 노력해도 실패한 것은 아무런 도움이 되지 않는다. B : 가령 실패했을 지라도 나름대로의 노력이 있었으므로 괜찮다.	
A : 높은 목표를 설정하여 수행하는 것이 의욕적이다. B : 실현 가능한 정도의 목표를 설정하는 것이 의욕적이다.	

▶ **측정결과**
㉠ **'A'가 많은 경우** : 큰 목표와 높은 이상을 가지고 승부욕이 강한 편이다.
- **면접관의 심리** : '열심히 일을 해줄 것 같은 유형이다.'
- **면접대책** : 달성의욕이 높다는 것은 어떤 직종이라도 플러스 평가가 된다.
㉡ **'B'가 많은 경우** : 현재의 생활을 소중하게 여기고 비약적인 발전을 위하여 기를 쓰지 않는다.
- **면접관의 심리** : '외부의 압력에 약하고, 기획입안 등을 하기 어려울 것이다.'
- **면접대책** : 일을 통하여 하고 싶은 것들을 구체적으로 어필한다.

② **활동의욕** … 자신에게 잠재된 에너지의 크기로, 정신적인 측면의 활동력이라 할 수 있다.

질문	선택
A : 하고 싶은 일을 실행으로 옮기는 편이다. B : 하고 싶은 일을 좀처럼 실행할 수 없는 편이다.	
A : 어려운 문제를 해결해 가는 것이 좋다. B : 어려운 문제를 해결하는 것을 잘하지 못한다.	
A : 일반적으로 결단이 빠른 편이다. B : 일반적으로 결단이 느린 편이다.	
A : 곤란한 상황에도 도전하는 편이다. B : 사물의 본질을 깊게 관찰하는 편이다.	
A : 시원시원하다는 말을 잘 듣는다. B : 꼼꼼하다는 말을 잘 듣는다.	

▶ 측정결과
㉠ 'A'가 많은 경우 : 꾸물거리는 것을 싫어하고 재빠르게 결단해서 행동하는 타입이다.
• 면접관의 심리 : '일을 처리하는 솜씨가 좋고, 일을 척척 진행할 수 있을 것 같다.'
• 면접대책 : 활동의욕이 높은 것은 플러스 평가가 된다. 사교성이나 활동성이 강하다는 인상을 준다.
㉡ 'B'가 많은 경우 : 안전하고 확실한 방법을 모색하고 차분하게 시간을 아껴서 일에 임하는 타입이다.
• 면접관의 심리 : '재빨리 행동을 못하고, 일의 처리속도가 느린 것이 아닐까?'
• 면접대책 : 활동성이 있는 것을 좋아하고 움직임이 더디다는 인상을 주지 않도록 한다.

3 성격의 유형

(1) 인성검사유형의 4가지 척도

정서적인 측면, 행동적인 측면, 의욕적인 측면의 요소들은 성격 특성이라는 관점에서 제시된 것들로 각 개인의 장·단점을 파악하는 데 유용하다. 그러나 전체적인 개인의 인성을 이해하는 데는 한계가 있다.
성격의 유형은 개인의 '성격적인 특색'을 가리키는 것으로, 사회인으로서 적합한지, 아닌지를 말하는 관점과는 관계가 없다. 따라서 채용의 합격 여부에는 사용되지 않는 경우가 많으며, 입사 후의 적정 부서 배치의 자료가 되는 편이라 생각하면 된다. 그러나 채용과 관계가 없다고 해서 아무런 준비도 필요없는 것은 아니다. 자신을 아는 것은 면접 대책의 밑거름이 되므로 모의검사 결과를 충분히 활용하도록 하여야 한다.

본서에서는 4개의 척도를 사용하여 기본적으로 16개의 패턴으로 성격의 유형을 분류하고 있다. 각 개인의 성격이 어떤 유형인지 재빨리 파악하기 위해 사용되며, '적성'에 맞는지, 맞지 않는지의 관점에 활용된다.

- 흥미 · 관심의 방향 : 내향형 ←————→ 외향형
- 사물에 대한 견해 : 직관형 ←————→ 감각형
- 판단하는 방법 : 감정형 ←————→ 사고형
- 환경에 대한 접근방법 : 지각형 ←————→ 판단형

(2) 성격유형

① **흥미 · 관심의 방향**(내향⇆외향) … 흥미 · 관심의 방향이 자신의 내면에 있는지, 주위환경 등 외면에 향하는 지를 가리키는 척도이다.

질문	선택
A : 내성적인 성격인 편이다. B : 개방적인 성격인 편이다.	
A : 항상 신중하게 생각을 하는 편이다. B : 바로 행동에 착수하는 편이다.	
A : 수수하고 조심스러운 편이다. B : 자기 표현력이 강한 편이다.	
A : 다른 사람과 함께 있으면 침착하지 않다. B : 혼자서 있으면 침착하지 않다.	

▶ 측정결과

㉠ 'A'가 많은 경우(내향) : 관심의 방향이 자기 내면에 있으며, 조용하고 낯을 가리는 유형이다. 행동력은 부족하나 집중력이 뛰어나고 신중하고 꼼꼼하다.

㉡ 'B'가 많은 경우(외향) : 관심의 방향이 외부환경에 있으며, 사교적이고 활동적인 유형이다. 꼼꼼함이 부족하여 대충하는 경향이 있으나 행동력이 있다.

② 일(사물)을 보는 방법(감각⇆직관) … 일(사물)을 보는 법이 감각적으로 형식에 얽매이는지, 직관적으로 상식적인지를 가리키는 척도이다.

질문	선택
A : 현실주의적인 편이다. B : 상상력이 풍부한 편이다.	
A : 정형적인 방법으로 일을 처리하는 것을 좋아한다. B : 만들어진 방법에 변화가 있는 것을 좋아한다.	
A : 경험에서 가장 적합한 방법으로 선택한다. B : 지금까지 없었던 새로운 방법을 개척하는 것을 좋아한다.	
A : 성실하다는 말을 듣는다. B : 호기심이 강하다는 말을 듣는다.	

▶ 측정결과
㉠ 'A'가 많은 경우(감각) : 현실적이고 경험주의적이며 보수적인 유형이다.
㉡ 'B'가 많은 경우(직관) : 새로운 주제를 좋아하며, 독자적인 시각을 가진 유형이다.

③ 판단하는 방법(감정⇆사고) … 일을 감정적으로 판단하는지, 논리적으로 판단하는지를 가리키는 척도이다.

질문	선 택
A : 인간관계를 중시하는 편이다. B : 일의 내용을 중시하는 편이다.	
A : 결론을 자기의 신념과 감정에서 이끌어내는 편이다. B : 결론을 논리적 사고에 의거하여 내리는 편이다.	
A : 다른 사람보다 동정적이고 눈물이 많은 편이다. B : 다른 사람보다 이성적이고 냉정하게 대응하는 편이다.	
A : 많은 사람이 만족하는 결과에 이르도록 노력한다. B : 원인과 결과가 논리적으로 맞는 것을 좋아한다.	

▶ 측정결과
㉠ 'A'가 많은 경우(감정) : 일을 판단할 때 마음·감정을 중요하게 여기는 유형이다. 감정이 풍부하고 친절하나 엄격함이 부족하고 우유부단하며, 합리성이 부족하다.
㉡ 'B'가 많은 경우(사고) : 일을 판단할 때 논리성을 중요하게 여기는 유형이다. 이성적이고 합리적이나 타인에 대한 배려가 부족하다.

④ 환경에 대한 접근방법 … 주변상황에 어떻게 접근하는지, 그 판단기준을 어디에 두는지를 측정한다.

질문	선택
A : 사전에 계획을 세우지 않고 행동한다. B : 반드시 계획을 세우고 그것에 의거해서 행동한다.	
A : 자유롭게 행동하는 것을 좋아한다. B : 조직적으로 행동하는 것을 좋아한다.	
A : 조직성이나 관습에 속박당하지 않는다. B : 조직성이나 관습을 중요하게 여긴다.	
A : 계획 없이 낭비가 심한 편이다. B : 예산을 세워 물건을 구입하는 편이다.	

▶ 측정결과

㉠ 'A'가 많은 경우(지각) : 일의 변화에 융통성을 가지고 유연하게 대응하는 유형이다. 낙관적이며 질서보다는 자유를 좋아하나 임기응변식의 대응으로 무계획적인 인상을 줄 수 있다.

㉡ 'B'가 많은 경우(판단) : 일의 진행시 계획을 세워서 실행하는 유형이다. 순차적으로 진행하는 일을 좋아하고 끈기가 있으나 변화에 대해 적절하게 대응하지 못하는 경향이 있다.

(3) 성격유형의 판정

성격유형은 합격 여부의 판정보다는 배치를 위한 자료로써 이용된다. 즉, 기업은 입사시험단계에서 입사 후에도 사용할 수 있는 정보를 입수하고 있다는 것이다. 성격검사에서는 어느 척도가 얼마나 고득점이었는지에 주시하고 각각의 측면에서 반드시 하나씩 고르고 편성한다. 편성은 모두 16가지가 되나 각각의 측면을 더 세분하면 200가지 이상의 유형이 나온다.

여기에서는 16가지 편성을 제시한다. 성격검사에 어떤 정보가 게재되어 있는지를 이해하면서 자기의 성격 유형을 파악하기 위한 실마리로 활용하도록 한다.

① 내향 – 직관 – 감정 – 지각(TYPE A)

관심이 내면에 향하고 조용하고 소극적이다. 사물에 대한 견해는 새로운 것에 대해 호기심이 강하고, 독창적이다. 감정은 좋아하는 것과 싫어하는 것의 판단이 확실하고, 감정이 풍부하고 따뜻한 느낌이 있는 반면, 합리성이 부족한 경향이 있다. 환경에 접근하는 방법은 순응적이고 상황의 변화에 대해 유연하게 대응하는 것을 잘한다.

② 내향 – 직관 – 감정 – 사고(TYPE B)

관심이 내면으로 향하고 조용하고 쑥스러움을 잘 타는 편이다. 사물을 보는 관점은 독창적이며, 자기나름대로 궁리하며 생각하는 일이 많다. 좋고 싫음으로 판단하는 경향이 강하고 타인에게는 친절한 반면, 우유부단하기 쉬운 편이다. 환경 변화에 대해 유연하게 대응하는 것을 잘한다.

③ 내향 - 직관 - 사고 - 지각(TYPE C)

관심이 내면으로 향하고 얌전하고 교제범위가 좁다. 사물을 보는 관점은 독창적이며, 현실에서 먼 추상적인 것을 생각하기를 좋아한다. 논리적으로 생각하고 판단하는 경향이 강하고 이성적이지만, 남의 감정에 대해서는 무반응인 경향이 있다. 환경의 변화에 순응적이고 융통성 있게 임기응변으로 대응할 수가 있다.

④ 내향 - 직관 - 사고 - 판단(TYPE D)

관심이 내면으로 향하고 주의깊고 신중하게 행동을 한다. 사물을 보는 관점은 독창적이며 논리를 좋아해서 이치를 따지는 경향이 있다. 논리적으로 생각하고 판단하는 경향이 강하고, 객관적이지만 상대방의 마음에 대한 배려가 부족한 경향이 있다. 환경에 대해서는 순응하는 것보다 대응하며, 한 번 정한 것은 끈질기게 행동하려 한다.

⑤ 내향 - 감각 - 감정 - 지각(TYPE E)

관심이 내면으로 향하고 조용하며 소극적이다. 사물을 보는 관점은 상식적이고 그대로의 것을 좋아하는 경향이 있다. 좋음과 싫음으로 판단하는 경향이 강하고 타인에 대해서 동정심이 많은 반면, 엄격한 면이 부족한 경향이 있다. 환경에 대해서는 순응적이고, 예측할 수 없다해도 태연하게 행동하는 경향이 있다.

⑥ 내향 - 감각 - 감정 - 판단(TYPE F)

관심이 내면으로 향하고 얌전하며 쑥쓰러움을 많이 탄다. 사물을 보는 관점은 상식적이고 논리적으로 생각하는 것보다도 경험을 중요시하는 경향이 있다. 좋고 싫음으로 판단하는 경향이 강하고 사람이 좋은 반면, 개인적 취향이나 소원에 영향을 받는 일이 많은 경향이 있다. 환경에 대해서는 영향을 받지 않고, 자기 페이스 대로 꾸준히 성취하는 일을 잘한다.

⑦ 내향 - 감각 - 사고 - 지각(TYPE G)

관심이 내면으로 향하고 얌전하고 교제범위가 좁다. 사물을 보는 관점은 상식적인 동시에 실천적이며, 틀에 박힌 형식을 좋아한다. 논리적으로 판단하는 경향이 강하고 침착하지만 사람에 대해서는 엄격하여 차가운 인상을 주는 일이 많다. 환경에 대해서 순응적이고, 계획적으로 행동하지 않으며 자유로운 행동을 좋아하는 경향이 있다.

⑧ 내향 - 감각 - 사고 - 판단(TYPE H)

관심이 내면으로 향하고 주의 깊고 신중하게 행동을 한다. 사물을 보는 관점이 상식적이고 새롭고 경험하지 못한 일에 대응을 잘 하지 못한다. 논리적으로 생각하고 판단하는 경향이 강하고, 공평하지만 상대방의 감정에 대해 배려가 부족할 때가 있다. 환경에 대해서는 작용하는 편이고, 질서 있게 행동하는 것을 좋아한다.

⑨ 외향 - 직관 - 감정 - 지각(TYPE I)

관심이 외향으로 향하고 밝고 활동적이며 교제범위가 넓다. 사물을 보는 관점은 독창적이고 호기심이 강하며 새로운 것을 생각하는 것을 좋아한다. 좋음 싫음으로 판단하는 경향이 강하다. 사람은 좋은 반면 개인적 취향이나 소원에 영향을 받는 일이 많은 편이다.

⑩ 외향 – 직관 – 감정 – 판단(TYPE J)

관심이 외향으로 향하고 개방적이며 누구와도 쉽게 친해질 수 있다. 사물을 보는 관점은 독창적이고 자기 나름대로 궁리하고 생각하는 면이 많다. 좋음과 싫음으로 판단하는 경향이 강하고, 타인에 대해 동정적이기 쉽고 엄격함이 부족한 경향이 있다. 환경에 대해서는 작용하는 편이고 질서 있는 행동을 하는 것을 좋아한다.

⑪ 외향 – 직관 – 사고 – 지각(TYPE K)

관심이 외향으로 향하고 태도가 분명하며 활동적이다. 사물을 보는 관점은 독창적이고 현실과 거리가 있는 추상적인 것을 생각하는 것을 좋아한다. 논리적으로 생각하고 판단하는 경향이 강하고, 공평하지만 상대에 대한 배려가 부족할 때가 있다.

⑫ 외향 – 직관 – 사고 – 판단(TYPE L)

관심이 외향으로 향하고 밝고 명랑한 성격이며 사교적인 것을 좋아한다. 사물을 보는 관점은 독창적이고 논리적인 것을 좋아하기 때문에 이치를 따지는 경향이 있다. 논리적으로 생각하고 판단하는 경향이 강하고 침착성이 뛰어나지만 사람에 대해서 엄격하고 차가운 인상을 주는 경우가 많다. 환경에 대해 작용하는 편이고 계획을 세우고 착실하게 실행하는 것을 좋아한다.

⑬ 외향 – 감각 – 감정 – 지각(TYPE M)

관심이 외향으로 향하고 밝고 활동적이고 교제범위가 넓다. 사물을 보는 관점은 상식적이고 종래대로 있는 것을 좋아한다. 보수적인 경향이 있고 좋아함과 싫어함으로 판단하는 경향이 강하며 타인에게는 친절한 반면, 우유부단한 경우가 많다. 환경에 대해 순응적이고, 융통성이 있고 임기응변으로 대응할 가능성이 높다.

⑭ 외향 – 감각 – 감정 – 판단(TYPE N)

관심이 외향으로 향하고 개방적이며 누구와도 쉽게 대면할 수 있다. 사물을 보는 관점은 상식적이고 논리적으로 생각하기보다는 경험을 중시하는 편이다. 좋아함과 싫어함으로 판단하는 경향이 강하고 감정이 풍부하며 따뜻한 느낌이 있는 반면에 합리성이 부족한 경우가 많다. 환경에 대해서 작용하는 편이고, 한 번 결정한 것은 끈질기게 실행하려고 한다.

⑮ 외향 – 감각 – 사고 – 지각(TYPE O)

관심이 외향으로 향하고 시원한 태도이며 활동적이다. 사물을 보는 관점이 상식적이며 동시에 실천적이고 명백한 형식을 좋아하는 경향이 있다. 논리적으로 생각하고 판단하는 경향이 강하고, 객관적이지만 상대 마음에 대해 배려가 부족한 경향이 있다.

⑯ 외향 – 감각 – 사고 – 판단(TYPE P)

관심이 외향으로 향하고 밝고 명랑하며 사교적인 것을 좋아한다. 사물을 보는 관점은 상식적이고 경험하지 못한 새로운 것에 대응을 잘 하지 못한다. 논리적으로 생각하고 판단하는 경향이 강하고 이성적이지만 사람의 감정에 무심한 경향이 있다. 환경에 대해서는 작용하는 편이고, 자기 페이스대로 꾸준히 성취하는 것을 잘한다.

4 인성검사의 대책

(1) 미리 알아두어야 할 점

① 출제 문항 수 … 인성검사의 출제 문항 수는 특별히 정해진 것이 아니며 각 기업체의 기준에 따라 달라질 수 있다. 보통 100문항 이상에서 500문항까지 출제된다고 예상하면 된다.

② 출제형식예시

　㉠ '예' 아니면 '아니오'의 형식

다음 문항을 읽고 자신에게 해당되는지 안 되는지를 판단하여 해당될 경우 '예'를, 해당되지 않을 경우 '아니오'를 고르시오.

질문	예	아니오
1. 자신의 생각이나 의견은 좀처럼 변하지 않는다.	○	
2. 구입한 후 끝까지 읽지 않은 책이 많다.		○

다음 문항에 대해서 평소에 자신이 생각하고 있는 것이나 행동하고 있는 것에 ○표를 하시오.

질문	그렇다	약간 그렇다	그저 그렇다	별로 그렇지 않다	그렇지 않다
1. 시간에 쫓기는 것이 싫다.		○			
2. 여행가기 전에 계획을 세운다			○		

　㉡ A와 B의 선택형식

A와 B에 주어진 문장을 읽고 자신에게 해당되는 것을 고르시오.

질문	선택
A : 걱정거리가 있어서 잠을 못 잘 때가 있다.	(○)
B : 걱정거리가 있어도 잠을 잘 잔다.	( )

(2) 임하는 자세

① 솔직하게 있는 그대로 표현한다 … 인성검사는 평범한 일상생활 내용들을 다룬 짧은 문장과 어떤 대상이나 일에 대한 선로를 선택하는 문장으로 구성되었으므로 평소에 자신이 생각한 바를 너무 골똘히 생각하지 말고 문제를 보는 순간 떠오른 것을 표현한다.

② 모든 문제를 신속하게 대답한다 … 인성검사는 시간 제한이 없는 것이 원칙이지만 기업체들은 일정한 시간 제한을 두고 있다. 인성검사는 개인의 성격과 자질을 알아보기 위한 검사이기 때문에 정답이 없다. 다만, 기업체에서 바람직하게 생각하거나 기대되는 결과가 있을 뿐이다. 따라서 시간에 쫓겨서 대충 대답을 하는 것은 바람직하지 못하다.

실전 인성검사 I

|1~93| 다음 주어진 질문을 보고 ① ~ ⑤ 중 자신에게 맞는 것을 선택하시오. 그리고 3문항 중 자신의 성격과 가장 먼 문항(멀다)과 가까운 문항(가깝다)을 하나씩 선택하시오.

※ 인성검사는 응시자의 인성을 파악하기 위한 자료이므로 별도의 정답이 존재하지 않습니다.

1

문항	응답 I					응답 II	
	①	②	③	④	⑤	멀다	가깝다
A. 언제나 실패가 걱정이 되어 어쩔 줄 모른다.							
B. 조금이라도 나쁜 소식을 들으면 절망의 시작이라고 생각한다.							
C. 다수결의 의견에 따르는 편이다.							

2

문항	응답 I					응답 II	
	①	②	③	④	⑤	멀다	가깝다
A. 혼자서 커피숍에 들어가는 것은 전혀 두려운 일이 아니다.							
B. 승부근성이 매우 강하다.							
C. 자주 흥분해서 침착하지 못하다.							

3

문항	응답 I					응답 II	
	①	②	③	④	⑤	멀다	가깝다
A. 지금까지 살면서 타인에게 폐를 끼친 적이 없다.							
B. 남들이 소곤소곤 이야기하는 것을 보면 내 험담을 하고 있다고 생각한다.							
C. 무엇이든 내가 잘못한 것이라고 생각하는 편이다.							

4

문항	응답 I					응답 II	
	①	②	③	④	⑤	멀다	가깝다
A. 나는 변덕스러운 사람이다.							
B. 고독을 즐기는 스타일이다.							
C. 자존심이 매우 강한 사람이다.							

5

문항	응답 I					응답 II	
	①	②	③	④	⑤	멀다	가깝다
A. 지금까지 한 번도 거짓말을 한 적이 없다.							
B. 신경질적인 성향을 가지고 있다.							
C. 고민이 생기면 혼자 끙끙대는 타입이다.							

6

문항	응답 I					응답 II	
	①	②	③	④	⑤	멀다	가깝다
A. 감정적인 사람이다.							
B. 나만의 신념을 가지고 살아왔다.							
C. 다른 사람을 바보 같다고 생각한 적이 많다.							

7

문항	응답 I					응답 II	
	①	②	③	④	⑤	멀다	가깝다
A. 남들에게 들은 말을 금방 말해버리는 편이다.							
B. 나를 싫어하는 사람은 없다.							
C. 대재앙이 오지 않을까 쓸데없는 걱정을 자주 한다.							

8

문항	응답 I					응답 II	
	①	②	③	④	⑤	멀다	가깝다
A. 내가 싫어하는 사람은 없다.							
B. 쓸데없는 고생을 하는 일이 많다.							
C. 생각이 자주 바뀌는 편이다.							

9

문항	응답 I					응답 II	
	①	②	③	④	⑤	멀다	가깝다
A. 문제를 해결하기 위해 여러 사람과 상의하는 편이다.							
B. 내 방식대로 일을 처리한다.							
C. 영화를 보고 눈물을 흘린 적이 많다.							

10

문항	응답 I					응답 II	
	①	②	③	④	⑤	멀다	가깝다
A. 나는 어떠한 일에도 좀처럼 화를 내지 않는다.							
B. 타인의 사소한 충고도 새겨듣는 편이다.							
C. 나는 도움이 안 되는 사람이라고 생각한다.							

11

문항	응답 I					응답 II	
	①	②	③	④	⑤	멀다	가깝다
A. 싫증을 잘 낸다.							
B. 개성이 강하다는 소릴 자주 듣는다.							
C. 나는 자기주장이 강한 사람이다.							

12

문항	응답 I					응답 II	
	①	②	③	④	⑤	멀다	가깝다
A. 학창시절 학교를 결석한 적이 없다.							
B. 사람들과 관계를 맺는 것을 잘 하지 못한다.							
C. 사려가 깊은 편이다.							

13

문항	응답 I					응답 II	
	①	②	③	④	⑤	멀다	가깝다
A. 몸을 움직이는 것을 좋아한다.							
B. 끈기가 강하다.							
C. 매사 신중하게 행동하는 편이다.							

14

문항	응답 I					응답 II	
	①	②	③	④	⑤	멀다	가깝다
A. 인생의 목표는 큰 것이 좋다고 생각한다.							
B. 어떤 일이라도 바로 시작하는 편이다.							
C. 낯가림이 심하다.							

15

문항	응답 I					응답 II	
	①	②	③	④	⑤	멀다	가깝다
A. 생각하고 행동하는 타입이다.							
B. 쉬는 날에는 밖으로 나가는 경우가 많다.							
C. 시작한 일은 반드시 끝을 내야 한다.							

16

문항	응답 I					응답 II	
	①	②	③	④	⑤	멀다	가깝다
A. 면밀한 계획을 세운 여행을 좋아한다.							
B. 나는 야망이 있는 편이다.							
C. 활동력이 강한 사람이다.							

17

문항	응답 I					응답 II	
	①	②	③	④	⑤	멀다	가깝다
A. 많은 사람들과 왁자지껄하게 식사하는 것을 좋아하지 않는다.							
B. 돈을 허비한 적이 없다.							
C. 어릴 적 운동회를 아주 좋아했다.							

18

문항	응답 I					응답 II	
	①	②	③	④	⑤	멀다	가깝다
A. 하나의 취미에 열중하는 편이다.							
B. 모임에서 리드를 하는 편이다.							
C. 어떠한 일에도 의욕을 가지고 임하는 편이다.							

19

문항	응답 I					응답 II	
	①	②	③	④	⑤	멀다	가깝다
A. 학급에서 항상 존재가 두드러졌었다.							
B. 항상 무언가를 생각하는 편이다.							
C. 스포츠는 보는 것보다 하는 것이 더 좋다.							

20

문항	응답 I					응답 II	
	①	②	③	④	⑤	멀다	가깝다
A. 무슨 일을 하면 칭찬을 자주 듣는 편이다.							
B. 흐린 날에는 반드시 우산을 챙겨 나간다.							
C. 주연급 배우들만 좋아한다.							

21

문항	응답 I					응답 II	
	①	②	③	④	⑤	멀다	가깝다
A. 공격적인 성향이 강하다.							
B. 리드를 받는 것이 마음이 더 편하다.							
C. 너무 신중해서 기회를 놓친 적이 많다.							

22

문항	응답 I					응답 II	
	①	②	③	④	⑤	멀다	가깝다
A. 시원시원하게 대답을 하는 편이다.							
B. 야근을 해서라도 업무를 끝내야 한다.							
C. 누군가를 방문할 때에는 반드시 사전에 확인을 한다.							

23

문항	응답 I					응답 II	
	①	②	③	④	⑤	멀다	가깝다
A. 노력해도 결과가 따르지 않으면 의미가 없다고 생각한다.							
B. 무조건 행동부터 해야 한다.							
C. 유행에 민감하다.							

24

문항	응답 I					응답 II	
	①	②	③	④	⑤	멀다	가깝다
A. 정해진 대로 움직이는 것을 싫어한다.							
B. 어릴 적 꿈을 잊은 지 오래이다.							
C. 질서보다는 자유를 중시하는 편이다.							

25

문항	응답 I					응답 II	
	①	②	③	④	⑤	멀다	가깝다
A. 혼자서 취미에 몰두하는 것이 좋다.							
B. 직관적으로 판단하는 경향이 있다.							
C. 영화나 드라마를 보면 등장인물의 감정에 쉽게 이입된다.							

26

문항	응답 I					응답 II	
	①	②	③	④	⑤	멀다	가깝다
A. 시대의 흐름을 역행해서라도 나를 관철하고 싶다.							
B. 다른 사람의 소문에 관심이 많다.							
C. 창조적인 일을 좋아한다.							

27

문항	응답 I					응답 II	
	①	②	③	④	⑤	멀다	가깝다
A. 비교적 눈물이 많은 편이다.							
B. 융통성이 있다고 생각한다.							
C. 친한 친구의 휴대전화 번호를 외우고 있다.							

28

문항	응답 I					응답 II	
	①	②	③	④	⑤	멀다	가깝다
A. 정이 두터운 사람이고 싶다.							
B. 나는 조직의 일원으로는 어울리지 않는다.							
C. 세상의 일에는 별로 관심이 없다.							

29

문항	응답 I					응답 II	
	①	②	③	④	⑤	멀다	가깝다
A. 변화를 추구하는 편이다.							
B. 업무는 인간관계가 중요하다고 생각한다.							
C. 환경이 변하는 것에 별로 구애받지 않는다.							

30

문항	응답 I					응답 II	
	①	②	③	④	⑤	멀다	가깝다
A. 늘 매사 불안감이 앞선다.							
B. 인생은 살 가치가 없다고 생각한 적이 많다.							
C. 의지가 약한 편이다.							

31

문항	응답 I					응답 II	
	①	②	③	④	⑤	멀다	가깝다
A. 다른 사람이 하는 일에는 아무런 관심이 없다.							
B. 다른 사람을 설득시키는 일은 어렵지 않다.							
C. 조금이라도 심심한 것은 못 참는다.							

32

문항	응답 I					응답 II	
	①	②	③	④	⑤	멀다	가깝다
A. 다른 사람을 한 번도 욕한 적이 없다.							
B. 다른 사람에게 어떻게 보일지 신경을 쓴다.							
C. 금방 낙심하는 편이다.							

33

문항	응답 I					응답 II	
	①	②	③	④	⑤	멀다	가깝다
A. 다른 사람에게 의존하는 경향이 강하다.							
B. 나는 그다지 융통성이 있는 편이 아니다.							
C. 다른 사람이 내 의견에 간섭하는 것이 싫다.							

34

문항	응답 I					응답 II	
	①	②	③	④	⑤	멀다	가깝다
A. 모든 일에 낙천적인 편이다.							
B. 학창시절 숙제를 한 번도 잊어버린 적이 없었다.							
C. 밤길에는 뒤에서 발자국 소리만 들려도 불안하다.							

35

문항	응답 I					응답 II	
	①	②	③	④	⑤	멀다	가깝다
A. 상냥하다는 말을 자주 듣는다.							
B. 유치하다는 소릴 자주 듣는다.							
C. 잡담을 하는 것보다 책을 읽는 것이 낫다고 생각한다.							

36

문항	응답 I					응답 II	
	①	②	③	④	⑤	멀다	가깝다
A. 나는 영업직에 적합한 사람이라고 생각한다.							
B. 술자리에서 술을 마시지 않아도 흥을 돋을 수 있다.							
C. 나는 지금까지 병원에 가 본 적이 없다.							

37

문항	응답 I					응답 II	
	①	②	③	④	⑤	멀다	가깝다
A. 나쁜 일은 걱정이 되어 어쩔 줄 모른다.							
B. 금방 무기력해지는 편이다.							
C. 비교적 고분고분한 편이라고 생각한다.							

38

문항	응답 I					응답 II	
	①	②	③	④	⑤	멀다	가깝다
A. 나는 독자적으로 행동하길 좋아한다.							
B. 나는 모든 일에 적극적으로 행동한다.							
C. 감격을 잘하는 편이다.							

39

문항	응답 I					응답 II	
	①	②	③	④	⑤	멀다	가깝다
A. 나는 어떠한 것에도 불만을 가져본 적이 없다.							
B. 밤에 잠을 잘 못잘 때가 많다.							
C. 후회를 자주 하는 편이다.							

40	문항	응답 I					응답 II	
		①	②	③	④	⑤	멀다	가깝다
	A. 뜨거워지기 쉽고 식기 쉽다.							
	B. 나만의 세계를 가지고 있다.							
	C. 많은 사람들 앞에 서도 긴장하는 일이 없다.							

41	문항	응답 I					응답 II	
		①	②	③	④	⑤	멀다	가깝다
	A. 말하는 것을 좋아한다.							
	B. 인생을 포기하고 싶은 마음을 가진 적이 많다.							
	C. 성격이 어둡다는 소릴 들어본 적이 있다.							

42	문항	응답 I					응답 II	
		①	②	③	④	⑤	멀다	가깝다
	A. 그날그날 반성을 잘 한다.							
	B. 활동범위가 넓은 편이다.							
	C. 나는 끈기 있는 사람이라고 생각한다.							

43	문항	응답 I					응답 II	
		①	②	③	④	⑤	멀다	가깝다
	A. 좋다고 생각해도 여러 번 검토한 후 실행하는 타입이다.							
	B. 가족에게 위대한 인물이 되고 싶다.							
	C. 한 번에 많은 일을 떠맡아도 힘들지 않다.							

44

문항	응답 I					응답 II	
	①	②	③	④	⑤	멀다	가깝다
A. 사람과 만날 약속은 늘 부담스럽다.							
B. 질문을 받으면 충분히 생각하고 나서 대답하는 편이다.							
C. 머리를 쓰는 일보다 땀 흘리는 일이 좋다.							

45

문항	응답 I					응답 II	
	①	②	③	④	⑤	멀다	가깝다
A. 한 번 결정한 것은 절대 번복하지 않는다.							
B. 외출 시 문을 잠갔는지 몇 번씩 확인을 한다.							
C. 이왕 할 거라면 1등을 해야 한다.							

46

문항	응답 I					응답 II	
	①	②	③	④	⑤	멀다	가깝다
A. 모든 일에 과감하게 도전하는 편이다.							
B. 나는 사교적인 편이 아니라고 생각한다.							
C. 한 번 단념하면 끝이라고 생각한다.							

47

문항	응답 I					응답 II	
	①	②	③	④	⑤	멀다	가깝다
A. 예상하지 못한 일을 하고 싶지 않다.							
B. 파란만장하더라고 성공하는 인생을 살고 싶다.							
C. 활기찬 성격의 사람들을 좋아한다.							

48

문항	응답 I					응답 II	
	①	②	③	④	⑤	멀다	가깝다
A. 소극적인 편이다.							
B. 남들과 대화를 하면 늘 평론가가 되어 버린다.							
C. 성급하게 결정하는 일은 절대 없다.							

49

문항	응답 I					응답 II	
	①	②	③	④	⑤	멀다	가깝다
A. 나는 꾸준히 노력하는 타입이다.							
B. 내일의 계획은 반드시 메모를 한다.							
C. 리더십이 강한 사람이 되고 싶다.							

50

문항	응답 I					응답 II	
	①	②	③	④	⑤	멀다	가깝다
A. 나는 열정적인 사람이다.							
B. 다른 사람 앞에서는 이야기를 잘 하지 못한다.							
C. 통찰력이 강한 편이다.							

51

문항	응답 I					응답 II	
	①	②	③	④	⑤	멀다	가깝다
A. 엉덩이가 무거운 편이다.							
B. 나만의 스트레스 해소법을 가지고 있다.							
C. 돌다리도 두들겨 보고 건너는 편이다.							

52	문항	응답 I					응답 II	
		①	②	③	④	⑤	멀다	가깝다
	A. 나에게는 권력욕이 강하다.							
	B. 업무를 할당받으면 기쁘다.							
	C. 사색적인 사람이라고 생각한다.							

53	문항	응답 I					응답 II	
		①	②	③	④	⑤	멀다	가깝다
	A. 개혁적인 사람이라고 생각한다.							
	B. 좋고 싫음으로 일을 결정할 때가 많다.							
	C. 전통에 구애받는 것이 싫다.							

54	문항	응답 I					응답 II	
		①	②	③	④	⑤	멀다	가깝다
	A. 교제 범위가 좁은 편이다.							
	B. 발상의 전환을 할 수 있는 타입이다.							
	C. 너무 주관적인 성향이 강하다.							

55	문항	응답 I					응답 II	
		①	②	③	④	⑤	멀다	가깝다
	A. 현실적이고 실용적인 면을 추구한다.							
	B. 현실보다는 가능성에 더 큰 점수를 주고 싶다.							
	C. 마음이 담겨 있으면 선물은 아무 것이나 좋다.							

56

문항	응답 I					응답 II	
	①	②	③	④	⑤	멀다	가깝다
A. 여행은 마음대로 떠나는 것이 좋다.							
B. 추상적인 일에는 관심이 없다.							
C. 일은 대담히 하는 편이다.							

57

문항	응답 I					응답 II	
	①	②	③	④	⑤	멀다	가깝다
A. 괴로워하는 사람을 보면 동정심이 먼저 생긴다.							
B. 가치기준은 자신의 안에 있다고 생각한다.							
C. 조용하고 조심스럽게 행동하는 편이다.							

58

문항	응답 I					응답 II	
	①	②	③	④	⑤	멀다	가깝다
A. 상상력이 풍부한 편이다.							
B. 의리가 강하다.							
C. 인생은 앞날을 알 수 없어 재미있다고 생각한다.							

59

문항	응답 I					응답 II	
	①	②	③	④	⑤	멀다	가깝다
A. 밝은 성격을 가지고 있다.							
B. 남들이 뭐라해도 반성을 하지 않는다.							
C. 좋다고 생각되는 일은 바로 행동해야 한다.							

60

문항	응답 I					응답 II	
	①	②	③	④	⑤	멀다	가깝다
A. 한 번에 많은 일을 하는 것은 불가능하다.							
B. 지위가 사람을 만든다고 생각한다.							
C. 가장 안전한 방향으로 결정을 하는 편이다.							

61

문항	응답 I					응답 II	
	①	②	③	④	⑤	멀다	가깝다
A. 이것저것 평하는 것은 귀찮은 일이다.							
B. 협동심이 강한 사람이다.							
C. 보수적인 성향을 가지고 있다.							

62

문항	응답 I					응답 II	
	①	②	③	④	⑤	멀다	가깝다
A. 전통은 지켜야 한다고 생각한다.							
B. 나에게 손해가 되는 일은 절대 하지 않는다.							
C. 상식적인 판단이 안서는 사람과는 이야기하고 싶지 않다.							

63

문항	응답 I					응답 II	
	①	②	③	④	⑤	멀다	가깝다
A. 타인에게 선물할 때에는 그 사람에게 필요한 것을 해주고 싶다.							
B. 현실에 대한 인지를 잘하는 편이다.							
C. 돈이 없으면 외출을 하지 않는다.							

64

문항	응답 I					응답 II	
	①	②	③	④	⑤	멀다	가깝다
A. 경솔하게 행동하는 경우가 많다.							
B. 나는 욕심이 없는 편이다.							
C. 무슨 일도 좀처럼 시작하는 것이 어렵다.							

65

문항	응답 I					응답 II	
	①	②	③	④	⑤	멀다	가깝다
A. 행동하고 나서 생각을 하는 편이다.							
B. 완성되기 전에 포기하는 일이 많다.							
C. 초면인 사람과는 친해질 수 없다.							

66

문항	응답 I					응답 II	
	①	②	③	④	⑤	멀다	가깝다
A. 이유 없이 불안할 때가 많다.							
B. 주위 사람의 반응을 생각해서 발언을 자제할 때가 많다.							
C. 생각없이 함부로 말하는 경향이 있다.							

67

문항	응답 I					응답 II	
	①	②	③	④	⑤	멀다	가깝다
A. 정리가 되지 않은 방에 있으면 마음이 불안하다.							
B. 남들에게 거짓말을 한 적이 있다.							
C. 나는 충분히 신뢰할 수 있는 사람이다.							

68

문항	응답 I					응답 II	
	①	②	③	④	⑤	멀다	가깝다
A. 노래방을 좋아한다.							
B. 나만이 할 수 있는 일을 하고 싶다.							
C. 나를 과소평가하는 사람을 보면 화가 난다.							

69

문항	응답 I					응답 II	
	①	②	③	④	⑤	멀다	가깝다
A. 나의 책상 위나 서랍 안은 항상 깔끔히 정리되어 있다.							
B. 건성으로 대답할 때가 많다.							
C. 남의 험담을 자주 하고 다닌다.							

70

문항	응답 I					응답 II	
	①	②	③	④	⑤	멀다	가깝다
A. 쉽게 화를 낸다.							
B. 초조하면 손이 떨리고 심장박동이 빨라진다.							
C. 남들과 토론하면서 진 적이 없다.							

71

문항	응답 I					응답 II	
	①	②	③	④	⑤	멀다	가깝다
A. 아첨에 넘어가기 쉬운 편이다.							
B. 주변 사람들이 나의 험담을 한다고 생각한 적이 많다.							
C. 이론만 내세우는 사람과 대화하면 짜증이 난다.							

72

문항	응답 I					응답 II	
	①	②	③	④	⑤	멀다	가깝다
A. 상처를 주는 것도 받는 것도 싫다.							
B. 매일매일 일기를 쓰고 있다.							
C. 나는 항상 왕성한 체력을 유지할 수 있다.							

73

문항	응답 I					응답 II	
	①	②	③	④	⑤	멀다	가깝다
A. 친구들을 재미있게 하는 것이 좋다.							
B. 아침부터 아무 것도 하고 싶지 않을 때가 많다.							
C. 지각을 하면 결석하는 것이 낫다고 생각한다.							

74

문항	응답 I					응답 II	
	①	②	③	④	⑤	멀다	가깝다
A. 이 세상에 없는 새로운 세계가 존재한다고 생각한다.							
B. 하기 싫은 일을 하면 짜증이 폭발한다.							
C. 어떠한 역경이라도 헤쳐 나갈 자신이 있다.							

75

문항	응답 I					응답 II	
	①	②	③	④	⑤	멀다	가깝다
A. 착한 사람이라는 말을 자주 듣는다.							
B. 남들보다 뛰어난 능력이 있다고 생각한다.							
C. 나는 처음 만나는 누구와도 편하게 대화할 수 있다.							

76

문항	응답 I					응답 II	
	①	②	③	④	⑤	멀다	가깝다
A. 사물에 대해 깊이 생각하는 경향이 있다.							
B. 스트레스를 해소하기 위해 집에서 조용히 지낸다.							
C. 계획을 세워서 행동하는 것을 좋아한다.							

77

문항	응답 I					응답 II	
	①	②	③	④	⑤	멀다	가깝다
A. 생각했던 일을 행동으로 옮기지 않으면 기분이 찜찜하다.							
B. 생각했다고 하여 반드시 행동으로 옮기는 것은 아니다.							
C. 목표를 달성하기 위해서 온갖 노력을 다한다.							

78

문항	응답 I					응답 II	
	①	②	③	④	⑤	멀다	가깝다
A. 적은 친구랑 깊게 사귀는 편이다.							
B. 경쟁에서 절대 지고 싶지 않다.							
C. 내일해도 되는 일을 오늘 안에 끝내는 편이다.							

79

문항	응답 I					응답 II	
	①	②	③	④	⑤	멀다	가깝다
A. 새로운 친구를 곧 사귈 수 있다.							
B. 기회가 있으면 반드시 잡는 편이다.							
C. 쉬는 날 외출을 잘 하지 않는다.							

80

문항	응답 I					응답 II	
	①	②	③	④	⑤	멀다	가깝다
A. 범죄를 저질러서라도 꼭 성공을 하고 싶은 일이 있다.							
B. 무슨 일이든 결과가 제일 중요하다고 생각한다.							
C. 매사 유연하게 대처하는 편이다.							

81

문항	응답 I					응답 II	
	①	②	③	④	⑤	멀다	가깝다
A. 더 높은 능력을 요구하는 일을 하고 싶다.							
B. 자신의 능력의 밖의 일은 하지 않는 것이 좋다.							
C. 새로운 사람을 만날 때면 늘 가슴이 두근거린다.							

82

문항	응답 I					응답 II	
	①	②	③	④	⑤	멀다	가깝다
A. 누군가 도와주지 않을까라는 생각을 자주 한다.							
B. 학벌위주로 사람을 보는 편이다.							
C. 멍청한 상사보다는 멍청한 부하가 더 낫다고 생각한다.							

83

문항	응답 I					응답 II	
	①	②	③	④	⑤	멀다	가깝다
A. 여러 거지 일을 경험해 보고 싶다.							
B. 기한이 정해진 일은 무슨 일이 있어도 기한 내에 끝낸다.							
C. 결론이 나면 두 번 다시 생각하지 않는다.							

84

문항	응답 I					응답 II	
	①	②	③	④	⑤	멀다	가깝다
A. 모르는 것은 반드시 찾아봐야 한다.							
B. 납득이 안 되면 행동이 되지 않는다.							
C. 약속시간은 여유 있게 나가는 편이다.							

85

문항	응답 I					응답 II	
	①	②	③	④	⑤	멀다	가깝다
A. 휴일에는 운동 등 몸을 움직이는 것을 좋아한다.							
B. 학창시절 영어를 잘 하지 못했다.							
C. 학창시절 체육을 잘 하지 못했다.							

86

문항	응답 I					응답 II	
	①	②	③	④	⑤	멀다	가깝다
A. 성공을 위해서라면 위험은 감수해야 한다고 생각한다.							
B. 나의 일상생활은 늘 흥미로운 일로 가득 차 있다.							
C. 며칠에 한 번씩 악몽에 시달린다.							

87

문항	응답 I					응답 II	
	①	②	③	④	⑤	멀다	가깝다
A. 건강에 대해 염려하지 않는다.							
B. 언제나 진실만을 말하지는 않는다.							
C. 타인으로부터 동정이나 도움을 받으면 기분이 상한다.							

88

문항	응답 I					응답 II	
	①	②	③	④	⑤	멀다	가깝다
A. 다른 사람들이 나를 놀려도 나는 개의치 않는다.							
B. 경기나 게임은 내기를 해야 더 재미있다.							
C. 스릴을 맛보기 위해 위험한 행동을 한 적이 있다.							

89

문항	응답 I					응답 II	
	①	②	③	④	⑤	멀다	가깝다
A. 피를 보면 놀라거나 역겹다.							
B. 나는 영화보다 연극을 더 좋아한다.							
C. 법은 지켜야 하며 어긴 사람은 벌을 받는 것이 당연하다.							

90

문항	응답 I					응답 II	
	①	②	③	④	⑤	멀다	가깝다
A. 비판이나 꾸지람을 들으면 몹시 기분이 상한다.							
B. 술을 마시거나 마약을 하는 사람은 문제가 있는 사람이라고 생각한다.							
C. 나의 기억력은 아직까지도 건강하다.							

91

문항	응답 I					응답 II	
	①	②	③	④	⑤	멀다	가깝다
A. 모임에서 장기자랑을 하는 것은 불편하다.							
B. 꽃가루 알레르기나 천식이 있다.							
C. 아픈 적이 거의 없다.							

92

문항	응답 I					응답 II	
	①	②	③	④	⑤	멀다	가깝다
A. 쉽게 화를 내고 쉽게 풀어진다.							
B. 나는 지금의 내 모습에 만족한다.							
C. 남의 물건을 훔친 적이 한 번도 없다.							

93

문항	응답 I					응답 II	
	①	②	③	④	⑤	멀다	가깝다
A. 허술하고 어수룩한 사람을 이용하는 사람이 나쁘다고 할 수 없다.							
B. 다른 사람에 비해 걱정거리가 많은 것 같다.							
C. 잘못된 일을 외면하기 위해 꾀병을 부린 적이 있다.							

실전 인성검사 II

┃1~345┃ 다음 질문을 읽고, 자신에게 적합하다고 생각하면 YES, 그렇지 않다면 NO를 선택하시오(인성검사는 응시자의 인성을 파악하기 위한 자료이므로 정답이 존재하지 않습니다).

                                                              YES NO

1. 조금이라도 나쁜 소식은 절망의 시작이라고 생각해버린다. ·· ( )( )
2. 언제나 실패가 걱정이 되어 어쩔 줄 모른다. ··· ( )( )
3. 다수결의 의견에 따르는 편이다. ··· ( )( )
4. 혼자서 커피숍에 들어가는 것은 전혀 두려운 일이 아니다. ··· ( )( )
5. 승부근성이 강하다. ·· ( )( )
6. 자주 흥분해서 침착하지 못하다. ··· ( )( )
7. 지금까지 살면서 타인에게 폐를 끼친 적이 없다. ·· ( )( )
8. 소곤소곤 이야기하는 것을 보면 자기에 대해 험담하고 있는 것으로 생각된다. ··········( )( )
9. 무엇이든지 자기가 나쁘다고 생각하는 편이다. ·· ( )( )
10. 자신을 변덕스러운 사람이라고 생각한다. ··· ( )( )
11. 고독을 즐기는 편이다. ··· ( )( )
12. 자존심이 강하다고 생각한다. ·· ( )( )
13. 금방 흥분하는 성격이다. ··· ( )( )
14. 거짓말을 한 적이 없다. ··· ( )( )
15. 신경질적인 편이다. ·· ( )( )
16. 끙끙대며 고민하는 타입이다. ·· ( )( )
17. 감정적인 사람이라고 생각한다. ··· ( )( )
18. 자신만의 신념을 가지고 있다. ·· ( )( )
19. 다른 사람을 바보 같다고 생각한 적이 있다. ·· ( )( )
20. 금방 말해버리는 편이다. ··· ( )( )
21. 싫어하는 사람이 없다. ·· ( )( )

22. 대재앙이 오지 않을까 항상 걱정을 한다. ·· (   )(   )

23. 쓸데없는 고생을 하는 일이 많다. ··· (   )(   )

24. 자주 생각이 바뀌는 편이다. ·· (   )(   )

25. 문제점을 해결하기 위해 여러 사람과 상의한다. ······················· (   )(   )

26. 내 방식대로 일을 한다. ··· (   )(   )

27. 영화를 보고 운 적이 많다. ·· (   )(   )

28. 어떤 것에 대해서도 화낸 적이 없다. ··· (   )(   )

29. 사소한 충고에도 걱정을 한다. ·· (   )(   )

30. 자신은 도움이 안 되는 사람이라고 생각한다. ··························· (   )(   )

31. 금방 싫증을 내는 편이다. ·· (   )(   )

32. 개성적인 사람이라고 생각한다. ··· (   )(   )

33. 자기주장이 강한 편이다. ··· (   )(   )

34. 뒤숭숭하다는 말을 들은 적이 있다. ··· (   )(   )

35. 학교를 쉬고 싶다고 생각한 적이 한 번도 없다. ······················ (   )(   )

36. 사람들과 관계 맺는 것을 잘하지 못한다. ································· (   )(   )

37. 사려 깊은 편이다. ·· (   )(   )

38. 몸을 움직이는 것을 좋아한다. ·· (   )(   )

39. 끈기가 있는 편이다. ··· (   )(   )

40. 신중한 편이라고 생각한다. ·· (   )(   )

41. 인생의 목표는 큰 것이 좋다. ··· (   )(   )

42. 어떤 일이라도 바로 시작하는 타입이다. ···································· (   )(   )

43. 낯가림을 하는 편이다. ·· (   )(   )

44. 생각하고 나서 행동하는 편이다. ·· (   )(   )

45. 쉬는 날은 밖으로 나가는 경우가 많다. ····································· (   )(   )

46. 시작한 일은 반드시 완성시킨다. ·· (   )(   )

47. 면밀한 계획을 세운 여행을 좋아한다. ······································· (   )(   )

48. 야망이 있는 편이라고 생각한다. ·· (   )(   )

49. 활동력이 있는 편이다. ·· (   )(   )

50. 많은 사람들과 왁자지껄하게 식사하는 것을 좋아하지 않는다. ····· (   )(   )

51. 돈을 허비한 적이 없다. ·· (   )(   )

52. 어릴적에 운동회를 아주 좋아하고 기대했다. ·······································( )( )

53. 하나의 취미에 열중하는 타입이다. ···( )( )

54. 모임에서 리더에 어울린다고 생각한다. ···( )( )

55. 입신출세의 성공이야기를 좋아한다. ···( )( )

56. 어떠한 일도 의욕을 가지고 임하는 편이다. ··································( )( )

57. 학급에서는 존재가 희미했다. ···( )( )

58. 항상 무언가를 생각하고 있다. ···( )( )

59. 스포츠는 보는 것보다 하는 게 좋다. ···( )( )

60. '참 잘했네요'라는 말을 자주 듣는다. ···( )( )

61. 흐린 날은 반드시 우산을 가지고 간다. ···( )( )

62. 주연상을 받을 수 있는 배우를 좋아한다. ······································( )( )

63. 공격하는 타입이라고 생각한다. ··( )( )

64. 리드를 받는 편이다. ···( )( )

65. 너무 신중해서 기회를 놓친 적이 있다. ···( )( )

66. 시원시원하게 움직이는 타입이다. ···( )( )

67. 야근을 해서라도 업무를 끝낸다. ··( )( )

68. 누군가를 방문할 때는 반드시 사전에 확인한다. ····························( )( )

69. 노력해도 결과가 따르지 않으면 의미가 없다. ·······························( )( )

70. 무조건 행동해야 한다. ···( )( )

71. 유행에 둔감하다고 생각한다. ··( )( )

72. 정해진 대로 움직이는 것은 시시하다. ··( )( )

73. 꿈을 계속 가지고 있고 싶다. ···( )( )

74. 질서보다 자유를 중요시하는 편이다. ···( )( )

75. 혼자서 취미에 몰두하는 것을 좋아한다. ··( )( )

76. 직관적으로 판단하는 편이다. ··( )( )

77. 영화나 드라마를 보면 등장인물의 감정에 이입된다. ·······················( )( )

78. 시대의 흐름에 역행해서라도 자신을 관철하고 싶다. ·······················( )( )

79. 다른 사람의 소문에 관심이 없다. ···( )( )

80. 창조적인 편이다. ··( )( )

81. 비교적 눈물이 많은 편이다. ···( )( )

82. 융통성이 있다고 생각한다. ··· ( )( )

83. 친구의 휴대전화 번호를 잘 모른다. ······································ ( )( )

84. 스스로 고안하는 것을 좋아한다. ·· ( )( )

85. 정이 두터운 사람으로 남고 싶다. ·· ( )( )

86. 조직의 일원으로 별로 안 어울린다. ······································ ( )( )

87. 세상의 일에 별로 관심이 없다. ·· ( )( )

88. 변화를 추구하는 편이다. ··· ( )( )

89. 업무는 인간관계로 선택한다. ·· ( )( )

90. 환경이 변하는 것에 구애되지 않는다. ·································· ( )( )

91. 불안감이 강한 편이다. ·· ( )( )

92. 인생은 살 가치가 없다고 생각한다. ····································· ( )( )

93. 의지가 약한 편이다. ··· ( )( )

94. 다른 사람이 하는 일에 별로 관심이 없다. ···························· ( )( )

95. 사람을 설득시키는 것은 어렵지 않다. ·································· ( )( )

96. 심심한 것을 못 참는다. ·· ( )( )

97. 다른 사람을 욕한 적이 한 번도 없다. ·································· ( )( )

98. 다른 사람에게 어떻게 보일지 신경을 쓴다. ························ ( )( )

99. 금방 낙심하는 편이다. ·· ( )( )

100. 다른 사람에게 의존하는 경향이 있다. ································ ( )( )

101. 그다지 융통성이 있는 편이 아니다. ···································· ( )( )

102. 다른 사람이 내 의견에 간섭하는 것이 싫다. ······················ ( )( )

103. 낙천적인 편이다. ·· ( )( )

104. 숙제를 잊어버린 적이 한 번도 없다. ·································· ( )( )

105. 밤길에는 발소리가 들리기만 해도 불안하다. ···················· ( )( )

106. 상냥하다는 말을 들은 적이 있다. ······································ ( )( )

107. 자신은 유치한 사람이다. ·· ( )( )

108. 잡담을 하는 것보다 책을 읽는 것이 낫다. ························· ( )( )

109. 나는 영업에 적합한 타입이라고 생각한다. ························ ( )( )

110. 술자리에서 술을 마시지 않아도 흥을 돋울 수 있다. ·········· ( )( )

111. 한 번도 병원에 간 적이 없다. ·· ( )( )

112. 나쁜 일은 걱정이 되어서 어쩔 줄을 모른다. ·· ( )( )

113. 금세 무기력해지는 편이다. ·· ( )( )

114. 비교적 고분고분한 편이라고 생각한다. ··· ( )( )

115. 독자적으로 행동하는 편이다. ··· ( )( )

116. 적극적으로 행동하는 편이다. ··· ( )( )

117. 금방 감격하는 편이다. ·· ( )( )

118. 어떤 것에 대해서는 불만을 가진 적이 없다. ·· ( )( )

119. 밤에 못 잘 때가 많다. ·· ( )( )

120. 자주 후회하는 편이다. ·· ( )( )

121. 뜨거워지기 쉽고 식기 쉽다. ··· ( )( )

122. 자신만의 세계를 가지고 있다. ··· ( )( )

123. 많은 사람 앞에서도 긴장하는 일은 없다. ·· ( )( )

124. 말하는 것을 아주 좋아한다. ··· ( )( )

125. 인생을 포기하는 마음을 가진 적이 한 번도 없다. ·· ( )( )

126. 어두운 성격이다. ·· ( )( )

127. 금방 반성한다. ··· ( )( )

128. 활동범위가 넓은 편이다. ··· ( )( )

129. 자신을 끈기 있는 사람이라고 생각한다. ··· ( )( )

130. 좋다고 생각하더라도 좀 더 검토하고 나서 실행한다. ·· ( )( )

131. 위대한 인물이 되고 싶다. ·· ( )( )

132. 한 번에 많은 일을 떠맡아도 힘들지 않다. ·· ( )( )

133. 사람과 만날 약속은 부담스럽다. ·· ( )( )

134. 질문을 받으면 충분히 생각하고 나서 대답하는 편이다. ·· ( )( )

135. 머리를 쓰는 것보다 땀을 흘리는 일이 좋다. ·· ( )( )

136. 결정한 것에는 철저히 구속받는다. ··· ( )( )

137. 외출 시 문을 잠갔는지 몇 번을 확인한다. ·· ( )( )

138. 이왕 할 거라면 일등이 되고 싶다. ·· ( )( )

139. 과감하게 도전하는 타입이다. ·· ( )( )

140. 자신은 사교적이 아니라고 생각한다. ··· ( )( )

141. 무심코 도리에 대해서 말하고 싶어진다. ··· ( )( )

142. '항상 건강하네요'라는 말을 듣는다. ·· (　)(　)

143. 단념하면 끝이라고 생각한다. ·· (　)(　)

144. 예상하지 못한 일은 하고 싶지 않다. ·· (　)(　)

145. 파란만장하더라도 성공하는 인생을 걷고 싶다. ······························ (　)(　)

146. 활기찬 편이라고 생각한다. ·· (　)(　)

147. 소극적인 편이라고 생각한다. ·· (　)(　)

148. 무심코 평론가가 되어 버린다. ·· (　)(　)

149. 자신은 성급하다고 생각한다. ·· (　)(　)

150. 꾸준히 노력하는 타입이라고 생각한다. ·· (　)(　)

151. 내일의 계획이라도 메모한다. ·· (　)(　)

152. 리더십이 있는 사람이 되고 싶다. ·· (　)(　)

153. 열정적인 사람이라고 생각한다. ·· (　)(　)

154. 다른 사람 앞에서 이야기를 잘 하지 못한다. ································ (　)(　)

155. 통찰력이 있는 편이다. ·· (　)(　)

156. 엉덩이가 가벼운 편이다. ·· (　)(　)

157. 여러 가지로 구애됨이 있다. ·· (　)(　)

158. 돌다리도 두들겨 보고 건너는 쪽이 좋다. ······································ (　)(　)

159. 자신에게는 권력욕이 있다. ·· (　)(　)

160. 업무를 할당받으면 기쁘다. ·· (　)(　)

161. 사색적인 사람이라고 생각한다. ·· (　)(　)

162. 비교적 개혁적이다. ·· (　)(　)

163. 좋고 싫음으로 정할 때가 많다. ·· (　)(　)

164. 전통에 구애되는 것은 버리는 것이 적절하다. ································ (　)(　)

165. 교제 범위가 좁은 편이다. ·· (　)(　)

166. 발상의 전환을 할 수 있는 타입이라고 생각한다. ·························· (　)(　)

167. 너무 주관적이어서 실패한다. ·· (　)(　)

168. 현실적이고 실용적인 면을 추구한다. ·· (　)(　)

169. 내가 어떤 배우의 팬인지 아무도 모른다. ······································ (　)(　)

170. 현실보다 가능성이다. ·· (　)(　)

171. 마음이 담겨 있으면 선물은 아무 것이나 좋다. ······························ (　)(　)

YES　NO

172. 여행은 마음대로 하는 것이 좋다. ……………………………………………………… (　)(　)

173. 추상적인 일에 관심이 있는 편이다. …………………………………………………… (　)(　)

174. 일은 대담히 하는 편이다. ………………………………………………………………… (　)(　)

175. 괴로워하는 사람을 보면 우선 동정한다. ……………………………………………… (　)(　)

176. 가치기준은 자신의 안에 있다고 생각한다. …………………………………………… (　)(　)

177. 조용하고 조심스러운 편이다. …………………………………………………………… (　)(　)

178. 상상력이 풍부한 편이라고 생각한다. ………………………………………………… (　)(　)

179. 의리, 인정이 두터운 상사를 만나고 싶다. …………………………………………… (　)(　)

180. 인생의 앞날을 알 수 없어 재미있다. ………………………………………………… (　)(　)

181. 밝은 성격이다. ……………………………………………………………………………… (　)(　)

182. 별로 반성하지 않는다. …………………………………………………………………… (　)(　)

183. 활동범위가 좁은 편이다. ………………………………………………………………… (　)(　)

184. 자신을 시원시원한 사람이라고 생각한다. …………………………………………… (　)(　)

185. 좋다고 생각하면 바로 행동한다. ……………………………………………………… (　)(　)

186. 좋은 사람이 되고 싶다. …………………………………………………………………… (　)(　)

187. 한 번에 많은 일을 떠맡는 것은 골칫거리라고 생각한다. ………………………… (　)(　)

188. 사람과 만날 약속은 즐겁다. …………………………………………………………… (　)(　)

189. 질문을 받으면 그때의 느낌으로 대답하는 편이다. ………………………………… (　)(　)

190. 땀을 흘리는 것보다 머리를 쓰는 일이 좋다. ……………………………………… (　)(　)

191. 결정한 것이라도 그다지 구속받지 않는다. ………………………………………… (　)(　)

192. 외출 시 문을 잠갔는지 별로 확인하지 않는다. …………………………………… (　)(　)

193. 지위에 어울리면 된다. …………………………………………………………………… (　)(　)

194. 안전책을 고르는 타입이다. ……………………………………………………………… (　)(　)

195. 자신은 사교적이라고 생각한다. ………………………………………………………… (　)(　)

196. 도리는 상관없다. …………………………………………………………………………… (　)(　)

197. '침착하시네요'라는 말을 자주 듣는다. ………………………………………………… (　)(　)

198. 단념이 중요하다고 생각한다. …………………………………………………………… (　)(　)

199. 예상하지 못한 일도 해보고 싶다. ……………………………………………………… (　)(　)

200. 평범하고 평온하게 행복한 인생을 살고 싶다. ……………………………………… (　)(　)

201. 몹시 귀찮아하는 편이라고 생각한다. ………………………………………………… (　)(　)

202. 특별히 소극적이라고 생각하지 않는다. ································ ( )( )

203. 이것저것 평하는 것이 싫다. ······································ ( )( )

204. 자신은 성급하지 않다고 생각한다. ······························· ( )( )

205. 꾸준히 노력하는 것을 잘 하지 못한다. ··························· ( )( )

206. 내일의 계획은 머릿속에 기억한다. ······························· ( )( )

207. 협동성이 있는 사람이 되고 싶다. ································· ( )( )

208. 열정적인 사람이라고 생각하지 않는다. ··························· ( )( )

209. 다른 사람 앞에서 이야기를 잘한다. ······························ ( )( )

210. 행동력이 있는 편이다. ·· ( )( )

211. 엉덩이가 무거운 편이다. ·· ( )( )

212. 특별히 구애받는 것이 없다. ······································ ( )( )

213. 돌다리는 두들겨 보지 않고 건너도 된다. ························· ( )( )

214. 자신에게는 권력욕이 없다. ·· ( )( )

215. 업무를 할당받으면 부담스럽다. ··································· ( )( )

216. 활동적인 사람이라고 생각한다. ··································· ( )( )

217. 비교적 보수적이다. ··· ( )( )

218. 손해인지 이익인지로 정할 때가 많다. ···························· ( )( )

219. 전통을 견실히 지키는 것이 적절하다. ···························· ( )( )

220. 교제 범위가 넓은 편이다. ··· ( )( )

221. 상식적인 판단을 할 수 있는 타입이라고 생각한다. ················ ( )( )

222. 너무 객관적이어서 실패한다. ······································ ( )( )

223. 보수적인 면을 추구한다. ·· ( )( )

224. 내가 누구의 팬인지 주변의 사람들이 안다. ······················· ( )( )

225. 가능성보다 현실이다. ··· ( )( )

226. 그 사람이 필요한 것을 선물하고 싶다. ···························· ( )( )

227. 여행은 계획적으로 하는 것이 좋다. ······························ ( )( )

228. 구체적인 일에 관심이 있는 편이다. ······························ ( )( )

229. 일은 착실히 하는 편이다. ··· ( )( )

230. 괴로워하는 사람을 보면 우선 이유를 생각한다. ··················· ( )( )

231. 가치기준은 자신의 밖에 있다고 생각한다. ························· ( )( )

232. 밝고 개방적인 편이다. ···( )( )

233. 현실 인식을 잘하는 편이라고 생각한다. ·····························( )( )

234. 공평하고 공적인 상사를 만나고 싶다. ·································( )( )

235. 시시해도 계획적인 인생이 좋다. ···( )( )

236. 적극적으로 사람들과 관계를 맺는 편이다. ·······················( )( )

237. 활동적인 편이다. ···( )( )

238. 몸을 움직이는 것을 좋아하지 않는다. ·······························( )( )

239. 쉽게 질리는 편이다. ···( )( )

240. 경솔한 편이라고 생각한다. ··( )( )

241. 인생의 목표는 손이 닿을 정도면 된다. ······························( )( )

242. 무슨 일도 좀처럼 시작하지 못한다. ···································( )( )

243. 초면인 사람과도 바로 친해질 수 있다. ······························( )( )

244. 행동하고 나서 생각하는 편이다. ···( )( )

245. 쉬는 날은 집에 있는 경우가 많다. ·····································( )( )

246. 완성되기 전에 포기하는 경우가 많다. ·······························( )( )

247. 계획 없는 여행을 좋아한다. ··( )( )

248. 욕심이 없는 편이라고 생각한다. ···( )( )

249. 활동력이 별로 없다. ···( )( )

250. 많은 사람들과 와자지껄하게 식사하는 것을 좋아한다. ·······( )( )

251. 이유 없이 불안할 때가 있다. ··( )( )

252. 주위 사람의 의견을 생각해서 발언을 자제할 때가 있다. ····( )( )

253. 자존심이 강한 편이다. ···( )( )

254. 생각 없이 함부로 말하는 경우가 많다. ······························( )( )

255. 정리가 되지 않은 방에 있으면 불안하다. ···························( )( )

256. 거짓말을 한 적이 한 번도 없다. ··( )( )

257. 슬픈 영화나 TV를 보면 자주 운다. ···································( )( )

258. 자신을 충분히 신뢰할 수 있다고 생각한다. ·······················( )( )

259. 노래방을 아주 좋아한다. ···( )( )

260. 자신만이 할 수 있는 일을 하고 싶다. ·······························( )( )

261. 자신을 과소평가하는 경향이 있다. ·····································( )( )

262. 책상 위나 서랍 안은 항상 깔끔히 정리한다. ······················ ( )( )

263. 건성으로 일을 할 때가 자주 있다. ································· ( )( )

264. 남의 험담을 한 적이 없다. ··· ( )( )

265. 쉽게 화를 낸다는 말을 듣는다. ··································· ( )( )

266. 초조하면 손을 떨고, 심장박동이 빨라진다. ······················ ( )( )

267. 토론하여 진 적이 한 번도 없다. ································· ( )( )

268. 덩달아 떠든다고 생각할 때가 자주 있다. ······················ ( )( )

269. 아첨에 넘어가기 쉬운 편이다. ··································· ( )( )

270. 주변 사람이 자기 험담을 하고 있다고 생각할 때가 있다. ········ ( )( )

271. 이론만 내세우는 사람과 대화하면 짜증이 난다. ·················· ( )( )

272. 상처를 주는 것도, 받는 것도 싫다. ······························ ( )( )

273. 매일 그날을 반성한다. ·· ( )( )

274. 주변 사람이 피곤해 하여도 자신은 원기왕성하다. ··············· ( )( )

275. 친구를 재미있게 하는 것을 좋아한다. ···························· ( )( )

276. 아침부터 아무것도 하고 싶지 않을 때가 있다. ·················· ( )( )

277. 지각을 하면 학교를 결석하고 싶어졌다. ························· ( )( )

278. 이 세상에 없는 세계가 존재한다고 생각한다. ··················· ( )( )

279. 하기 싫은 것을 하고 있으면 무심코 불만을 말한다. ············ ( )( )

280. 투지를 드러내는 경향이 있다. ··································· ( )( )

281. 뜨거워지기 쉽고 식기 쉬운 성격이다. ···························· ( )( )

282. 어떤 일이라도 헤쳐 나가는데 자신이 있다. ····················· ( )( )

283. 착한 사람이라는 말을 들을 때가 많다. ·························· ( )( )

284. 자신을 다른 사람보다 뛰어나다고 생각한다. ····················· ( )( )

285. 개성적인 사람이라는 말을 자주 듣는다. ························· ( )( )

286. 누구와도 편하게 대화할 수 있다. ································ ( )( )

287. 특정 인물이나 집단에서라면 가볍게 대화할 수 있다. ············ ( )( )

288. 사물에 대해 깊이 생각하는 경향이 있다. ······················ ( )( )

289. 스트레스를 해소하기 위해 집에서 조용히 지낸다. ··············· ( )( )

290. 계획을 세워서 행동하는 것을 좋아한다. ························· ( )( )

291. 현실적인 편이다. ·· ( )( )

292. 주변의 일을 성급하게 해결한다. ·· ( )( )

293. 이성적인 사람이 되고 싶다고 생각한다. ··· ( )( )

294. 생각한 일을 행동으로 옮기지 않으면 기분이 찜찜하다. ································· ( )( )

295. 생각했다고 해서 꼭 행동으로 옮기는 것은 아니다. ····································· ( )( )

296. 목표 달성을 위해서는 온갖 노력을 다한다. ··· ( )( )

297. 적은 친구랑 깊게 사귀는 편이다. ··· ( )( )

298. 경쟁에서 절대로 지고 싶지 않다. ··· ( )( )

299. 내일해도 되는 일을 오늘 안에 끝내는 편이다. ·· ( )( )

300. 새로운 친구를 곧 사귈 수 있다. ··· ( )( )

301. 문장은 미리 내용을 결정하고 나서 쓴다. ·· ( )( )

302. 사려 깊은 사람이라는 말을 듣는 편이다. ·· ( )( )

303. 활발한 사람이라는 말을 듣는 편이다. ··· ( )( )

304. 기회가 있으면 꼭 얻는 편이다. ··· ( )( )

305. 외출이나 초면의 사람을 만나는 일은 잘 하지 못한다. ································· ( )( )

306. 단념하는 것은 있을 수 없다. ·· ( )( )

307. 위험성을 무릅쓰면서 성공하고 싶다고 생각하지 않는다. ····························· ( )( )

308. 학창시절 체육수업을 좋아했다. ··· ( )( )

309. 휴일에는 집 안에서 편안하게 있을 때가 많다. ·· ( )( )

310. 무슨 일도 결과가 중요하다. ··· ( )( )

311. 성격이 유연하게 대응하는 편이다. ·· ( )( )

312. 더 높은 능력이 요구되는 일을 하고 싶다. ·· ( )( )

313. 자기 능력의 범위 내에서 정확히 일을 하고 싶다. ······································· ( )( )

314. 새로운 사람을 만날 때는 두근거린다. ··· ( )( )

315. '누군가 도와주지 않을까'라고 생각하는 편이다. ·· ( )( )

316. 건강하고 활발한 사람을 동경한다. ·· ( )( )

317. 친구가 적은 편이다. ··· ( )( )

318. 문장을 쓰면서 생각한다. ·· ( )( )

319. 정해진 친구만 교제한다. ·· ( )( )

320. 한 우물만 파고 싶다. ··· ( )( )

321. 여러 가지 일을 경험하고 싶다. ··· ( )( )

322. 스트레스를 해소하기 위해 몸을 움직인다. ··· ( )( )

323. 사물에 대해 가볍게 생각하는 경향이 있다. ·· ( )( )

324. 기한이 정해진 일은 무슨 일이 있어도 끝낸다. ·· ( )( )

325. 결론이 나도 여러 번 생각을 하는 편이다. ··· ( )( )

326. 일단 무엇이든지 도전하는 편이다. ·· ( )( )

327. 쉬는 날은 외출하고 싶다. ·· ( )( )

328. 사교성이 있는 편이라고 생각한다. ·· ( )( )

329. 남의 앞에 나서는 것을 잘 하지 못하는 편이다. ·· ( )( )

330. 모르는 것이 있어도 행동하면서 생각한다. ·· ( )( )

331. 납득이 안 되면 행동이 안 된다. ··· ( )( )

332. 약속시간에 여유를 가지고 약간 빨리 나가는 편이다. ·· ( )( )

333. 현실적이다. ··· ( )( )

334. 끝까지 해내는 편이다. ·· ( )( )

335. 유연히 대응하는 편이다. ··· ( )( )

336. 휴일에는 운동 등으로 몸을 움직일 때가 많다. ·· ( )( )

337. 학창시절 체육수업을 못했다. ··· ( )( )

338. 성공을 위해서는 어느 정도의 위험성을 감수한다. ··· ( )( )

339. 단념하는 것이 필요할 때도 있다. ·· ( )( )

340. '내가 안하면 누가 할 것인가'라고 생각하는 편이다. ··· ( )( )

341. 새로운 사람을 만날 때는 용기가 필요하다. ·· ( )( )

342. 친구가 많은 편이다. ··· ( )( )

343. 차분하고 사려깊은 사람을 동경한다. ··· ( )( )

344. 결론이 나면 신속히 행동으로 옮겨진다. ··· ( )( )

345. 기한 내에 끝내지 못하는 일이 있다. ··· ( )( )

PART

04

면접

CHAPTER
01

면접의 기본

1 면접

　면접관은 면접을 통해서 서류만으로는 알 수 없었던 당신에 대해서 알고 싶어 한다. 성품과 지적 수준, 잠재능력 등은 서류만으로는 확인할 수 없다. 이에 기업은 면접을 통하여 지원자가 회사에 이익을 가져다 줄 수 있는 우수한 인재인지 검증하려는 것이다.

　최근에는 서류전형은 일정한 자격만 갖추면 통과할 수 있도록 가능성을 넓히고, 다양한 면접을 통해서 지원자들의 역량을 평가하는 기업이 늘고 있다. 단순히 SPEC으로 지원자를 판단하는 것이 아니라 여러 가지 상황과 질문에 대처해 나가는 자세를 보고 사람을 평가하겠다는 취지인 것이다.

　이에 따라 지원자들은 면접관이 중요하게 생각하는 사항과 최근 면접의 유형, 그리고 각 기업의 정보를 통해서 면접에 철저하게 대비할 필요가 있다.

2 면접관의 주요 평가 사항

(1) 첫인상

　면접시간이 짧은 만큼 첫인상이 당락에 차지하는 비중은 상당하다. 자세, 표정, 목소리, 사회인으로서의 기본 매너, 복장 등에 의해 첫인상이 결정되므로 이에 대한 준비는 철저하게 하는 것이 좋다.

① 답변에만 신경을 쓰거나 긴장하다 보면 다리를 떠는 등 평소의 좋지 않은 습관을 드러낼 수 있으므로 주의하여야 한다.

② 면접은 처음 몇 초, 지원자가 인사하는 모습에 의해 판가름 나기도 한다. 긴장한 나머지 구부정한 자세와 작은 목소리로 인사하게 되면 좋은 인상을 주기 어렵다. 큰 목소리로 밝게 인사하여 면접관이 자신에게 호감을 느끼도록 만들어야 한다.

③ 지나친 당당함, 거친 걸음걸이 등 무례한 태도로는 면접관에게 호감을 줄 수 없다.

④ 등을 굽히거나 몸을 움츠리고 있으면 소극적이고 소심한 사람으로 보일 수 있다. 머리를 심하게 만지거나 옷매무새를 빈번하게 고치게 되면 면접관이 지원자의 답변에 집중하지 못한다.

⑤ 논쟁의 여지가 있는 주제에 대해서는 면접관과 심각하게 논쟁할 필요가 없다. 자신의 주장을 겸손하게 드러내는 것으로 족하다.

⑥ 미리 준비한 모범답변으로 의기양양하게 대답한다거나 쉽고 간결하게 답할 수 있음에도 불구하고 장황하게 설명하는 모습은 면접관을 불쾌하게 할 수 있다.

⑦ 시선을 피해 입실하여 면접관을 힐끗힐끗 쳐다보거나, 두리번거리는 모습으로는 호감을 줄 수 없다. 지원자가 눈길을 피하는 순간에도 면접관은 지원자에게 오감을 집중하고 있다.

(2) 1분 자기소개

1분 자기소개의 가장 효과적인 방법은 절도 있는 자기소개나 명랑한 아이디어가 아니다. 바로 자신이 업계와 기업에 대하여 관심이 많고, 기업에 유익한 인재임을 설득력 있게 소개하는 것이다.

① **상품가치** … 업계의 트렌드, 회사의 당면과제를 짚어주고 자신의 강점이 회사에 얼마나 도움이 되는지 소개하여야 한다.

② **에피소드** … 에피소드를 활용하여 자신의 강점을 보다 객관적, 구체적으로 전달하여야 한다. 그 경험을 통해 얻은 교훈과 성과를 덧붙여 자신의 강점이 직무에 큰 도움이 됨을 보여주는 것이다.

(3) 업무에 대한 열정 및 기본능력

기업은 업무수행과정에서 발생하는 여러 난관을 극복하고 직무를 지속해서 담당할 수 있는 능력과 열정을 갖춘 인재를 원한다. 따라서 무기력한 이미지를 보여주거나, 지원 분야에 대해 관심이 적고 업무와 관련된 기본지식이 부족해 보이는 지원자는 채용하지 않는다.

① **열정** … 업무를 제대로 수행하기 위해서는 전문성도 중요하지만 지원 분야에 대한 의욕과 도전정신이 반드시 필요하기 때문에 열정 역시 중요한 평가 대상이 된다.
  ㉠ **자세** : 면접에 임하는 태도만으로도 열의를 보여줄 수 있다. 등은 곧게 펴고 시선은 면접관을 정면으로 바라보며 대답은 크고 자신감 있게 하여야 한다.
  ㉡ **자기소개** : 해당 분야와 직무에 관한 트렌드 및 당면과제를 언급하고, 이에 대한 의견과 대안 등을 제시함으로써 그 분야에 열정을 가진 인재임을 보여주어야 한다.
  ㉢ **질문** 면접관이 질문할 기회를 준다면 복리후생에만 집착하는 모습을 보이지 않도록 하고, 직무에 관련된 질문을 함으로써 지원 분야에 대한 열정을 드러내어야 한다.
  ㉣ **마지막으로 하고 싶은 말** : 마지막으로 할 말이 있느냐는 질문에는 오히려 지망 분야의 전문가로 성장하기 위한 노하우 등을 되묻는 것도 좋다.

② **업무수행능력** … 직무에 필수적인 전문성 외에도 담당 업무를 원활히 수행하는 데 필요한 기본능력을 평가한다.
  ㉠ **사고력** : 이해력, 분석력, 창의력 등의 기초적인 사고 능력

ⓛ **팀워크** : 호감을 유발하는 언어구사력, 원활한 의사소통 능력과 같이 팀 단위의 업무 수행에 영향을 주는 요소

ⓒ **업무에 대한 이해도** : 업무수행에 필요한 기초 지식, 업무 프로세스 이해 등 담당 업무 전반에 대한 이해력

(4) 인성

면접관은 지원자의 답변을 통해 타인과 잘 어울리고 업무를 제대로 수행할 만한 인격을 갖추었는지를 평가한다.

① **Key point** … 기업 특유의 인재상과 같이 기업은 지원자의 인성에 대한 나름의 평가 기준을 가지고 있다. 지원자가 이런 기업의 요구에 자신의 강점을 연결시켜 소개하는 것도 좋지만 자신의 개성을 알고 이를 직무와 연관된 강점으로 부각시키는 것이 더욱 중요하다.

② **평가요소**

ⓖ **사교성 및 협조성** : 말투, 표정에서 친밀감을 표현하는지, 타지원자의 의견을 경청하고 있으며, 정확한 의사소통능력을 보여주는지를 본다.

ⓛ **이해력 및 표현력** : 타인의 말을 바르게 이해하고 이에 대한 자신의 생각을 명확하게 전하는지, 알기 쉬운 말투로 적절한 표현을 하고 있는지를 살펴본다.

ⓒ **성실성** : 침착한 자세로 끈기 있게 답변하고 있는지 무책임한 답변을 하고 있지는 않는지 살펴본다.

ⓔ **외관이나 언행 등** : 답변 시 표정이나 태도와 압박 질문에 어떤 대응을 살펴본다. 또 외관이 청결하고 자세는 바른지 살펴본다.

(5) 적성 적합 여부

위의 조건을 모두 갖추고, 스펙도 좋으며 업무에 대한 열정도 있지만 지원자의 적성이 업무에 적합하지 않은 것으로 평가되어 불합격하는 경우도 있다. 그 만큼 지원자의 적성이 중요한 평가 대상인 것이다.

① **사전조사** … 미리 지원 분야와 담당할 직무를 조사하여 해당 분야에 관심과 지식이 많다는 것을 보여주어야 한다.

② **연결고리** … 사전 조사한 내용을 자신의 인성적인 측면에서의 강점과 연결하여 담당 직무에 어떻게 기여할 것인지를 보여준다면, 면접관은 지원자가 직무를 담당하기에 적합한 적성을 가진 사람이라고 생각하게 된다.

3 면접 과정

(1) 입실

① **노크**…2, 3회 정도 하는 것이 기본이다. 노크하는 간격에 여유를 두고, 면접 장소로 들어가기 전부터 미소를 머금도록 하여야 한다. 집단 면접에서는 첫 번째 사람만 노크한다. 입실 후에는 시끄럽지 않을 정도의 큰 소리로 인사를 하고 웃는 얼굴로 자리로 이동한다.

② **착석**… 서 있을 때는 등을 곧게 펴고, 머리를 숙이지 않도록 한다. 웃는 얼굴로 서 있다가 면접관이 자리에 앉으라고 할 때는 눈길을 마주하고 자신의 성명을 밝히며 간단히 인사한 후 자리에 앉는다. 자리에 앉을 때에는 신발 뒤꿈치를 가지런하게 하고, 다리가 벌어지지 않도록 주의하여 자세가 흐트러지지 않도록 한다. 착석 후에는 어깨의 힘을 빼고 등은 곧게 편다. 무릎 위에 손을 가지런히 두고 의자의 등받이와 등 사이에 주먹을 넣을 정도의 간격을 두어 깊게 앉도록 한다.

(2) 대화

① **시선**… 면접관의 질문에 답변할 때는 상대방의 아이 존(눈매로부터 넥타이 부근까지)에 눈길을 두자. 턱을 들어 올리며 눈을 살며시 아래로 뜨는 거만한 자세는 아닌지, 턱을 너무 집어넣어 눈을 치켜뜨며 노려보고 있지는 않은지 점검한다. 또, 타 지원자가 답변할 때는 천장이나 아래를 보며 어색해하거나 다른 생각에 빠져 있지 않도록 주의한다.

② **표정**… 인상이 좋아 보이는 눈매가 되기 위해서는 눈을 적절히 크게 뜨는 것이 좋으며, 항상 상대방과 시선을 마주치면서 미소를 짓는다. 면접관의 이야기에 귀 기울이다가 인상적인 말에는 적절한 반응을 취하도록 한다.

③ **목소리**… 목소리에 기운이 있고 밝아 보인다는 인상을 면접관에게 주도록 한다. 이름이 호명될 때 긴장하지 않은 목소리로 크게 대답한다. 말하는 속도는 적절히 조절하여 안정적인 분위기를 유도하는 것이 유리하다.

④ **태도**… 면접 도중 자주 머리를 만지든지 옷을 신경 쓰는 모습을 보여주지 않도록 한다. 정서불안이나 긴장하고 있음을 나타내는 증거이기 때문이다.

(3) 퇴실

① **인사**… 면접이 끝나면 일어나서 정중하게 인사하고 퇴장한다. 이때 지나치게 허리를 굽혀 인사하면 오히려 좋은 인상을 주지 못한다. 밝은 인상으로 천천히 30도 정도 굽혀 인사하는 모습이 훨씬 공손해 보인다. 인사한 후에는 의자를 정리하는 것을 잊지 않도록 한다.

② **표정** … 간혹 실수했다는 생각에 빠져 어두운 표정을 짓는 지원자도 있다. 그러나 당신이 크게 실수했다고 자책하는 부분을 면접관이 아무렇지 않게 여기는 경우도 있다. 면접의 결과를 예상하여 들뜨거나 낙심하지 말고 끝까지 최선을 다하는 것이 중요하다.

4 면접의 유형

(1) 개인면접

① **특징**

　㉠ **형식** : 면접관 1~3명이 지원자 1명을 평가하는 형식으로 지원자에 대한 심도 있는 평가가 가능하다. 면접관과 독대하는 경우가 많으므로 상당히 긴장할 수 있다. 하지만 집단면접보다는 차분하게 이야기를 나눌 수 있으므로 면접관에게 질문이 있으면 해도 좋다.

　㉡ **평가항목** : 답변의 내용뿐 아니라 자세와 태도 및 기본 매너 등을 관찰한다.

② **대책**

　㉠ **진실성** : 특히 개인면접은 장시간에 걸쳐 연속해서 질문을 받게 되므로 솔직하게 답변하는 것이 좋다.

　㉡ **기회** : 비교적 많은 시간이 주어지므로 자기소개, 지원동기 등을 통해서 자신의 생각을 분명히 나타낼 수 있다.

　㉢ **대화** : 답변을 외워서 대답하는 것보다 실수하지 않을 정도로 암기하고 자연스럽게 대화하는 기분으로 면접에 임하는 것이 좋다.

(2) 집단면접

① **특징**

　㉠ **형식** : 집단면접은 다수의 지원자를 여러 명 혹은 한 명의 면접관이 대면한다. 주로 면접관이 질문하고 지원자가 순서대로 답변하는 형식이다.

　㉡ **평가항목** : 논리력, 표현력, 설득력, 사회성 등을 주로 평가한다.

② **대책**

　㉠ **명확성** : 각자에게 배당된 시간이 적은만큼 간결하고 확실하게 답하는 것이 중요하다.

　㉡ **경청** : 다른 지원자의 발표를 경청하도록 한다. 일부 지원자들은 긴장한 나머지 자신의 답변만 신경쓰는데, 이때 면접관이 타 지원자의 답변에 대한 의견을 물어오면 당황할 수 있다.

(3) 그룹토의

① 특징
  ㉠ **형식** : 다수의 지원자가 한 주제에 대해 토의하게 된다. 평가항목 의사소통능력, 리더십, 팀워크, 전문지식 등을 평가한다.
  ㉡ **진행방식** : 주제에 대해 자유롭게 대화하는 자유토론 형식과 대립하는 2개 조로 나뉘어서 토론하는 디베이트(debate) 형식이 있다.

② 대책
  ㉠ **적극성** : 면접에 적극적으로 임하려는 자세와 타인의 의견을 경청하는 태도가 중요하다.
  ㉡ **배려** : 타 지원자의 발언을 모두 들은 후에 자신의 의견을 제시해야 하며, 소극적이고 발언이 적은 지원자를 배려해주면 좋은 평가를 받을 수 있다.

(4) 그룹과제

① 특징
  ㉠ **형식** : 다수의 지원자로 구성된 그룹에 과제가 주어지고 구성원들이 협력하여 과제를 해결해 나가게 된다.
  ㉡ **평가항목** : 집단 속에서의 협력성, 적극성과 독창성 등을 주로 평가받는다.

② 대책
  ㉠ **협동** : 개인의 능력을 과시하고 성과에 집착하기보다 집단 속에서 잘 어우러져 협력하는 모습을 보여주는 것이 중요하다.
  ㉡ **업무파악능력** : 전반적인 작업 과정을 빠르게 파악하여 자신의 역할을 바르게 이해하고, 정확한 발언과 행동을 하는 것이 중요하다.
  ㉢ **리더십** : 자신만의 리더십을 겸손하게 보여주면 더욱 좋은 평가를 받을 수 있다.

(5) PT면접

① 특징
  ㉠ **형식** : 사전에 준비된 과제를 부여받아 정해진 시간 내에 발표하는 것으로서 주로 기획 능력이 필요한 분야에서 시행하는 형식이다. 최근에는 거의 모든 업계에서 PT면접을 진행하고 있다.
  ㉡ **평가요소** : 기획력, 전문지식에 대한 이해력을 주로 평가받는다.

② 대책
  ㉠ **규정** : 준수 시간, 자료, 분량의 제한 등을 통해 규칙을 준수하는 의식을 평가하므로 규정 준수가 중요하다.

ⓛ **문제해결능력** : PT주제는 거의 전공과 관련된 문제가 많다. 사실 지원자들에게 확실한 답변을 얻기 위한 것이라기보다는 문제를 해결해 나가는 능력과 순발력을 평가하기 위한 면접이다. 모르는 문제라고 해서 당황하거나 자신감 없는 모습을 보이는 것보다는 자신만의 논리를 가지고 자신감 있게 문제를 해결해 나가는 모습을 보여주는 것이 좋다.

(6) 합숙면접

① 특징
  ⊙ **형식** : 면접관과 지원자가 하루 혹은 이틀 동안 합숙하는 형식이다.
  ⓛ **평가요소** : 적응력, 문제해결능력, 팀워크, 리더십을 주로 평가하며 면접관은 지원자의 숨겨진 재능까지도 유심히 살핀다.

② 대책
  ⊙ **자연스러움** : 새로운 친구를 사귀는 기분으로 다른 지원자들과 자연스럽게 어울리며 자신의 능력을 한껏 드러내도록 한다.
  ⓛ **팀워크, 리더십** : 팀을 이루어 수행하는 과제가 대부분이므로 팀에 잘 융화되고 타 지원자들을 적극적으로 리드하는 모습을 보여주면 좋은 평가를 받을 수 있다.

5 면접에 대한 궁금증

1차 면접, 2차 면접의 질문이 같다면 대답도 똑같아야 하나요?

면접관의 질문이 같다면 일부러 대답을 바꿀 필요는 없다. 1차와 2차의 면접관이 다르다면 더욱 그러하며 면접관이 같더라도 완전히 다른 대답보다는 대답의 방향을 조금 바꾸거나, 예전의 질문에서 더욱 구체적으로 파고드는 대답이 좋다.

제조회사의 면접시험에서 지금 사용하고 있는 물건이 어느 회사의 제품인지를 물었을 때, 경쟁회사의 제품을 말해도 괜찮을까요?

타사 특히 경쟁사의 제품을 거론하는 것을 좋아할 만한 면접관은 한 명도 없다. 그러나 그 제품의 장·단점까지 분석할 수 있고 논리적인 설명이 가능하다면 경쟁회사의 제품을 거론해도 무방하다. 만약 면접을 보는 회사의 제품을 거론할 때 장·단점을 설명하지 못하면, 감점요인은 아니지만 좋은 점수를 받기는 힘들다.

면접관이 '대답을 미리 준비했군요'라는 말을 하면 어떻게 해야 할까요?

외워서 답변하는 경우에는 면접관의 눈을 똑바로 보고 말하기가 힘들며 잊어버리기 전에 말하고자 하여 말의 속도가 빨라진다. 면접에서는 정답이 표면적으로 드러나 있는 질문 보다는 지원자의 생각을 묻는 질문이 많으므로 면접관의 질문을 새겨듣고 요구하는 바를 파악한 후 천천히 대답한다.

집단면접에서 면접관이 저에게 아무런 질문도 하지 않았습니다. 그 이유는 무엇인가요?

이력서와 자기소개서는 면접의 기본이 되며 이력서의 내용이 평범하거나 너무 포괄적이라면 면접관은 지원자에게 궁금증이 생기지 않을 수도 있다. 그러므로 이력서는 구체적이면서 개성적으로 자신을 잘 드러낼 수 있는 내용을 강조해서 작성하는 것이 중요하다.

면접관에게 좋은 인상을 남기기 위해서는 어떻게 하는 것이 좋을까요?

지나치게 가벼워 보이거나 잘난 척하는 자세는 바람직하지 않다. 면접관은 성실하고 진지한 지원자를 대할 경우 고개를 끄덕이거나 신중한 표정을 짓는다.

질문에 대한 답변을 다 하지 못하였는데 면접관이 다음 질문으로 넘어가 버리면 어떻게 할까요?

면접에서는 간단명료하게 자신의 의견을 일관성 있게 밝히는 것이 중요하다. 두괄식으로 주제를 먼저 제시하는데 서론이 길면 지루해져 다음 질문으로 넘어갈 수 있다.

면접에서 실패한 경우에, 역전시킬 수 있는 방법이 있나요?

지원자 스스로도 면접에서 실패했다고 느끼는 경우가 종종 있다. 이런 경우에는 당황하여 인사를 잊기도 하나 그 때 당황하지 말고 정중하게 인사를 하면 또 다른 인상을 심어줄 수 있다. 면접관은 당신이 면접실에 들어서는 순간부터 나가는 순간까지 당신을 지켜보고 있다는 사실을 기억해야 한다.

6 면접의 대비

(1) 면접대비사항

① **지원회사에 대한 사전지식 습득** … 필기시험에 합격하거나 서류전형을 통과하면 보통 합격 통지 이후 면접시험 날짜가 정해진다. 이때 지원자는 면접시험을 대비해 본인이 지원한 계열사 또는 부서에 대해 다음과 같은 사항 정도는 알고 있는 것이 좋다.

　ⓐ 회사의 연혁
　ⓑ 회장 또는 사장의 이름, 출신학교, 전공과목 등
　ⓒ 회사에서 요구하는 신입사원의 인재상
　ⓓ 회사의 사훈, 비전, 경영이념, 창업정신
　ⓔ 회사의 대표적 상품과 그 특색
　ⓕ 업종별 계열 회사의 수
　ⓖ 해외 지사의 수와 그 위치
　ⓗ 신제품에 대한 기획 여부
　ⓘ 지원자가 평가할 수 있는 회사의 장·단점
　ⓙ 회사의 잠재적 능력 개발에 대한 각종 평가

② **충분한 수면을 취해 몸의 상태를 최상으로 유지** … 면접 전날에는 긴장하거나 준비가 미흡한 것 같아 잠을 설치게 된다. 이렇게 잠을 잘 자지 못하면 다음날 일어 났을 때 피곤함을 느끼게 되고 몸 상태도 악화된다. 게다가 잠을 못 잘 경우 얼굴이 부스스하거나 목소리에 영향을 미칠 수 있으며 자신도 모르게 멍한 표정을 지을 수도 있다.

③ **아침에 정보를 확인** … 아침에 일어나서 뉴스 등을 유의해서 보고 자신의 생각을 정리해 두는 것이 좋다. 또한 면접일과 인접해 있는 국경일이나 행사 등이 있다면 그에 따른 생각을 정리해 두면 좋다.

(2) 면접 시 유의사항

① **첫인상이 중요** … 면접에서는 처음 1~2분 동안에 당락의 70% 정도가 결정될 정도로 첫인상이 중요하다고 한다. 그러므로 지원자는 자신감과 의지, 재능 등을 보여주어야 한다. 그리고 면접자와 눈을 맞추고 그가 설명을 하거나 말을 하면 적절한 반응을 보여준다.

② **지각은 금물** … 우선 면접장소가 결정되면 교통편과 소요시간을 확인하고 가능하다면 미리 방문해보는 것도 좋다. 당일에는 서둘러서 출발하여 면접 시간 10~15분 일찍 도착하여 회사를 둘러보고 환경에 익숙해지는 것이 좋다.

③ **면접대기시간의 행동도 평가** ⋯ 지원자들은 대부분 면접실에서만 평가받는다고 생각하나 절대 그렇지 않다. 면접진행자는 대부분 인사실무자이며 당락에 영향을 준다. 짧은 시간 동안 사람을 판단하는 것은 힘든 일이라 면접자는 지원자에 대한 평가에 대한 확신을 위해 타인의 의견을 듣고자 한다. 이때 면접진행자의 의견을 참고하므로 면접대기시간에도 행동과 말을 조심해야 한다. 또한 면접을 마치고 돌아가는 그 순간까지도 행동과 말에 유의하여야 한다. 황당한 질문에 답변은 잘 했으나 복도에 나와서 흐트러진 모습을 보이거나 욕설을 하는 것도 다 평가되므로 주의한다.

④ **입실 후 공손한 태도**
　　⊙ 본인 차례가 되어 호명되면 대답을 또렷하게 하고 들어간다. 만약 문이 닫혀 있다면 상대에게 소리가 들릴 수 있을 정도로 노크를 두 번 한 후 대답을 듣고 나서 들어간다.
　　ⓒ 문을 여닫을 때에는 소리가 나지 않게 조용히 하며 공손한 자세로 인사한 후 성명과 수험번호를 말하고 면접관의 지시에 따라 자리에 앉는다. 이 경우 자리에 착석하라는 말이 없는데 의자에 앉으면 무례한 사람처럼 보일 수 있으므로 주의한다.
　　ⓒ 의자에 앉을 때는 끝에 걸터앉지 말고 안쪽으로 깊숙이 앉아 무릎 위에 양손을 가지런히 얹는 것이 좋다.

⑤ **대답하기 난해한 개방형 질문도 반드시 답변을 함**
　　⊙ 면접관의 질문에는 예, 아니요로 답할 수 있는 단답형도 있으나, 정답이 없는 개방형 질문이 있을 수 있다. 단답형 질문의 경우에는 간단명료하면서도 그렇게 생각하는 이유를 밝혀주는 것이 좋다. 그러나 개방형 질문은 평소에 충분히 생각하지 못했던 내용이라면 답변을 하기 힘들 수도 있다. 하지만 반드시 답변을 해야 된다. 자신의 생각이나 입장을 밝히지 않을 경우 소신이 없거나 혹은 분명한 입장이나 가치를 가지고 있지 않은 사람으로 비쳐질 수 있다. 답변이 바로 떠오르지 않는다면, "잠시 생각을 정리할 시간을 주시겠습니까?"하고 요청을 해도 괜찮다.
　　ⓒ 평소에 잘 알고 있는 문제라면 답변을 잘 할 수 있을 것이다. 그러나 이런 경우 주의할 것은 면접자와 가치 논쟁을 할 필요가 없다는 것이다. 정답이 정해져 있지 않은 경우에는 가치관이나 성장배경에 따라 문제를 받아들이는 태도에서 답변까지 충분히 차이가 있을 수 있다. 그런데 그것을 굳이 지적하여 고치려 드는 것은 좋지 않다.

⑥ **자신감과 의지** ⋯ 면접을 하다 보면 미래를 예측해야 하는 질문이 있다. 이때에는 너무 많은 상황을 고려하지 말고, 자신감 있는 내용으로 긍정문으로 답변하는 것이 좋다.

⑦ **자신의 장·단점 파악** ⋯ 면접을 하다 보면 나에 대해서 부정적인 말을 해야 될 경우가 있다. 이때에는 자신의 약점을 솔직하게 말하되 너무 자신을 비하하지 말아야 한다. 그리고 가능한 단점은 짧게 말하고 뒤이어 장점을 말하는 것이 좋다.

⑧ **정직한 대답** … 면접이라는 것이 아무리 본인의 장점을 부각시키고 단점을 축소시키는 것이라고 해도 절대로 거짓말을 해서는 안 된다. 거짓말을 하게 되면 지원자는 불안하거나 꺼림칙한 마음이 남아 있어 면접에 집중하지 못하게 되고 면접관을 그것을 놓치지 않는다. 거짓말은 그 사람에 대한 신뢰성을 떨어뜨리며 이로 인해 다른 조건이 좋다하더라도 탈락할 수 있다.

⑨ **지원동기에 가치관이 반영** … 면접에서 거의 항상 물어보는 질문은 지원동기에 관한 것이다. 어떤 응시자들은 이 질문을 대수롭지 않게 여기거나 중요한 것은 알지만 적당한 내용을 찾지 못해 추상적으로 답변하는 경우가 많다. 이런 경우 면접관들은 응시자의 생각을 알 수 없거나 성의가 없다고 생각하기 쉬우므로 그 내용 안에 자신의 가치관이 내포되도록 답변한다. 이러한 답변은 면접관에게 응시자가 직업을 통해 자신의 가치관을 실현하기 위한 과정이라는 인상을 주게 되므로 적극적인 삶의 자세를 볼 수 있게 한다.

⑩ **경력직일 경우 전의 직장에 대한 험담은 금물** … 응시자에게 이전 직장에서 무슨 일이 있었는지, 그곳 상사들이 어땠는지는 등은 그다지 면접관이 궁금해 하는 사항이 아니다. 전 직장에 대해 험담을 늘어놓는다든가, 동료와 상사들에 대한 악담을 하게 된다면 오히려 부정적인 이미지를 심어 줄 수 있다. 만약 전 직장에 대한 말을 할 필요성이 있다면 가능한 객관적으로 이야기하는 것이 좋다.

⑪ **대답 시 유의사항**

　㉠ 질문이 주어지자마자 답변하는 것은 미리 예상한 답을 잊어버리기 전에 말하고자 하는 것으로 오인될 수 있으며, 침착하지 못하고 즉흥적으로 비춰지기 쉽다.

　㉡ 질문에 대한 답변을 할 때에는 면접관과의 거리를 생각해서 너무 작게 하는 것은 좋지 않으나 큰 소리로 이야기하면 면접관이 부담을 느끼게 된다. 자신있는 답변이라고 해서 너무 빠르게 많이 말하지 않아야 하며, 자신의 답변이 적당하지 못했다고 느꼈을 경우 머리를 만지거나 혀를 내미는 등의 행동은 좋지 못하다. 그리고 정해진 답변 외에 적절하지 않은 농담은 경망스러워 보이거나 취업에 열의가 없어 보이기도 한다.

　㉢ 가장 중요한 것은 올바른 언어의 구사이다. 존대어와 겸양어를 혼동하기도 하고 채팅어를 자기도 모르게 사용하기도 하는데 이는 면접 실패의 원인이 될 수 있다.

⑫ **옷매무새** … 여성들의 경우 이러한 모습이 특히 두드러지는데 외모에 너무 신경을 쓰거나 너무 긴장하여 머리를 계속 쓸어 올리거나 치마 끝을 만지작거리는 경우가 있다. 특히 너무 짧은 치마를 입고서 치마를 끌어 내리는 행동은 좋지 못하다.

⑬ **다리를 떨거나 산만한 시선은 금물**

　㉠ 자신도 모르게 다리를 떨거나 손가락을 만지는 등의 행동을 하는 사람들이 많다. 이는 면접관의 주의를 끌 뿐만 아니라 불안하고 산만한 사람이라는 느낌을 주게 된다.

　㉡ 면접관과 시선을 맞추지 못하고 여기저기 둘러보는 듯한 산만한 시선은 거짓말을 하고 있다고 여기거나 신뢰성이 떨어진다고 생각하기 쉽다.

⑭ **질문의 기회를 활용** … 면접관이 "면접을 마치겠네." 혹은 "면접과는 상관없는 것인데…"하면서 질문을 유도하기도 한다. 이 경우 면접관이 하는 말은 지원자를 안심시켜 마음을 알고자 하는 것으로 거기에 넘어가서는 안 된다. "물어볼 것이 있나?"라는 말은 '우리 회사에서 가장 관심이 있는 것이 무엇인가'라는 말과 같은 의미이므로 유급휴가나 복리후생에 관한 질문 등을 하게 되면 일보다는 휴가에 관심이 많은 사람이라는 인식을 주게 된다. 이런 내용들은 다른 정보망을 활용하여 미리 파악해 두는 것이 좋으며 업무에 관련된 질문으로 하고자 하는 일의 예를 들면서 합격 시에 하는 일을 구체적으로 설명해 달라고 하거나 업무를 더욱 잘 수행하기 위해서 필요한 능력 등을 물어보는 것이 좋다.

7   자기소개 시 유의사항

면접에서 빠지지 않는 것이 자기소개를 간단히 해보라는 것이다. 자기소개라는 것은 매우 추상적이며 넓은 의미를 포괄한다. 자신의 이름에 얽힌 사연이나 어릴 적의 추억, 고향, 혈액형 등 지원자에 관한 일이라면 모두 자기소개가 될 수 있다. 그러나 이는 면접관이 원하는 대답이 아니다. 면접관은 지원자의 신상명세를 알고 싶은 것이 아니라 지원자가 지금껏 해온 일을 통해 그 사람 됨됨이를 알고자 하는 것이기 때문이다.

(1) 자신의 집안에 대해 자랑하는 사람

자신의 부모나 형제 등 집안사람들이 사회·경제적으로 어떠한 위치에 있는 지를 서술하는 유형으로 자신도 대단한 사람이라는 것을 강조하고 싶은 것일지 모르나 면접관에게는 의존적이며 나약한 사람으로 비춰지기 쉽다.

(2) 대답을 하지 못하는 사람

면접관의 질문에는 난도가 있어서 대답하기 힘든 문제도 분명 있을 것이다. 그러나 이는 어려운 것이지 난처한 문제는 아니다. 그러나 면접관이 '당신에게 지금까지 무슨 일을 해왔습니까?'라고 묻는다면 바로 대답을 하지 못하고 머뭇거리게 될 것이다. 평소에 끊임없이 이런 질문을 스스로 던져 자신이 원하는 것을 파악하고 직업도 관련된 쪽으로 구하고자 하면 막힘없이 대답할 수 있을 것이다.

(3) 자신이 한 일에 대해서 너무 자세하게 이야기하는 사람

면접은 필기시험과 마찬가지로 시간이 정해져 있고 그 시간을 효율적으로 활용하여 자신을 내보이는 것이다. 그러나 이러한 사람들은 그것은 생각하지 않고 적당하지 않은 말까지 많이 하여 시간이 부족하다고 하는 사람들이다. 이들은 자신이 한 일을 열거하면서 모든 일에 열의가 있는 사람이라고 생각해주길 바라지만 단순 나열일 뿐 면접관들에게 강한 인상을 남기지 못한다.

(4) 너무 오래된 추억을 이야기하는 사람

면접에서 초등학교의 시절의 이야기를 하는 사람은 어떻게 비춰질까? 그 이야기가 지금까지도 영향을 미치고 있다면 괜찮지만 단순히 일회성으로 그친다면 너무 동떨어진 이야기가 된다. 가능하면 최근의 이야기를 하는 것이 강렬한 인상을 남길 수 있다.

8 자주 나오는 질문과 대처법

(1) 가족 및 대인관계에 관한 질문

당신의 가정은 어떤 가정입니까?

면접관들은 지원자의 가정환경과 성장과정을 알고 싶어하는 것이다. 비록 가정 일과 사회의 일이 완전히 일치하는 것은 아니지만 '가화만사성'이라는 말이 있듯이 가정이 화목해야 사회에서도 화목하게 지낼 수 있기 때문이다. 그러므로 답변 시에는 가족사항을 정확하게 설명하고 집안의 분위기와 특징에 대해 이야기하는 것이 좋다.

친구관계에 대해 말해보시오.

지원자의 인간성을 판단하는 질문으로 교우관계를 통해 답변자의 성격을 알 수 있다. 새로운 환경에 적응을 잘하여 새로운 친구들이 많은 것도 좋지만, 깊고 오래 지속되어온 인간관계를 말하는 것이 더욱 바람직하다.

(2) 성격 및 가치관에 관한 질문

당신의 PR포인트를 말해주십시오.

지나치게 겸손한 태도는 좋지 않으며 적극적으로 자기를 주장해야 한다. 앞으로 입사 후 하게 될 업무와 관련된 자기의 특성을 구체적인 일화로 이야기하면 좋다.

당신의 장·단점을 말해 보시오.

지원자의 구체적인 장·단점을 알고자 하기 보다는 지원자가 자기 자신에 대해 얼마나 알고 있으며 어느 정도의 객관적인 분석을 하고 있나, 그리고 개선의 노력 등을 시도하는지를 파악하고자 하는 것이다.

가장 존경하는 사람은 누구입니까?

　존경하는 사람을 말하기 위해서는 우선 그 인물에 대해 알아야 한다. 대충 알고서 질문에 응답하는 것을 면접관은 바로 알 수 있으므로 추상적이라도 좋으니, 그 사람의 어떤 점이 좋고, 존경스러운지 대답해야 한다. 또한 자신에게 어떤 영향을 미쳤는지도 언급하면 좋다.

(3) 학교생활에 관한 질문

지금까지의 학교생활 중 가장 기억에 남는 일은?

　가급적 직장생활에 도움이 되는 경험을 이야기하는 것이 좋다. 또한 경험만을 간단하게 말하지 말고 그 경험을 통해서 얻을 수 있었던 교훈 등을 예시와 함께 이야기하는 것이 좋으나 너무 상투적인 답변이 되지 않도록 주의한다.

학교 때의 성적은 좋은 편이었습니까?

　면접관은 이미 서류심사를 통해 지원자의 성적을 알고 있다. 성적 자체는 중요한 것이 아니다. 이 질문의 핵심은 당신이 성적에 대해서 어떻게 인식하느냐 하는 것이다. 성적이 나빴던 이유에 대해서 변명하려 하지 말고 담백하게 받아드리고 그것에 대한 개선노력을 했음을 밝히는 것이 적절하다.

(4) 지망동기 및 직업의식에 관한 질문

왜 우리 회사를 지원했습니까?

　이 질문은 어느 회사나 가장 먼저 물어보고 싶은 것으로 지원자들은 기업의 이념, 사장의 경영능력, 재무구조, 복리후생 등 외적인 부분을 설명하는 경우가 많다. 이러한 답변도 적절하지만 지망회사의 주력 상품에 관한 소비자의 인지도, 경쟁사 제품과의 시장점유율을 비교하면서 입사동기를 설명한다면 상당히 주목받을 것이다.

만약 이 회사에 불합격하면 어떻게 하겠습니까?

　불합격할 것을 가정하고 회사에 응시하는 사람은 거의 없다. 이는 지원자를 궁지로 몰아 넣고 그 대응을 살펴 입사희망 정도를 알아보려고 하는 것이다. 이 질문은 깊이 들어가지 말고 침착하게 답변하여야 한다.

당신이 생각하는 바람직한 사원상은?

　직장인으로서 또는 조직의 일원으로서의 자세를 묻는 질문으로 지원하는 회사에서 어떤 인재상을 요구하는 가를 알아두는 것이 좋으며 평소에 자신의 생각을 미리 정리해 두는 것이 적절하다

직무상의 적성과 보수의 많음 중 어느 것을 택하겠습니까?

　이런 질문에서 회사측에서 원하는 답변은 당연히 일에 비중을 둔다는 것이다. 그러나 적성만을 너무 강조하다 보면 오히려 솔직하지 못하다는 인상을 줄 수 있으므로 어느 한 쪽을 너무 강조하거나 경시하는 태도는 바람직하지 못하다.

상사와 의견이 다를 때 어떻게 하겠습니까?

　과거에는 어떠했을지 모르나 요즘은 상사의 명령에 무조건 따르겠다는 수동적인 자세는 바람직하지 않다. 회사에서는 때에 따라서는 자신이 판단하고 행동할 수 있는 직원을 원하기 때문이다. 그러나 지나치게 자신의 의견만을 고집한다면 이는 팀원 간의 불화를 야기할 수 있으며 팀 체제에 악영향을 미칠 수 있으므로 선호하지 않는다는 것에 유념하여야 한다.

이번에 뽑는 사원은 근무지가 지방인데 근무가 가능합니까?

　근무지가 지방 중에서도 특정 지역은 되고 다른 지역은 안 된다는 답변은 바람직하지 않다. 직장에서는 순환 근무라는 것이 있으므로 처음에 지방에서 근무를 시작했다고 해서 계속 지방에만 있는 것은 아님을 유의하고 답변해야 한다.

(5) 여가 활용에 관한 질문

취미가 무엇입니까?

　이 질문에 대해서 대부분의 지원자가 당황하게 된다. 그래서 가장 많이 대답하게 되는 것이 독서, 영화감상, 혹은 음악감상 등과 같은 흔한 취미를 말하게 된다. 이런 취미는 면접관의 주의를 끌기 어려우며 설사 정말 위와 같은 취미를 가지고 있다하더라도 제대로 답변하기는 힘들다. 가능한 독특한 취미를 말하는 것이 좋으며 이제 막 시작한 것이라도 열의를 가지고 있음을 설명할 수 있으면 그것을 취미로 답변하는 것도 무방하다.

9 이색 면접유형과 질문에 따른 대처법

(1) 이색 면접유형

① **유도심문형 면접** … 면접관들은 이미 지원자들의 이력서나 자기소개서와 같은 서류를 읽어보았음을 감안해서 면접을 준비한다. 이런 과정에서 지원자들이 가장 취약한 점을 찾아내어 그에 따른 질문을 하게 된다. 주로 회사의 성격과 전공학과가 적당하지 않다 혹은 성적이 좋지 않다 등의 질문을 하게 된다. 이때에는 당황하거나 감정을 나타내는 등 면접관의 질문에 흔들리지 말고 당당하게 자신의 의견을 밝힐 수 있어야 한다.

② **소지품검사형 면접** … 개인적인 사항들을 말을 통해서 묻는 것과 실질적으로 소지품을 검사해보는 것은 큰 차이가 있으며 지원자가 느끼는 불쾌감 또한 매우 크다. 그러나 이것을 부정적으로만 생각하지 말고 기회를 활용하여 자신에게 득이 될 수 있도록 하여야 한다. 이런 소지품 검사의 경우 주로 여성 응시자들에게 많은 영향을 미치게 되는데 작은 소지품과 화장품 등은 파우치를 이용하여 따로 담아두는 것이 좋으며 비상용 밴드나 티슈 등을 넣어가지고 다니면 좋은 인상을 남길 수 있다.

③ **설명형 면접** … 면접관이 지원자에게 질문을 하기 보다는 입사 후 담당업무를 주로 설명하는 면접의 형태로 다른 면접보다 수월하게 느껴질 수 있다. 그러나 이러한 면접에서 지원자가 수동적인 자세로 설명을 듣고만 있다면 탈락하기 쉬우므로 이해가 되지 않는 설명에는 그것을 되묻고 자신이 흥미 있어 하는 부분에서는 그것을 드러낼 수 있어야 한다. 이를 위해서는 사전에 직장에 대한 지식이 필요하며 자신의 생각을 말할 수 있는 적극성이 강조된다.

④ **사우나 면접** … 일부 기업체에서 도입하고 있는 사우나 면접은 경직되어 있는 면접실을 벗어나 자연스러운 대화를 나누고자 하여 실시되는 것으로 면접뿐만 아니라 사내 회의에도 많이 활용되고 있다. 이때 지원자는 면접관의 등을 밀어주는 등의 행동을 할 때에는 지나친 것은 오히려 해가 될 수 있으며, 편안한 분위기에서 생활 속의 활력을 보여주는 것이 좋다.

⑤ **노래방형 면접** … 형식의 파괴를 보여주는 면접으로 사회성과 대인 관계정도를 파악할 수 있다. 이 경우 자신이 좋아하는 노래라고 너무 많이 부르거나 노래에 자신이 없다고 해서 전혀 안 부르는 것은 좋지 않으며 다른 사람을 배려하는 모습을 보이는 것이 좋다. 또한 최신곡을 한 곡 정도 부르는 것이 좋다.

⑥ **마라톤형 면접** … 과거에는 면접을 단순히 거쳐 가는 과정으로 인식하여 개인당 5 ~ 6가지의 질문으로 짧게 끝나는 경우가 많았으나 요즘은 면접을 통해서 지원자들의 성향을 파악하고자 하며 면접이 당락을 결정하는 경우가 많아 오랜 시간을 두고 지원자를 관찰하는 면접도 있다. 이러한 면접은 보통 4시간 이상 집중적인 인터뷰를 하는 식으로 진행되는데 이 경우 처음부터 너무 긴장하게 되면 후반부에 가서 지칠 수 있으며 이는 지구력이 떨어진다는 인상을 남길 수 있으므로 친구에게 이야기 하듯이 진솔하게 자신의 생각을 풀어나가는 것이 좋다. 이때는 반드시 면접관의 눈을 바라보며 이야기 하는 것이 효과적이다.

⑦ **집단합숙형 면접** … 마라톤형 면접으로도 부족하다고 생각되면 회사에서는 많은 비용이 드는 것을 감수하고서 집단합숙형 면접을 실시한다. 주로 2~3일간 합숙을 하면서 일어나는 사건들을 통해 성격과 능력을 평가하는 것으로 지원자들이 처음에는 면접이라는 사실을 인식하여 경직되어 있으나 점차 그 분위기에 익숙해지면서 성격이 드러나게 된다. 이 경우에는 미리 가족들과 함께 자신의 습관이나 행동패턴에 대해서 이야기해 보고 그것이 가지는 의미를 생각해 보는 것이 좋다. 그러나 합격 여부에 너무 집착할 경우 행동이 굳어질 수 있으므로 긴장을 풀고 다른 지원자들과 잘 어울리면서 자신의 장점을 부각시키도록 해야 한다.

(2) 지원자를 당황하게 하는 질문과 그 대처법

성적이 좋지 않은데 이 정도의 성적으로 우리 회사에 입사할 수 있다고 생각합니까?

비록 자신의 성적이 좋지 않더라도 이미 서류심사에 통과하여 면접에 참여하였다면 기업에서는 지원자의 성적보다 성적 이외의 요소, 즉 성격·열정 등을 높이 평가했다는 것이다. 그러나 이런 질문을 받게 되면 지원자는 당황할 수 있으나 주눅들지 말고 침착하게 대처하는 면모를 보인다면 더 좋은 인상을 남길 수 있다.

우리 회사 회장님 함자를 알고 있습니까?

회장이나 사장의 이름을 조사하는 것은 면접일을 통고받았을 때 이미 사전 조사되었어야 하는 것이다. 그러나 대중매체를 통해 이미 알려진 정보보다는 그 기업에 입사를 희망하는 지원자의 입장에서 답변하는 것이 좋다.

당신은 이 회사에 적합하지 않은 것 같군요.

이 질문은 상당히 짓궂게 들릴 수 있다. 듣는 순간 그렇다면 면접은 왜 참가시킨 것인가 하는 생각이 들 수도 있다. 당황하거나 흥분하지 말고 침착하게 자신의 어떤 면이 회사에 적당하지 않는지 겸손하게 물어보고 지적당한 부분에 대해서 고치겠다는 의지를 보인다. 이를 잘 활용하면 자신의 PR도 할 수 있다.

결혼했습니까?

이 질문은 결코 바람직한 질문이 아니며 특히, 여성 지원자들에게 제일 불편한 질문이다. 그러나 질문에 답하지 않는다면 좋지 못한 인상을 남길 수 있으므로 결혼과 직장생활이 상충되거나 대비되는 것이 아니라 상호 보완적인 관계에 있다는 점을 설명하면 좋다. 즉, 결혼생활이 직무 수행에 미치는 부정적인 영향보다는 긍정적인 영향을 예를 들어 답변하는 것이 적당하다.

다시 공부할 계획이 있습니까?

이 질문은 지원자가 합격하여 직장을 다니다가 공부를 더 하기 위해 그 회사를 그만 두거나 학습에 더 관심을 두어 일에 대한 능률이 저하될 것을 우려하여 묻는 것이다. 이때에는 당연히 학습보다는 일을 강조해야 하며, 업무 수행에 필요한 학습이라면 업무에 지장이 없는 범위에서 야간학교를 다니거나 회사에서 제공하는 연수프로그램을 활용하겠다고 답변하는 것이 적당하다.

지원한 분야가 전공한 분야와 다른데 여기 일을 할 수 있겠습니까?

수험생의 입장에서 여러 군데 원서를 넣거나 전공과 관련 없는 분야도 지원하게 되어 서류가 통과되고 인적성검사 및 직무능력검사에 합격하여 면접전형까지 볼 수 있을 것이다. 다른 입사절차가 통과된 뒤 면접에서 면접관이 이런 질문을 할 수 있는데 수험생은 당황스러울 것이다. 우선 다른 전형에서 통과했다는 것은 회사의 인사채용 방침상 전공에 크게 영향 받지 않는다는 것이므로 무엇보다 자신이 전공하지는 않았지만 어떤 업무도 할 수 있다는 자신감과 능동적인 자세를 보여주도록 노력해야 한다.

분위기가 좋지 않은데 한 번 우리를 웃겨 보십시오.

면접관이 수험생에게 이런 질문을 한다면 막연할 것이다. 반드시 웃기지는 않아도 평소에 그런 밝은 분위기를 유도할 수 있는 평상시의 생활모습과 사교성을 평가하는 것으로 평소에 밝은 생활태도와 친근한 분위기를 유도할 수 있는 이야기나 멘트 등을 알아두도록 한다. 면접관 앞이라 어색할 수도 있으나 마음을 편히 갖고 자연스럽게 얘기하도록 한다.

면접기출

1 S-OIL 최신 면접 기출

① S-OIL의 전망에 대해서 어떻게 생각하는지 말해보시오.

② 본인의 가족 관계가 어떻게 됩니까?

③ 여기 보면 1년간의 공백 기간이 있는데 이 공백기에는 무엇을 했습니까?

④ 본인의 장·단점에 대해 말해보시오.

⑤ 현재 본인이 지원한 기업은 어디어디 입니까?

⑥ 매일 야근을 해야 하는 상황이 오면 가정과 일 사이에서 어떻게 할 것입니까?

⑦ 관련 전공이 아닌데 지원하게 된 이유는 무엇입니까?

⑧ 1분 동안 자기소개를 해 보세요.

⑨ 지원 분야에 대한 경험은 어느 정도 있습니까?

⑩ 여성은 엔지니어로서 힘들 것 같지 않겠습니까?

⑪ 대학교 때 전공을 선택한 이유는 무엇입니까?

⑫ S-OIL이 해외시장에서 가진 강점은 무엇이라고 생각합니까?

⑬ 기업의 사회적 책임에 대해서 어떻게 생각합니까?

⑭ BOD, COD에 대해 설명해 보시오.

⑮ 본인의 장점이 꼼꼼함이라고 하였는데 그 사례를 한 번 말해보시오.

⑯ 본인이 회사에 무엇을 기여할 수 있을 것이라고 생각합니까?

⑰ S-OIL의 홍보 방안으로 무엇이 가장 좋을 지 말해보시오.

⑱ S-OIL의 사회공헌활동에 대해 아는 대로 말해보시오.

⑲ 열교환기의 설계과정에 대해 설명해 보시오.

⑳ 상압증류와 감압증류에 대해 설명하고 그 차이점에 대해 말해보시오.

㉑ 레이놀드계수의 의미를 말해보시오.

㉒ S-OIL에서 하고 있는 신공법의 특징과 타사와의 차이점을 말해보시오.

㉓ 인턴 경험이 있습니까? 인턴 때 무슨 일을 하였습니까?

㉔ 자신의 약점은 무엇이라고 생각합니까?

㉕ 영업과 마케팅의 차이에 대해 설명해 보시오.

㉖ 본인의 친구관계에 대해 말해보시오.

㉗ S-OIL이 경쟁사를 모두 제치고 우위를 차지하는 방법에 대해 말해보시오.

㉘ 본인이 지금까지 살면서 가장 힘들었던 경험에 대해 말해보시오.

㉙ 아날로그와 디지털의 차이는 무엇입니까?

㉚ 본인은 리더십이 있다고 생각합니까? 그렇다면 그 사례를 들어 보시오.

㉛ 대학원 진학을 생각해 본 적은 없습니까?

㉜ 본인이 생각하는 S-OIL의 가장 큰 문제점은 무엇이라고 생각합니까?

㉝ 입사를 하게 된다면 첫 날 무슨 일을 하겠습니까?

㉞ GS칼텍스와 S-OIL 두 군데 모두 합격을 한다면 어느 기업으로 가겠습니까?

㉟ 본인이 회사를 선택하는 기준은 무엇입니까? S-OIL은 본인의 그 기준에 적합합니까?

㊱ 학점을 보면 낮은데 대학생활에 성실하지 못했던 것입니까?

㊲ 베르누이의 법칙을 초등학생에게 설명할 수 있습니까? 해 보세요.

㊳ 주위 사람들로부터 본인은 어떤 사람이라는 이야기를 듣습니까?

㊴ 지금까지 살면서 일탈해 온 경험이 있다면 상세하게 말해보시오.

㊵ 증류탑에서 환류비가 증가했을 때 나타나는 효과에 대해 설명해보시오.

㊶ 탄성과 소성에 대해 설명해보시오.

㊷ 전공이 기계인데 자동차나 다른 쪽 말고 여기를 지원한 이유가 무엇입니까?

㊸ 본인은 성실하다고 생각합니까?

㊹ 지금까지 돈을 벌어 본 경험이 있습니까?

㊺ 자격증이 있는데 이 자격증을 활용해 본 적이 있습니까?

㊻ 본인이 가진 취미는 무엇입니까?

㊼ 본인이 지금 우리에게 자세하게 설명할 수 있는 화학 이론을 하나 말해보시오.

㊽ 다른 사람들과의 소통능력을 키우기 위해 노력한 적이 있습니까?

㊾ 해외여행이나 어학연수 등 해외 경험이 있습니까?

㊿ 본인이 지금까지 살아오면서 성취감을 느꼈던 일은 무엇입니까?

2 S-Oil 면접 기출

① 자기소개를 해보시오.

② 대외활동을 한 것이 있는가? 어떤 활동을 하였는가?

③ S-OIL하면 생각나는 것은?

④ S-OIL에 지원한 동기는 무엇인가?

⑤ S-OIL의 사회공헌활동을 홍보할 수 있는 방법으로는 무엇이 있겠는가?

⑥ 성공과 실패의 기준이 무엇이라고 생각하는가?

⑦ 팀워크가 무엇이라고 생각하는가?

⑧ 어제 무엇을 했는가?

⑨ 정유업계의 가장 이상적인 재고 자산 평가법은 무엇이라 생각하는가?

⑩ 연료전지의 배터리가 일반건전지보다 두 배 이상 성능이 좋은 이유는 무엇인가?

⑪ 보호계전기에 대해 설명해보시오.

⑫ GIS에 대해 설명해보시오.

⑬ 정부에서 정책을 입법하려할 때 공익적으로는 좋지만 회사입장에서 손실이 크다면 어떻게 하겠는가?

⑭ 휴대폰 배터리를 직렬과 병렬로 연결했을 경우 차이는 무엇인가?

⑮ 마지막으로 하고 싶은 말이 있는가?

⑯ '에쓰오일'하면 떠오르는 이미지는 무엇인가?

⑰ 우리나라 정유사가 어떤 방향으로 나아가야 하는가?

⑱ '에쓰오일'의 오늘 주가는 얼마인지 아는가?

⑲ 상사가 이해 안가는 명령을 내리면 어떻게 하겠는가?

⑳ 오늘자 신문에서 가장 기억에 나는 사건은 무엇인가?

㉑ 10년 후와 20년 후 에쓰오일에서의 자신의 모습은?

㉒ 지방으로 내려갈 생각이 있는가?

㉓ 조직에서 사람들과 마찰이 생길 때 어떻게 해결하는가?

㉔ 어떤 직무를 원하는지, 그리고 그 이유는 무엇인가?

(2) PT면접

① 에쓰오일의 신성장부분 확보 방안

② 유가하락으로 인한 미래 상황

3 국내 주요 기업 면접 기출

(1) 삼성

① 자기소개를 해보세요.

② 전 직장을 그만 둔 이유는 무엇입니까?

③ 당사에 지원한 동기는 무엇입니까?

④ 지방 근무 가능하십니까?

⑤ 가족관계를 설명해주세요.

⑥ 입사 후 자신이 싫어하는 업무를 맡았을 때 어떻게 하겠습니까?

⑦ 학교 다닐 때 어떤 것을 경험했고, 그 교훈은 무엇이었습니까?

⑧ 노조에 대해 어떻게 생각하십니까?

⑨ 자신의 (성격) 장·단점을 말해보세요.

⑩ 마지막으로 하고 싶은 말이 있으면 말해보세요.

(2) SK

① 자기소개를 해주세요.

② 이직의 이유가 무엇입니까?

③ 지원 동기는 무엇입니까?

④ 다른 회사는 어디에 지원했습니까? 합격한다면 어디로 갈 것입니까?

⑤ 입사 후 어떤 일을 하고 싶습니까?

⑥ 지방근무는 가능합니까?

⑦ 자신의 취미를 말해보세요.

⑧ 주량은 어떻게 됩니까?

⑨ 가족 소개를 해보세요.

(3) LG

① 당사에 대해 말해보세요.

② 지방 근무는 가능합니까?

③ 입사하면 어떤 일을 하고 싶습니까?

④ 다른 회사에 지원했습니까?

⑤ 술은 얼마나 합니까?

⑥ 해당 직무에 지원하는 이유는 무엇입니까?

⑦ 입사 후 하고 싶은 일을 말해보세요.

⑧ 입사 후 포부를 말해주세요.

⑨ 취미를 말해보세요.

⑩ 마지막으로 하고 싶은 말은?

(4) 롯데

① 자기소개를 해보세요.

② 입사한다면 어떤 일을 하고 싶은가?

③ 자신의 강점을 설명해보세요.

④ 가족사항을 소개해주세요.

⑤ 자사에 지원한 이유가 무엇입니까?

⑥ 해당 근무를 하려는 이유는 무엇입니까?

⑦ 지방 근무는 가능합니까?

⑧ 당사에 대해 아는대로 말해 보세요.

⑨ 자신의 특기를 말해보세요.

⑩ 마지막으로 할 말이 있으면 해보세요.

(5) GS

① 자기소개를 해보세요.

② 입사동기는 무엇입니까?

③ 앞으로의 포부를 말해보세요.

④ 자신의 장점을 말해주세요.

⑤ 자신의 성격에 대해서 말해보세요

⑥ 어려운 사항을 극복한 과정을 말해보세요.

⑦ 이전 직장에서 맡은 일은 무엇이며, 왜 그만두었나요?

⑧ 주량은 얼마나 됩니까?

⑨ 전공이 희망 직무와 맞지 않는데 왜 지원했나요?

⑩ 마지막으로 할 말이 있으면 해보세요.

(6) 현대중공업

① 자기소개를 해보세요.

② 당사 지원 동기는 무엇입니까?

③ 이직의 사유는 무엇입니까?

④ 입사 후 하고 싶은 일이 무엇입니까?

⑤ 지방 근무는 가능합니까?

⑥ 취미를 말해보세요.

⑦ 자신만의 특기가 있으면 설명해보세요.

⑧ 동아리 활동을 말해보세요.

⑨ 졸업 후 지금까지 무엇을 했습니까?

⑩ 전 직장의 경력에 대해서 말해보세요.

(7) 금호아시아나

① 우리 회사에 왜 지원했는지 얘기해보세요.

② 다른 회사 어디에 지원했고, 어떻게 진행중입니까?

③ 자신의 꿈에 대해서 말해보세요.

④ 들어와서 어떤 일을 하고 싶습니까?

⑤ 원하지 않는 직무를 맡으면 어떻게 할 것인가요?

⑥ 최근 읽은 책, 잡지, 신문 등에서 가장 인상 깊은 부분을 말해보세요.

⑦ 가족 소개를 해보세요.

⑧ 가장 힘들었던 경험을 말해보세요.

⑨ 우리 회사에 대해 아는 대로 말해보세요.

⑩ 지원한 직무에서 하는 일을 아십니까?

(8) 한진

① 자기소개를 해보세요.

② 영어로 자기소개 해보세요.

③ 한진에서 일하기에 본인이 가진 장점이 무엇이라고 생각합니까?

④ 학창시절 동아리 활동에 대하여 말해보세요.

⑤ 지방근무는 가능한가요?

⑥ 노사에 대해서 어떻게 생각합니까?

⑦ 주량은 어떻게 됩니까?

⑧ 자신의 강점을 말해보세요.

⑨ 한진에서 무슨 일을 하고 싶습니까?

⑩ 살면서 가장 힘겨웠던 경험을 얘기해 보세요.

(9) 두산

① 자기소개를 해보세요.

② 당사에 지원한 동기가 무엇입니까?

③ 전공이 지원 분야와 어떤 상관이 있습니까?

④ 주량은 어느 정도입니까?

⑤ 자신의 취미와 특기를 말해보세요.

⑥ 가족관계를 설명해보세요.

⑦ 학교생활동안 동아리 활동이나 사회봉사활동 경험이 있습니까?

⑧ 지금까지 살면서 힘들었던 일들과 그것을 어떻게 극복했는지 말해보세요.

⑨ 입사한다면 어떤 일을 하고 싶습니까?

⑩ 마지막으로 하고 싶은 말이 있으면 해보세요.

(10) STX

① 기업의 자금조달 방법은 무엇입니까?

② 가장 자신있는 분야는 무엇입니까?

③ 취직이 안되는 이유가 무엇이라 생각합니까?

④ 운동을 좋아하나요?

⑤ 마력에 관해 설명해보세요

⑥ 디젤 엔진의 효율은 어느 정도 입니까?

⑦ 이직하려는 이유가 무엇입니까?

⑧ 대인관계 관련 노하우가 있습니까?

⑨ 우리 회사와 관련없는 전공인데 왜 지원하게 되었습니까?

⑩ 대학 시절 가장 후회되는 일과 뿌듯했던 일을 말해보세요.

Look Forward !

Go Ahead !